新聞記者とニュースルーム

―一五〇年の闘いと、妥協

木下浩一

公益財団法人 新聞通信調査会

新聞記者とニュースルーム——一五〇年の闘いと、妥協

目次

凡例

- 年の表記は、原則として西暦を用いた。明治期、大正期においては適宜、和暦（元号）を用いた。
- 会社名などの表記に揺らぎがある場合、資料上の表記のままとした。
- 個人名や組織名は適宜省略した。海外の研究者名については適宜、英語表記にした。
- 人物の肩書きは当時、すなわち資料上の表記のままである。
- 引用文中の省略については、中略のみ、（略）と表記した。引用文中の〔　〕部分は、筆者が付加した。
- 資料中の旧字体は適宜、常用漢字あるいは平仮名に改めた。一部、句読点を付加した。
- 出典表記については、発表時期の重要性を鑑み、先行研究を扱った補論においては、研究者名の直後に刊行年を示した。
- 註釈の番号は、見やすさを考慮して適宜、文末とした。
- 註釈においては、字数を勘案し、同じ出典が続く場合には適宜、省略した。
- 英数字は適宜、漢数字に直した。
- 一部、現代において問題となる表現もあるが、当時の時代状況を鑑み、原文のままとした。

はじめに――ニュースルーム研究と無名の記者たち

多様に分化した日本の新聞記者

次頁の表は、明治から大正期にかけて登場した記者名の一部である。数は一〇〇個。さて皆さんは、いくつご存知だろうか。

研究前に遡《さかのぼ》れば、私は三〇個ほどであったと思う。現代では見聞きしない名が多いが、どのような記者かは容易に想像がつく。図中の網掛けは、日清戦争から第一次世界大戦にかけて(一八九四〜一九一八)である。記者名の初出は、この時期に集中している。第一章で述べるように、この時期は、中新聞成立期とほぼ重なり合う。近代戦争の幕開きとともに、新聞は中新聞となって大きく部数を伸ばし、記者は急速に分化した。

本書が主に扱うのは登場順に、政治記者、経済記者、写真記者、整理記者、デスク、社会部記者、遊軍の七つである。七つの記者像を知れば、ジャーナリズムやジャーナリストについて、深く知ることができるはずだ。日本のジャーナリズムは多くの問題を抱えている。背景や文脈は様々である。本書を読めば、その根深さを実感されるだろう。

本書は、複数の学術論文を基にしている。読みやすさを考慮し、大幅に書き直した。[1] 研究者や新聞業界の人たちだけでなく、一般の方にも読んでいただければ幸いである。

二〇二四年時点で新聞記者について考えることは、どのような意味を持つのか。真っ先に思い出

雑報記者（1877）
編集記者（1878）
日報記者（1879）
輿論記者（1880）
論説記者（1880）
大記者（1881）
狂筆記者（1881）
惡口記者（1881）
経済記者（1882）
助筆記者（1884）
政治記者（1885）
幽靈記者（1885）
探訪記者（1887）
女記者（1887）
小説記者（1888）
政党記者（1888）
社説記者（1891）
補助記者（1891）
艶種記者（1892）
婦人記者（1892）

報道記者（1893）
御用記者（1893）
海軍記者（1894）
特派記者（1894）
従軍記者（1894）
觀戰記者（1895）
通信記者（1895）
硬派記者（1896）
惡德記者（1896）
議會記者（1897）
外報記者（1897）
軟派記者（1897）
専門記者（1897）
商況記者（1898）
政論記者（1898）
三面記者（1898）
文藝記者（1898）
交換記者（1899）
電報記者（1899）
夜掛記者（1899）

主筆記者（1899）
随行記者（1899）
電信記者（1899）
外交記者（1900）
校正記者（1901）
二面記者（1901）
地方記者（1902）
角力記者（1902）
相場記者（1903）
社會記者（1903）
軍事記者（1904）
家庭記者（1905）
運動記者（1905）
遊軍記者（1905）
内勤記者（1905）
敏腕記者（1905）
飜譯記者（1906）
外勤記者（1906）
司法記者（1906）
法曹記者（1906）

園藝記者（1906）
金融記者（1907）
演藝記者（1907）
競馬記者（1908）
社会部記者（1908）
常詰記者（1908）
裁判記者（1910）
陸軍記者（1910）
美術記者（1910）
採訪記者（1910）
飛行記者（1912）
探偵記者（1913）
特種記者（1913）
花柳記者（1914）
写真記者（1914）
繪畫記者（1915）
海底電信記者（1915）
亂暴記者（1915）
漫畫記者（1916）
代筆記者（1917）

県政記者（1919）
警察記者（1921）
不良記者（1922）
科学記者（1923）
映画記者（1925）
学芸記者（1926）
スポーツ記者（1926）
法廷記者（1927）
事件記者（1930）
捏造記者（1930）
ヒラ記者（1931）
文化記者（1933）
整理記者（1933）
芸能記者（1943）
禁獄記者（1947）
外信記者（1948）
校閲記者（1951）
公安記者（1954）
暴力記者（1955）
派閥記者（1961）

されるのはジャニーズ性加害問題かもしれないが、ここではもう少し、長期的視野に立って振り返りたい。

社会的な議題を設定してきた新聞

新聞という言葉から連想されるのは、「活字離れ」「新聞離れ」であろうか。これらの言葉は、もはや旧聞に属するといってよい。業界誌『新聞研究』誌上における初出は、それぞれ一九七〇年と七一年である。今から五〇年以上も前に、新聞業界は読者離れを認識していた。

日本においてテレビ放送の存在感が増したのは六〇年前後であった。[2]同時期、映画産業はピークを迎えた。ご存知のように、そこから映画産業は急坂を下るように衰退し、テレビは反対に急成長を遂げた。

六〇年代以降、急成長するテレビの影響を受けつつも、新聞は堅実な成長を続ける。発行部数の上で、新聞のピークは九七年である。[3]同年の発行部数は、五三七七万部であった。計算の上で、一世帯あたり約一・二紙をとっていたことになる。

最新のデータによると、二〇二二年における発行部数は三〇八五万部であり、ピークの六割以下に低下した。日本最初のマス・メディアは新聞だとされるが、紙媒体としての存在感は大きく低下している。

とはいえ、新聞は長年にわたって、日本のジャーナリズムの主流をなしてきた。社会的な議題を設定する機能は、議題設定機能(Agenda Setting Function)と呼ばれるが、[4]近代以降の日本において、長らくその機能を担ってきたのは新聞であった。テレビが議題設定しようとも、第一報は新聞によることが大半であった。

本書は新聞記者に着目するが、そのような研究は「送り手研究」と呼ばれる。[5] メディア研究は、対象とするメディアと浮沈を共にする傾向がある。日本の新聞産業が低調なためか、新聞の送り手に着目した国内の研究は、かつてほどに多くはない。一方で、米英を中心とした英語圏に目を移せば、新聞の送り手研究は継続的に興隆している。非英語圏を分析対象に含み、世界規模での知見の蓄積が続く。先行研究の詳細については、巻末の補論を参照されたい。一読すれば、英語圏における研究の厚みを実感されるはずだ。

源流のひとつは、ゲートキーパー（ゲートキーピング）研究である。日本だけでなく、新聞はゲートキーパーとして、社会に流通する情報をコントロールするとともに、社会的な議題を設定し続けてきた。

ゲートキーパー研究の根底には、ゲートキーピングそのものに対する懐疑がある。[6] ジャーナリストの実践は、主権者の「知る権利」の代行とされる。代行である以上、知り得たニュースはすべて、主権者に伝えられるべきである。したがってニュースや情報を取捨選択する行為そのものに対して、厳しい目が向けられる。

新聞の送り手、つまり新聞記者を知ることとは、我々の社会における情報の源を知ることに他ならない。当該の機能を新聞が担い続けるのか。それとも、他のメディアが担うのか。いずれにせよ、我々が生きる社会の重要な機能として、ゲートキーパーとゲートキーピングの実態を明らかにする必要がある。

欧米で興隆するニュースルーム研究

ゲートキーパー研究のなかで、本書にもっとも関連した一連の研究は、ニュースルーム研究である。一般にニュースルームとは、新聞社や放送局の編集フロアなどを指すが、研究上の概念は以下に述べるように少々異なる。近年のニュースルーム研究の特徴は、以下の三つである。

第一に、ニュースルームを物理的な空間に限定せず、コミュニケーション空間として捉えている。[7] 新聞社内の編集フロアだけでなく、支局や記者クラブ、あるいは取材先などをニュースルームに含めたジャーナリズム実践の内実が、明らかになりつつある。

第二の特徴は、無名のニュースワーカーへの着目である。一般の兵士を指す「ランク・アンド・ファイル」(Rank and file)という語が当てられることもある。[8] ジャーナリズム研究では、偉大なるジャーナリスト(Great Journalist)に着目することが多かった。しかしながら、日々我々が接するニュースを製造するのは、そのような一部の人間ではなく、名もなきニュースワーカーたちである。すなわち、ランク・アンド・ファイルが製造する「ニュース」こそがニュースなのだ。

第三の特徴は、ルーチン(日常業務)への着目である。日々のニュースは、何らかの意志をもって製造されると考えられる。しかしながら日々締め切りに追われて業務を繰り返すなかで、いずれは無意識のうちに製造されるようになる。ニュースの取捨選択は、意志のみによってなされるのではなく、むしろルーチンという業務の型に凝縮される。

これら三つを統合して述べると、以下のようになる。我々が日々接するニュースは、ニュースルームというコミュニケーション空間における無名のニュースワーカーのルーチンによって製造される。ニュースワーカーのルーチンには、過去と現在の様々な意志が反映されている。したがって、ゲートキーピングの機能を明らかにするということは、ニュースワーカーのルーチンと意志を、歴史的な文脈のなかで理解することに他ならない。

ジャーナリズム教育への転用

ニュースの送り手研究には、他のメリットもある。ジャーナリズム教育への転用である。ジャーナリズム教育には、大きくいって二つの水準がある。ひとつは、ジャーナリストやその候補者を教育するもの。もうひとつは、ジャーナリスト以外の一般市民を対象とした教育である。[9] 後者は各種のリテラシー教育と重複するが、厳密にいえば異なる。

ニュースの送り手研究は、双方への貢献が可能であるが、ここで強調したいのは前者である。すなわち高等教育機関が、社会に貢献するジャーナリストを、どのように養成するのか。その教育手法への貢献が可能である。高等教育に限らず、日本におけるジャーナリストの養成は低調である。新聞記者の養成は、新聞社などに入社後のＯＪＴ(On the Job Training)によってなされるのが主流である。

日本においてジャーナリズム教育が低調である大きな要因は、新聞社をはじめとしたメディア企業の無理解にあるとされてきた。[10] 一方で、アカデミアの側にも問題はある。本書との関連でいえば、送り手の日々のルーチンが、まったくといっていいほどに解明されていない。例えば、本研究の開始前に遡れば、国立研究開発法人科学技術振興機構（ＪＳＴ）が運営する、日本の学術論文の検索サイトＪ－ＳＴＡＧＥにおいて、[11]「政治記者」「経済記者」「社会部記者」という語がタイトルに含まれる論文は、ゼロである。わずかに「科学記者」が三本、「整理記者」が一本、存在するのみだ。

これに対して欧米では、既述のように、ニュースルームを核としたニュースの送り手研究が続いている。送り手の仕事そのものを明らかにしつつ、その知見を基に、いかにして記者を養成するのか。あるいは、ニュースルームなどの実践や現業にどのようにアプローチするのか、それら両面から検討されている。

さらに欧米では、学術的な知見を基に、ジャーナリズム・スクール（Ｊスクール）と呼ばれる実践的な大学院が運営されている。欧米のジャーナリストの養成は、ＪスクールなどのＪ大学院が主である。現在、日本でも専門職大学院が設立されはじめているが、少なくともジャーナリズムに関して前途は暗い。そもそも日本において、ジャーナリストのルーチンは、少なくとも学術的に明らかにされていない。不明であるものを、どうやって教えようというのか。

結局のところ、個人が有している体験知を教えることになるのは、想像に難くない。あるいは、欧米のジャーナリズム教育のテキストを「輸入」するかである。「輸出元」の社会状況や社会的な文脈は、日本と大きく異なる。異なる国や地域の「理想」を移植するのは、そのままでは無理がある。やはり日本の実態を理解した上で行う必要があるだろう。

本書の目的

本書は、日本の新聞記者のルーチンを、無批判に記述するものではない。同時に、やみくもに非難したり、反対に称揚したりするものでもない。あくまで学術的、かつ価値中立的な立場から歴史的に分析し、知見を導出することを目的とする。本書の目的を統一的に述べると次のようになる。

日本の新聞記者を対象に、ニュースルームという空間におけるルーチンの歴史的変化をランク・アンド・ファイルごとに明らかにすることで、歴史的変化を生じさせた要因とその変化、すなわち文脈を抽出する。その上で、ランク・アンド・ファイルのルーチンと要因と文脈を総合的に比較検討し、将来の理論化に向け、いくつかの観点ごとに抽象化した結論を述べる。

本書が対象とする時代は、主に一八七〇年代から二〇〇〇年代である。現在に至る一五〇年は、様々なせめぎあいの中で、理念と妥協が相まって進行した。悲劇的な戦争も、何度も起きた。新聞も戦火の拡大に加担した。決して「無実」ではない。

新聞記者を非難するのも称揚するのも容易である。しかし本書の読者には、批判的であるとともに、内在的な視野を持っていただければと思う。市民社会のゲートキーパーは批判を受けて立つ義務があるが、一方で、彼ら彼女らも市民である。決して排除の対象ではない。もし、皆さん自らが「その時、その立場に」あったとしたら。歴史にｉｆはないとされるが、ひとつの思考実験として考える意義は少なからずあるだろう。

「企業ジャーナリズム」という言葉に代表されるように、日本の新聞記者はジャーナリストというよりも、会社に属するサラリーマンとしての側面が強い。彼ら彼女らは企業人として立ち回りつつ、一定程度の理念を持ち、取材対象や締め切りと格闘しながら、社会のあらゆる問題を伝え続けた。我々が知りうる情報の背後に、いかなる日常的実践があったのか。ゲートキーピングの歴史を明らかにすることは大きな意義があるとともに、将来に繋《つな》がるものである。

研究の方法と資料

研究の方法と資料について述べる。具体的には、①分析の期間、②分析の対象、③分析に用いた資料、④言説の抽出方法である。

第一に分析の期間は、日本において新聞社あるいは新聞記者が叢生《そうせい》した明治期から、ほぼ現在の形に至る二〇〇〇年ごろまでである。特に詳細にみていくのは、アジア太平洋戦争後の一九五〇年代から一九九〇年代である。この間、日本の新聞社は組織として拡大するとともに、ルーチンが大きく変化した。

第二に、分析の対象とした新聞、新聞社、記者について述べる。本書が対象とする新聞は、日本の日刊新聞である。明治期を中心に、月に数回程度発行される「新聞」が存在したが、それらは現在の雑誌であり、対象としない。

本書が主な対象とした新聞社は、全国紙と二大通信社に加え、[12]地方紙のなかでも相対的に規模の大きな新聞社である。[13]本書が主な対象とする新聞記者は、上記の新聞社と通信社に社員として雇用された上で、政治部や社会部などの編集局内の部に属し、ニュースルームにおいて取材や原稿[14]の執筆あるいは編集に従事し、連字符的に「〇〇記者」と呼ばれた者である。例外として、デスクと遊軍を含む。

第三に、資料について述べる。本書が対象とする日本の新聞記者について、そのルーチンやコミュニケーションを定点観測するのにもっとも適した資料は、管見の限り、日本新聞協会がほぼ毎月発行する『新聞研究』である。『新聞研究』は、新聞社の経営者や管理職、あるいは新聞記者や新聞研究者などを対象に刊行されている、新聞業界の研究誌である。

日本新聞協会は一種の業界団体であるため、その性格上、経営寄りのバイアスが存在しうる。したがって本書では、日本新聞労働組合連合（以下、新聞労連）が発行する機関紙『新聞労連』を用いて相対化した。新聞労連は産業別労働組合であり、日本全国の各新聞社の労働組合、いわゆる単組が加盟している。

この他、新聞製作の技術に関して『新聞印刷技術』（一九八八年以後は『新聞技術』）を資料に用いた。新聞社の経営については『新聞経営』を資料とした。『新聞労連』を除いた三つの雑誌は、すべて日本新聞協会による発行である。取り扱いについては批判的に行う必要があるが、一方でメリットとして、ランク・アンド・ファイルごとの比較の水準が、少なくとも資料上において一定となる点が挙げられる。本書は七つのランク・アンド・ファイルを扱うが、今後はさらに多くのランク・アンド・ファイルについての分析が必要となる。比較の水準が同一であることは、比較の精度を保つ上で大きな意義がある。

右記の四つの資料は、明治期から昭和初期にかけて存在していない。したがって当該の時期については、国会図書館が所蔵する書籍や雑誌を資料に用いた。

第四に、言説の抽出方法について述べる。中心的資料とした四誌の、二〇一〇年前後までのすべての号を閲覧し、新聞記者のルーチンと、ルーチンの決定に影響を与えた可能性のある意志についての言表を抽出した。その上でルーチンと意志の背景的要因についての言表を再度抽出し、両者を照合させた。ともに言説として扱うため、一回程度の例外的な現出は除き、支配的なものを扱った。

結果として、資料の引用には偏りが生じた。例えば、第二章の政治記者の分析においては、『新聞研究』以外の使用は少数に留まった。政治記者のルーチンについての記述は、『新聞研究』には多く見られるものの、他の三つの資料にはほとんどない。反対に、第三章から第七章では相当数を引用した。『新聞労連』からの引用は、全体的に少ない。これらはすべて結果的に生じた。

本書の構成

本書の構成について述べる前に、職務と業務について説明を加える。職務とは、その職階や職種が担当する仕事のおおまかな種別をいう。業務とは、具体的な仕事の内容を指す。職務を細分化した具体的な作業が業務である。例えば出先の記者の主な職務は、取材と執筆である。取材という職務には、例えば以下の業務が含まれる。①記者クラブをカバーする、②ニュースソースにインタビューする、③発表資料などを読む。

第一章では、明治から昭和初期にかけて、記者がいかに分化したのかをみていく。この時期、名称の上で一〇〇以上の記者がみられるようになった。大新聞《おおしんぶん》と小新聞《こしんぶん》が並列した後に、両者が融合して中新聞となり、中新聞は全国紙へと成長した。これら新聞産業の変化のなかで、新聞記者がどのように分化していったのか、その大きな傾向を捉える。

第二章では、政治記者を取り上げる。政治記者はかつて大記者《だいきしゃ》などと呼ばれ、現在に至るまで相対的優位にあった。政治記者の主な取材対象は政治家であったが、政治記者は政治家と、いかに対峙《たいじ》してきたのか。

第三章では、経済記者を取り上げる。経済記者は、政治記者と同じ硬派と目された。経済記者が特異なのは、高い専門性が必要とされたことである。一方で、経済記者の取材対象は広報担当者が多く、記者クラブと最も親和性が高かった。企業や官庁の広報機能は高まる一方であったが、そのようななか、経済記者はどのように変化していったのか。

第四章では、写真記者を扱う。写真記者は記者のなかで劣位に置かれた。写真撮影という職能は高い専門性が必要とされたが、テクノロジーの進歩はそれを無効化した。撮影の平易化によって、写真記者以外の一般記者が撮影を行うようになり、写真記者のレーゾンデートル（存在理由）は霧散した。写真記者は劣位性を解消するため、いかにして自らの職能を変化させたのか。

第五章では、整理記者を扱う。整理記者は、中新聞が全国紙化していく過程で登場した比較的新しい記者である。整理記者の最大の特色は、他の記者と異なり、取材や執筆を行わない点にある。整理記者の主な職務は、整理や編集である。整理記者は、ニュースルームにおける最大のゲートキーパーであった。しかしながらテクノロジーの進展によって、整理記者の職務は徐々に縮小し、相対的な優位性は剥奪された。新聞社における機械化と合理化の影響をもっとも強く受けた整理記者は、どのような文脈のなかにあったのか。

第六章では、デスクを取り上げる。整理記者と同様に、デスクも比較的新しい職階である。呼称に「記者」はつかないものの、新聞業界内では「新聞はデスクが作る」と言われた。現場の記者を束ねるデスクは、極めて重要なポジションであった。編集という職能は、機械化によって平易となったが、それによって編集作業はデスクに移行した。新聞社の規模が拡大するなかで、整理記者が機能を縮小していったのと対照的に、デスクに求められる機能は高まる一方であった。その背景には何があったのか。デスクと不可分である遊軍とともに分析する。

第七章では、社会部記者を取り上げる。現代の新聞でもっとも注目されることが多い社会部であるが、歴史的にみれば社会部の出自のひとつは、政治記者などに軽侮された探訪である。社会部がカバーする領域は広大であり、戦後さらに拡大した。かつて、社会部の記事は三面などに固定されていたが、報道主義が徹底されるなか、一面に掲載されることが多くなった。社会部の相対的地位が向上する一方で、失われたものは何なのか。社会部の特徴のひとつである遊軍の存在と合わせてみていく。

終章では、一章から七章で明らかにした歴史的変化と文脈について、統合的に考察する。その上で、課題と展望を述べる。

補論では、先行研究を批判的に整理する。主に扱うのは、米国を中心とした英語圏の論考である。既述のように、米英を中心に、ジャーナリズム研究には厚い蓄積がある。本書が主に依拠するのは、ゲートキーパー研究とニュースルーム研究である。

次章から、歴史的な分析に入る。明治末期から平成にかけて、日本の新聞記者はどのように分化したのか。ニュースルームという空間において、日本のニュースワーカーあるいはランク・アンド・ファイルの実践やルーチンは、どのように変化したのか。彼ら彼女らは、何を重視したのか。その背景に、どのような要因や文脈が存在したのか。

時代は、草創期である明治時代に遡る。

第一章

明治・大正・昭和初期の記者たち

――多様な分化の実相

図1―1　大阪毎日新聞大阪本社　大川町時代　編集局（明治30年代）（毎日新聞社提供）

第一節　記者の分化

［一］大新聞・小新聞並列期と中新聞成立期

呼称の初出年

まずは、明治から昭和初期にかけて、どのような記者名が生まれたのか。言い換えれば、新聞記者を取り巻く言説空間で、いつ、どのような呼称が見られるようになったかを見ておく。既述のように、本書が扱う新聞記者の呼称は、あくまで日刊新聞の記者を指すものである。例えば、雑誌の政治記者などは含まない。

図1－2は、呼称の数の変化を年代ごとに示したものである。一八九九年、松本君平『新聞学――欧米新聞事業』が刊行された[1]。当時の最新のジャーナリズムについて論じた同書は、当時としては画期的な書であった。同書では多数の記者が紹介されている。画期的であったからこそ、当時としては初出の語が多い。おそらく欧米の用語を、松本が独自に翻訳したのであろう。定着しなかった記者名も多く含まれる。したがって同書が言及した記者名は、例外的なものを含む。図においては、同書が言及した記者名を含めた数をグレーで示した。抽出した語は、「○○記者」のように、記者という語の前に修飾辞が付くもののみである。

図を見れば明らかなように、一八九〇年代から一九一〇年代にかけて、多くの語が発生している。日清戦争(一八九四年~九五年)と日露戦争(一九〇四年~〇五年)の影響であろう。後に示すように、同時期には「従軍記者」「特派記者」「観戦記者」「外報記者」「電報記者」「電信記者」「軍事記者」「翻訳記者」「飛行記者」など、戦争関連の語が多く生まれた。

表1-1は、登場した年代ごとに、記者の呼称を示したものである。[2]呼称は四つに分類した。第一に、取材対象に関するもの。第二に、自らの職務に関するもの。第三に、自らの職階や属性を示すもの。第四は評判に関するもので、多くは悪評である。

もっとも多いのは、第一の取材対象による分類である。日本の新聞記者は、取材対象によって担当が詳細に分けられる傾向にあるが、それは原初から見られた。

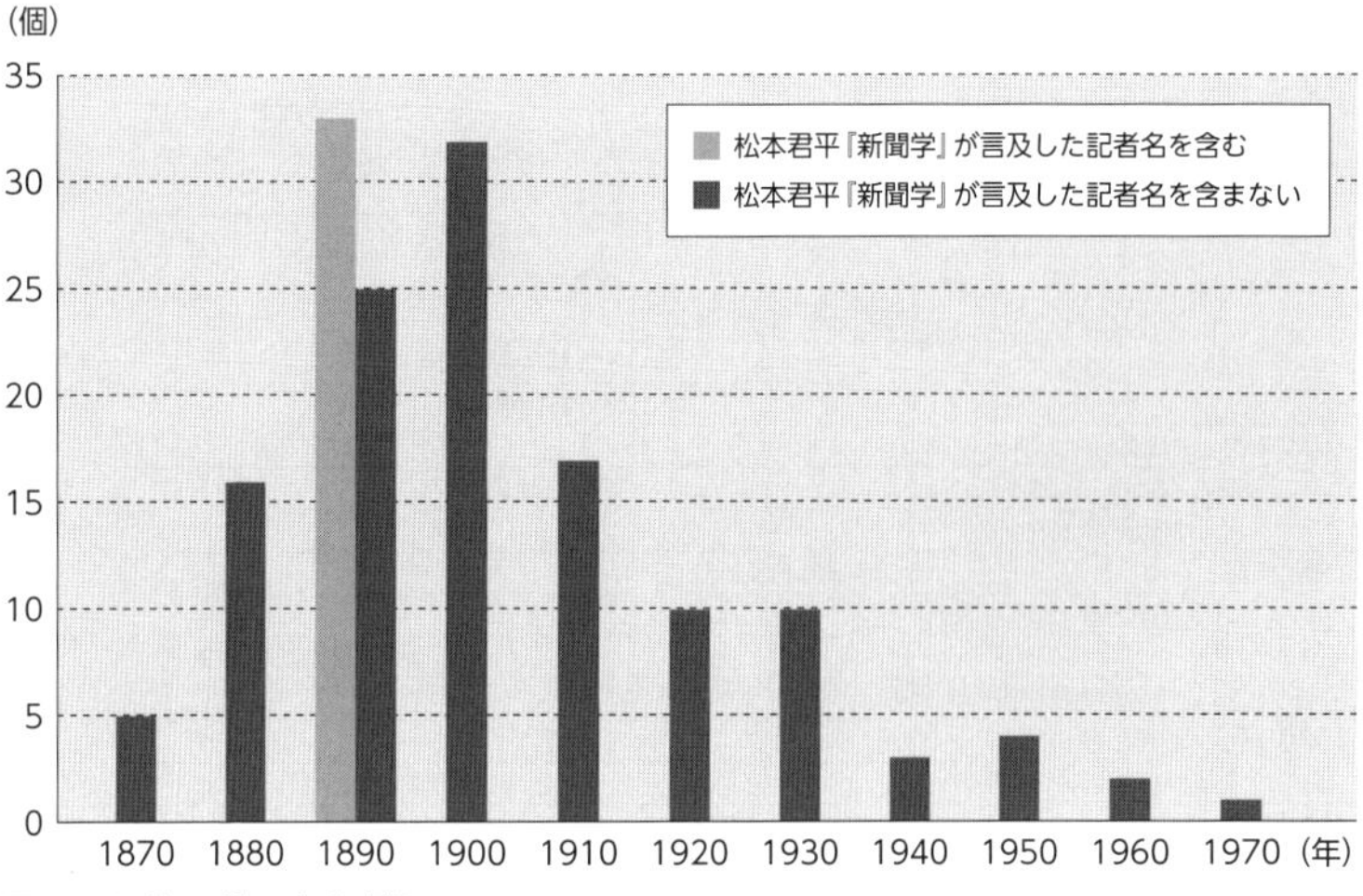

図1-2 記者の呼称の出現時期

年代	取材対象	職務	職階や属性	評判	呼称の数
1900年代	相撲記者 (1907)				
	演藝記者 (1907)				
	競馬記者 (1908)		政治部記者 (1908)		32
			社会部記者 (1908)		
			常詰記者 (1908)		
1910年代	裁判所記者 (1910)		採訪記者 (1910)		
	裁判記者 (1910)				
	陸軍記者 (1910)				
	美術記者 (1910)				
	飛行記者 (1912)				
		探偵記者 (1913)		特種記者 (1913)	17
	花柳記者 (1914)	写真記者 (1914)			
		繪畫記者 (1915)		亂暴記者 (1915)	
		海底電信記者 (1915)			
		漫畫記者 (1916)			
		代筆記者 (1917)			
	県政記者 (1919)		特殊記者 (1919)		
1920年代	警察記者 (1921)				
			地方紙記者 (1922)	不良記者 (1922)	
	科学記者 (1923)		デスク (1923)		
	映画記者 (1925)				10
	学芸記者 (1926)		会見記者 (1926)		
	スポーツ記者 (1926)				
	法廷記者 (1927)				
1930年代	事件記者 (1930)			捏造記者 (1930)	
			クラブ記者 (1931)		
			取材記者 (1931)		
			ヒラ記者 (1931)		
			出先記者 (1931)		10
	文化記者 (1933)	整理記者 (1933)			
			新人記者 (1935)		
			第一線記者 (1937)		
1940年代	芸能記者 (1943)				
			禁獄記者 (1947)		3
	外信記者 (1948)				
1950年代		校閲記者 (1951)			
	公安記者 (1954)				
				暴力記者 (1955)	4
	内信記者 (1959)				
1960年代	政界記者 (1960)				
	派閥記者 (1961)				2
1970年代		出稿記者 (1975)			1
	47	37	36	13	計133個

表1-1 新聞記者の呼称の初出年

年代	取材対象	職務	職階や属性	評判	呼称の数
1870年代		略説記者 (1875)			
		雑報記者 (1877)			
		編集記者 (1878)			5
		操觚記者 (1879)			
		日報記者 (1879)			
1880年代		輿論記者 (1880)		老練記者 (1880)	
		論説記者 (1880)	大記者 (1881)	狂筆記者 (1881)	
	経済記者 (1882)			惡口記者 (1881)	
			助筆記者 (1884)		
	政治記者 (1885)			幽靈記者 (1885)	16
		探訪記者 (1887)	女記者 (1887)		
	小説記者 (1888)	雑録記者 (1888)			
	政党記者 (1888)	担当記者 (1889)			
1890年代		社説記者 (1891)	補助記者 (1891)		
	艶種記者 (1892)		婦人記者 (1892)		
		報道記者 (1893)		御用記者 (1893)	
	海軍記者 (1894)	特派記者 (1894)			
		従軍記者 (1894)			
		受持記者 (1894)			
		観戦記者 (1895)			
		通信記者 (1895)	硬派記者 (1896)	惡德記者 (1896)	
	議會記者 (1897)		軟派記者 (1897)		33
	外報記者 (1897)	政論記者 (1898)	専門記者 (1897)		
	商況記者 (1898)	訪問記者 (1898)	三面記者 (1898)		
	文藝記者 (1898)				
	市事記者 (1899)	交換記者 (1899)	理事記者 (1899)		
		電報記者 (1899)	夜掛記者 (1899)		
		編輯事務記者 (1899)	主筆記者 (1899)		
		記事主任記者 (1899)	隨行記者 (1899)		
		電信記者 (1899)			
1900年代		外交記者 (1900)	外人記者 (1900)		
		校正記者 (1901)	二面記者 (1901)		
	地方記者 (1902)		普通記者 (1902)		
	角力記者 (1902)		一般記者 (1902)		
	相場記者 (1903)				
	劇評記者 (1903)				
	社會記者 (1903)				
	軍事記者 (1904)				32
	家庭記者 (1905)	遊軍記者 (1905)	内勤記者 (1905)	僞記者 (1905)	
	運動記者 (1905)			敏腕記者 (1905)	
	司法記者 (1906)	飜譯記者 (1906)	四版記者 (1906)		
	法曹記者 (1906)		外勤記者 (1906)		
	園藝記者 (1906)				
	金融記者 (1907)		経済部記者 (1907)		

三つの時期区分

明治から昭和初期にかけての新聞産業は、新聞の性質から、次の三つの時期に分けられる。明治四（一八七一）年から明治一九（一八八六）年を大新聞・小新聞並列期、明治二〇（一八八七）年から明治四五年＝大正元（一九一二）年を中新聞成立期、大正元（一九一二）年から昭和一一（一九三六）年を全国紙成立期である。

以下、新聞産業全体について、日本の新聞史を簡単に振り返っておきたい。これらの議論は、学術的には有山輝雄、山本武利、土屋礼子、河崎吉紀などの論考によって周知のことであるが、アカデミア以外の一般の人々には馴染みがない。新聞記者の歴史を理解するには、新聞産業の歴史を併せて知る必要がある。

大新聞・小新聞並列期（一八七一年～八六年）

明治年間の前半、日本に多くの新聞が叢生した。明治四（一八七一）年には、日本最初の日刊紙とされる『横浜毎日新聞』が創刊された。翌明治五（一八七二）年には、東京最初の日刊紙『東京日日新聞』が創刊された。以上は大新聞であるが、同時期に小新聞と呼ばれる新聞も誕生した。[3] 明治二（一八六九）年に『開知新報』が、明治七（一八七四）年に『読売新聞』が、それぞれ創刊された。

大新聞・小新聞並列期に、記者に関する語はそれほど生まれていない。この時期の新聞記者の分化は限定的であった。分化が活発になるのは、大新聞と小新聞の融合によってである。

大新聞と小新聞は、大きく異なった。大新聞は漢文調で政論を論じた。[4] 総ルビの仮名まじり文を用いた小新聞は、市井の事件などを扱った。大新聞は知識層の男性を読者とし、小新聞の読者は、庶民や婦女子であった。

大新聞と小新聞は、それぞれ硬派と軟派と呼ばれるようになる。[5]新聞を二分するような表現は多々生まれたが、市井のニュースを扱う軟派を下にみる風潮は、現在に至るまで新聞業界で見られる。大新聞と小新聞が並列したのは、わずか一〇年余りのことであった。[6]

並列期の記者の特徴は、すなわち、大新聞と小新聞の記者の特徴である。明治半ばまでの記者の服装は、大新聞と小新聞ともに和装であった。[7]原稿の執筆も、筆と硯が用いられた。社屋も和風建築で、[8]後に比べれば小さかった。

大新聞の記者は、政治家との区別が難しかった。[9]記者が政治を論じるというより、政治家が記事を書き、新聞を発行している趣であった。大新聞の紙面は政論で占められ、記者は天下国家を論じた。政治家と議論をし、それ以外の取材は行わず、主に編集局内にいて自論を執筆した。このような大新聞の記者は、大記者などと呼ばれた。

小新聞のルーチンの特徴は分業にあった。職務上において、取材と執筆が分けられた。小新聞が扱った種は市井の出来事であったが、探訪員などと呼ばれた取材者は、庶民の生活のなかに飛び込んで取材した。[10]探訪員は知識・人格ともに「低級」であり、[11]原稿の執筆に適さなかった。そのため、探訪員は軽侮された。

探訪員は入手した種を、新聞社内にいる者に伝えた。伝え聞いたのは主に戯作者である。戯作者は、探訪員が持ち帰った種を基に、面白おかしく記事を書いた。戯作者にとって、面白おかしい文章を書くのはお手の物であった。[12]

図1―3に示した記者は、本書が分析の対象とした記者と、それに関連した記者である。既述のように、並列期に生まれた記者の呼称は、後に比べると多くはない。大記者は、主に政治と経済を扱ったが、一八八〇年代に入ると、「政治記者」や「経済記者」などの呼称が見られるようになる。[13]

現代において「新聞」は日刊紙を、「記者」は新聞記者を指すことが多い。しかしながら日刊紙が普及する以前には、今日の雑誌的な「新聞」が数多く存在した。[14]「記者」は、それら雑誌で編集や執筆に従事した者や、言論人などを指した。「記者」という職業名の社会的な威信が高かったため、新聞業界がその名を流用したといった方が適切である。

一方の小新聞に由来する呼称には、「新聞紙屋」[15]「種取り」[16]「羽織ごろ」[17]などがあった。程度の

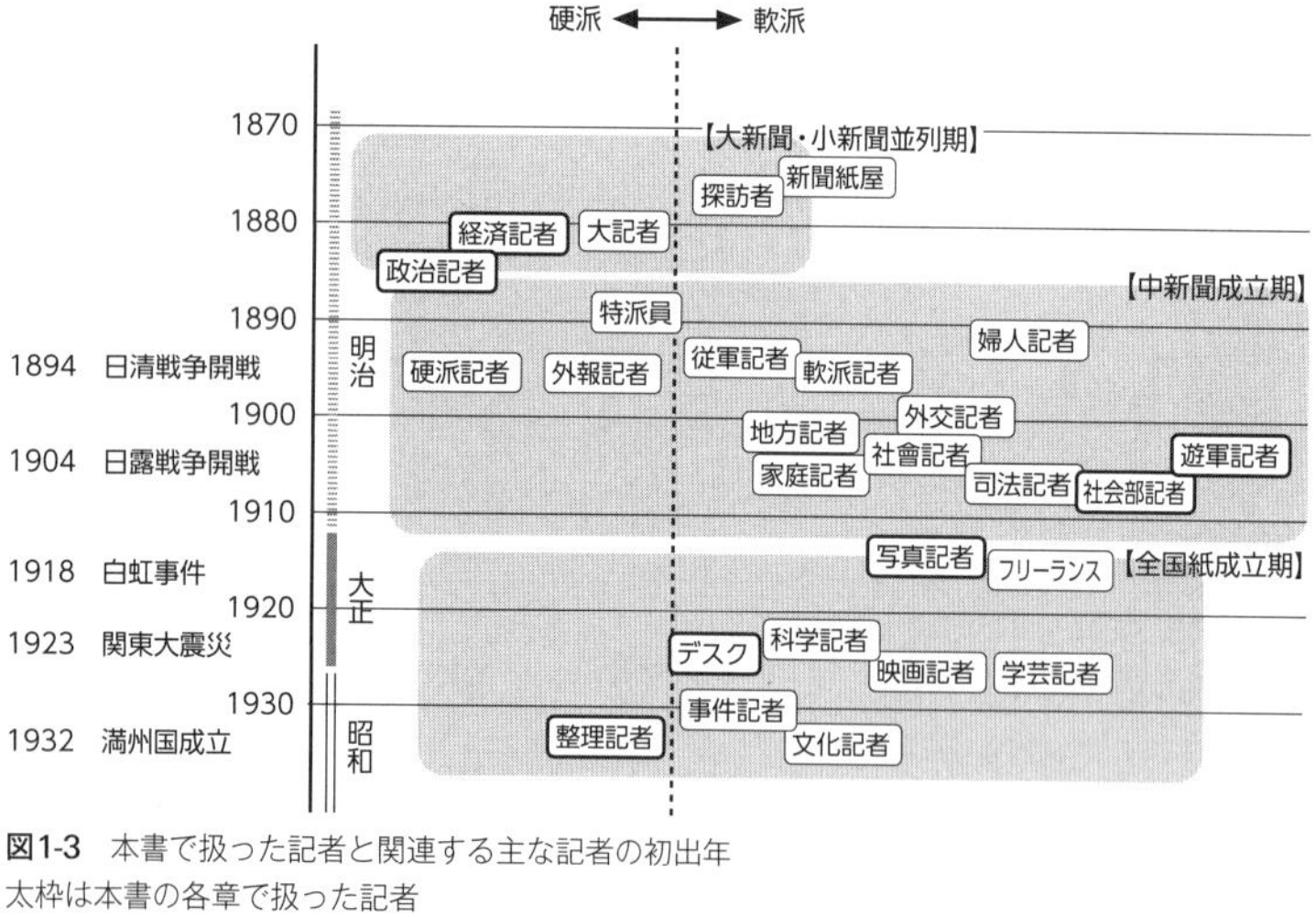

図1-3 本書で扱った記者と関連する主な記者の初出年
太枠は本書の各章で扱った記者

差はあれ、いずれも蔑称であった。

中新聞成立期（一八八七年～一九一二年）

一八九〇年代に入ると、新聞産業内に大きな変化が生じた。中新聞の成立である。大新聞と小新聞が融合した中新聞の典型は『朝日新聞』と『報知新聞』であった。[18] 中新聞の成立には、日清戦争と日露戦争が大きく影響した。営業的傾向を強めた中新聞では、社内の編集組織も見直された。報知新聞社は明治二一（一八八八）年、機構改革を行った。

> 編集部内の組織も一変して、従来のいわゆる上局を廃し、記者全部編集にあたることにして（略）新聞は政論本位からようやく報道主義に移り、いわゆる軟派、今日の社会部記事が重んぜられる。[19]

『報知新聞』の編集局は、かつては上局と下局に分けられた。上下は優劣を示した。論説記者は上局、雑報記者などは下局などと、明確に上下に分けられた。[20] 改組によって融合が図られた同社であったが、ここで重要なのは、記者全員が新たに担当したのが、取材ではなく、編集であったことだ。「報道主義」や「今日の社会部記事」を重視するといいつつ、上局の「記者」は取材に出ず、編集局内で編集に従事した。

小新聞に由来する庶民の耳目を引く記事と、大新聞由来の政治記事を合わせた中新聞は、読者の支持を得た。販売部数は伸長し、新聞社は営利企業として成長していく。[21] 中新聞になると、記者の在り方も変容した。河崎はその変化を、次のように表現した。

記者兼任ではなく、経営専門の資本家が新聞社を運営し始めるのが明治後期である。その過程で大記者の個人プレーは許されなくなり、記者は不偏不党に基づく組織プレーを要求されるようになった。職種は、政治部、経済部、社会部、文化部などに細分化され、編集局長を中心に特定の領域を追求するようになる。[22]

細分化されたとはいえ、出自は二つしかなかった。大新聞と小新聞である。前者の出身者は「政論記者として政治に関与する者」であり、後者の出身者は「探訪者の役割を引き継いで報道に従事する者」であった。[23] 大新聞に由来する部署は高い威信を有したが、報道重視の中新聞においては徐々に、小新聞に由来する部署の存在感が高まった。

中新聞成立の大きな契機となったのは、日清戦争と日露戦争である。戦争によって人々は多くの情報を欲し、新聞社は大きく部数を伸ばした。

戦争報道の増加を背景に、あるいは中新聞の成立や規模の拡大によって、記者の分化が進んだ。図1－3に示したように、「硬派記者」[24]「軟派記者」[25]という語がみられるようになったのは、日清戦争の頃である。単に「硬派」「軟派」と省略されたり、「硬軟」と対で用いられることも多かった。硬軟とともに分化が進んだ。「写真記者」[26]や「飛行記者」[27]など、テクノロジーの進歩も記者の分化に影響した。

一九一五年ごろから、大阪朝日と大阪毎日は、地方版の恒常的な発行を開始した。[28] 同時に「地方記者」という呼称が見られるようになった。地方版の増加は、情報収集と表裏一体であった。地方からの情報は通信技術によってもたらされ、それによって「電報記者」や「電信記者」という語がみられるようになった。[29]

中新聞成立期は、ニュースルームという空間が急拡大するとともに、記者の分化が進んだ。大新聞と小新聞の融合は、規模の大きさだけでなく、多様な記者を生んだ。一九一二年、元号が大正に変わると、中新聞は全国紙化を目指す。

〔三〕全国紙成立期（一九一二年〜三六年）

関東大震災を契機とした大阪紙の東京進出

全国紙成立期に入ると、記者の分化は収束し、新しい語はそれほど見られなくなる。全国紙成立期に目指されたのは販売エリアの拡大であり、記者の分化は中新聞成立期が盛期であった。

朝日新聞社と毎日新聞社は、一九〇〇年以前から一定程度、東京への進出を果たしていた。[30] 東京における両紙の存在感が高まった契機は、一九二三年の関東大震災であった。[31] 両社は震災を、飛行機を用いて大々的に報じた。[32] 同年には、大阪と東京の両本社間に専用電話が開通し、[33] 翌年には写真電送機が導入されるなど、[34] 通信技術も大きく発達した。通信技術の発達は、ニュースルームをさらに拡大させた。

関東大震災前後から、大阪の新聞社は本格的に、全国紙への道を歩み始める。朝日、毎日、読売の、関東以外への展開を、現地における新聞発行に着目して時系列で示すと、次のようになる。紙名は略称である。

一九二二年　『東海朝日』[35]『西部毎日』[36]
一九二四年　『中京毎日』[37]
一九二五年　『九州朝日』[38]
〈アジア太平洋戦争〉
一九五二年　『大阪読売』[39]
一九五九年　朝日新聞が北海道で現地印刷・発行を開始[40]
毎日新聞、読売新聞も北海道で現地発行[41]
一九六四年　読売新聞が九州・山口エリアで発行[42]
一九七五年　『中部読売』[43]

アジア太平洋戦争以前は、朝日と毎日が競うように展開した。東京系の読売新聞が全国展開するのは、戦後である。したがって、全国紙成立期に「成立」した全国紙とは、大阪系の朝日と毎日を意味する。朝日と毎日は戦前、東京・中部・大阪・西部において発行を開始しており、残るは北海道のみとなっていた。全国紙としての体制は、戦前にほぼ整っていた。

東京・中部・大阪・西部の各地に本拠地を構える体制は、四本社制などと呼ばれるようになるが[44]、一点指摘しておくと、紙面の編集は、それぞれの本社で個別に行われた。本書の第五章と第六章で言及するように、紙面の共通化や編集の一元化がなされるのは、一九六〇年代以降である。

全国紙成立期における記者の分化

全国紙が成立する過程で、数の上では少数であるものの、記者の分化が進んだ。「映画記者」[45]など、他メディアの影響を受けた記者名も見られた。中新聞成立期と全国紙成立期に増加した記者名の多くは、「文藝」「科学」など、当該の記者の取材対象によって規定された。

取材対象で規定されたのと対照的に、職務によって規定された記者もいた。典型は「整理記者」である。新聞における整理とは、端的にいえば編集である。整理記者の多くは整理部に属したが、整理部は比較的新しい部署であった。かつて政治部や社会部などの有力な部は、部長の直下に編集助手を配して独自に整理を行った[46]。部としての特色を発揮するためであった。後年、編集機能の増大によって、編集担当者は整理部として独立した。

「外交記者」は、それ以前は探訪員などと呼ばれた。探訪員は基本的に軟派、なかでも社会部における外勤の記者を意味した。一九〇〇年代に入ると、政治部などの硬派も積極的に編集局を出始める。それとともに探訪員は「外交記者」[47]と呼ばれるようになった。探訪員や探訪者という呼称がなくなったわけではなかったが、その場合も「記者」を付して、「探訪記者」[48]と呼ばれることが多かった。記者とは一種の敬称であった。

一方で、探訪員に対する蔑視は根強く、例えば、東京の官署担当の探訪記者は「廊下トンビ」「玄関ハタキ」などと呼ばれ、「下等」とみなされた。[49]「下劣な」イメージを払拭するためか、一九〇〇年代には「外勤記者」[50]、一九一〇年代には「外勤員」[51]などの呼称が見られるようになった。しかし歴史的にみれば、イメージの払拭《ふっしょく》は容易ではなかった。

外勤の記者名は増加したが、一方で内勤の記者名は、それほど増えなかった。内勤者の典型は、編集を担当する「整理記者」であった。同時期、「デスク」という語も普及した。

軟派という言葉は用いられることが少なくなり、「社会部記者」という呼称が一般的となった。「社会記者」という呼称も見られるが、「部」を付加した社会部記者の方が一般的であった。政治部の記者は、政治部記者よりも政治記者という呼称が一般的であり、経済部の記者も、経済部記者より経済記者と呼称されることが多かった。「部」を付して社会部記者と呼称されるのは例外的であった。[52]

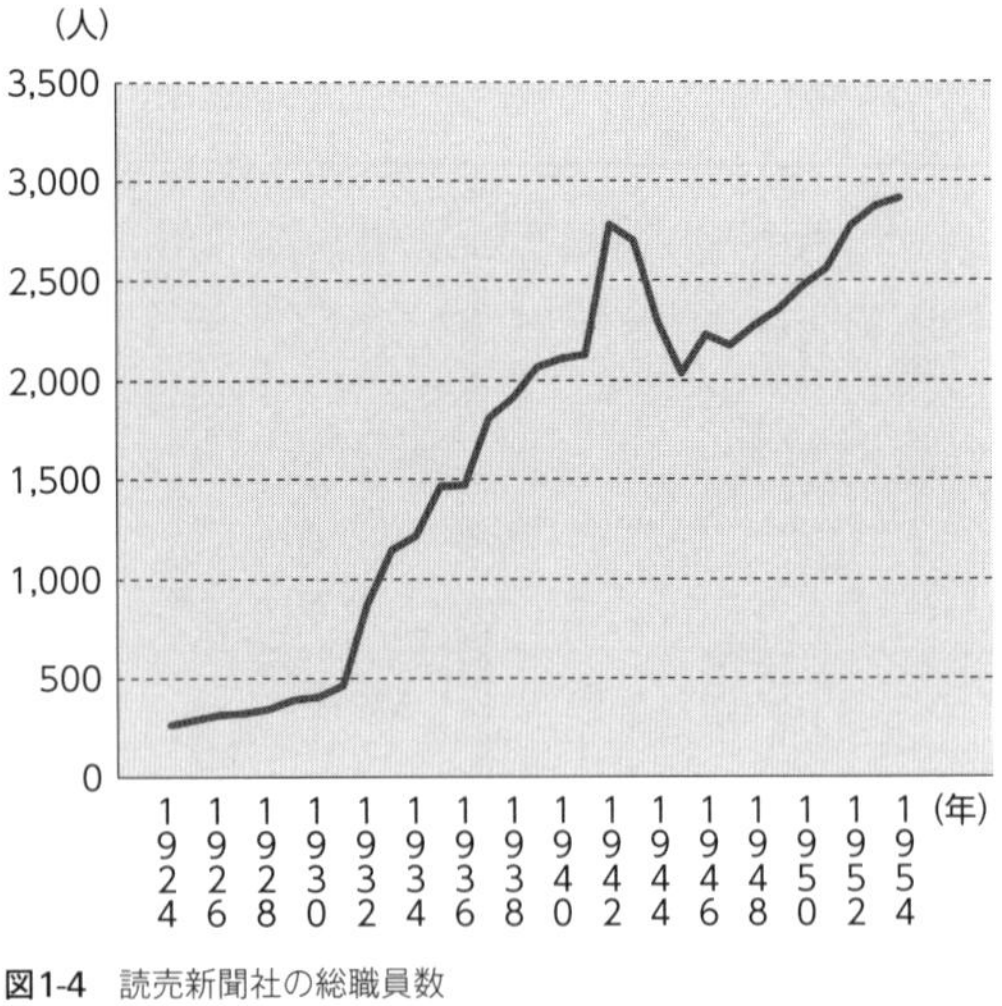

図1-4　読売新聞社の総職員数

全国紙成立期の末期、具体的には一九三〇年を過ぎた頃から、全国紙（朝日・毎日・読売）の企業規模は急速に拡大する。例えば、読売新聞社の総職員数は図1―4のような変化を遂げた。

第二節　中新聞成立期の編集局と記者（一八八七年〜一九一二年）

〔一〕　編集局内の雰囲気

主筆が仕切る明治末期の静謐な編集局

中新聞成立期の編集局は、どのような空間であったか。『報知叢話』は、『報知新聞』の月極め購読者向けの付録雑誌として毎日曜に発行された。『報知叢話』には、一八九〇年ごろの『報知新聞』の編集局の様子が描かれている。『報知新聞』は当時、発行部数が最多であった。

卓子数十台、椅子数十脚、整然として広き室内に配置しあり、中央の一段高きところに一台の大なる卓子を控え美麗なる椅子に座し朱筆を握って原稿紙をにらみいるは年齢五十歳前後の老紳士(略)左右には数十人の若紳士卓子に向かって端然と控えいる。新聞紙を閲するもあり、原稿を草するもあり(略)冗談をなすもの無し(略)本社には論説を草する者が七人、小説を書くものが五人、雑報その他の記事をまとめるものが十八人、外国の新聞雑誌を翻訳する者が十三人、詩人が一人、批評家が三人、外交官が十五人、その他校正方や探訪者等種々の仕事をとるものが沢山あります。[53]

明治二〇年代頃の編集局の組織であることから、「老紳士」は主筆と思われる。「外交官」は、朝日新聞などにおける「高級探訪」[54]と同じとみてよいだろう。探訪者が社会種を探るのに対し、「高級」な外交官は政治や経済方面の種を集めた。社会種の探訪に特別な能力は不要であり、「曲がりなりに字が書けて人のいう事を一通り聞分る事さえ出来れば」務めることができた。[55]

『報知新聞』よりも小規模な新聞社の編集局は、どのようなものであったか。明治三四（一九〇一）年ごろの『文明新聞』の編集局をみてみよう。

畳ならば三十畳も敷きうべきと覚しき西洋室、といえば立派のようなれど窓の硝子はこわれ壁には赤インキと墨、古新聞と反故の取散らしたるすこぶる不潔なる一室へ案内せられ（略）あこれがこの社の編集局かとあきれて見やる正面の机には、痩せて色の黒い、眼の光った、ものいうごとに肩をゆする癖のある薄気味悪げなる男の控えおれり（略）折から十二時の時計が鳴ったので弁当を食うものは食う、給仕が西洋料理の弁当を運ぶやら茶をつぐやら、こなたからも給仕、かなたからも給仕、給仕給仕と呼ぶ声は講堂に充ちて、なかなか一人では需要に応じかねる様子（略）主筆はと見ればムシャリムシャリとパンを頬張りながらしきりに何かの原稿を検閲している。[56]

「可なり」と称された『文明新聞』ではあったが、後の企業化した新聞社に比べると、編集局は三十畳と狭かった。

次に挙げる文章は、同じ『文明新聞』の人数構成と仕事ぶりである。文中の「閑文事」とは、「小説、講談のごとき続きもの、囲碁、将棋のごとき娯楽的記事、詩歌、スケッチのごとき文学物、旅行記、避暑地案内、探検記等の季節物、歴史的論文、随筆雑録」[57]を指した。一般には「閑文字」と表記された。

編集は主筆一人、硬派編集主任一人、記者五人、軟派編集主任一人、記者三人、外に小説家が一人と探訪八人、給仕一人を合わして編集局員の数が総計二十人（略）記者五人のうち三人は絶えず社におって雑報やら閑文事《かんもじ》（ママ）やらをひねくっているので、他の二人は外へ出て政党事務所や取引所や、大臣やら紳商やら訪問して記事を製造する軟派の方もこれと大同小異で記者自分艶種を取って来るのもあり、探訪より報告せられたる警察種を記事に書直してそして主任のところへ出す、主任はこれを取捨し文飾しそしてうやうやしく主筆の机へ捧げること、記事の大小を論ぜるなり、さればここの主筆は他社の主筆と違い、ただ編集を監督して己が議論を書くのみでなく議論や抱負を発表するよりもむしろ編集局員の原稿を検閲する役目で、その文章の悪いところや、記事の曖昧なところを発見してむやみに小言をいうのを任務と心得ている。[58]

編集局の職階は各社によって様々であったが、編集局のトップは基本的に主筆が務めた。[59]主筆は後に、編集の実務から遠ざかるが、この時期の主筆は編集長の役目を担っていた。元雑誌記者で『新聞雑誌記者となるには?』の著者である森本巌夫は、主筆が編集の実務を担うことに反対した。

主筆は編集以外のものとして特殊な部分に置かねばならぬ。新聞記事は、ニュースの報道と、論説とが重要なものであって(略)論説の方は、主筆と、その配下の少数の論説記者とで受持っている。論説のうち、一社を代表した論説を社説といふ。主筆はこれ社説を書くのが当面の任務となっている。しかし、単に社説を書くのみではなく、紙面整理すなわち編集の根本方針を授け、編集部全体を監督し、社外に在っては、常にその社を代表するの資格を有している。したがって主筆には高邁なる人格と、ひろい学識と、経世的眼孔と、暢達な文才とを要する。[60](強調筆者)

人数の多い新聞社では、主筆の下に複数の論説記者がいた[61]のに対し、人数の少ない新聞社では、論説記者がいない場合もあった。その場合、論説の執筆は、主筆や編集長などが担当した。[62]編集長は、論説を除く「編集上の一切」を取り仕切った。[63]職階としては、主筆の下に編集長がおり、さらに部長がいた。大きな新聞社では、編集長以外に、編集主幹[64]や編集総務[65]などの職階があった。

森本の主張を跡付けるように、一九一〇年代半ばになると、主筆は「編集の雑務」から遠のく。編集の実務を統轄するのは「副主筆又は編集長」であった。[66]

編集局内の階層化が進むとともに、編集局トップである主筆は実務から離れていったが、それはアジア太平洋戦争後、編集長や部長が編集の実務から離れていったのと重なり合う。

主に第六章で言及するが、アジア太平洋戦争後、編集の実務は複数のデスクが協働で行うようになった。長期的にみれば、編集局の人数が増えて規模が大きくなるとともに、職階というヒエラルキーの上位に位置する者は順に実務から離れ、最終的にデスクに終着した。[67] 若干の補足をすれば、デスク集団の上位に、統括デスクや統合デスクが位置する形となった。

雑然とした編集局

前項でみたように、編集局内の雰囲気は、社によって大きく異なった。『報知新聞』よりも若干小規模な東京の某新聞社の雰囲気をみてみよう。先の『文明新聞』の編集局は三〇畳程度であったが、次の「某新聞社」は二〇畳程度であった。

受付より右に折れて梯子段を上ると、二階の左が社長室で、その向いが編集局である（略）室でもたくさんであるが、編集間といった方が余程気が利いている、編集局はおおよそ二十畳もあらうかと思はれる一間に、あるいは高く、あるいは低く、あるいは新しく、あるいは古き机が、不規則に並べられて、その上には古い新聞や硯などが散乱している。午前十時までは、この魔室には一人の呼吸だも見出しえないのであるが、十時を過ぎると三十分にして、編集助手が来たり、ただちにその日の各新聞を見て、「時論」を書いて、官報より叙任辞令を切り抜いて、ベタベタと原稿紙へ張って活版部へ回わした頃、少しは位のある服装もかなりの人が入り来る、これがすなわち編集長で、中央の大卓に座ると給仕は茶を運んで来る。[68]

新聞社の朝は遅かった。午前中の仕事はほとんどなかった。一時か二時くらいから、ようやく始動したようだ。自宅から取材先に向かっていた記者が出社し、編集局は徐々に活気づく。

一時二時となると通信が来る、それを取捨していちいち帳面に題号と行数とを記して活版部へ回わす、そのうちに外交方面の記者は、始めて出社して原稿紙に向う(略)早く来たものは盛にストーブを囲んで談話を始める。談話といっても、今日はどこの会合で何々代議士がそうゆう失敗を演じたとか、何とか下らぬ事ばかりいっている(略)軟派の連中も、それはおれの方が本職だといわんばかりに、ベチャクチャベチャクチャと喋り出す、その騒々しさといったらない(略)四時となり五時となると、電燈はつく煙草の煙は、もうもうとして立ちこめている間に、編集長だけは無言のまま、あるいは原稿、あるいは通信と取捨して、自ら筆をとって添削して編集助手の手に渡す、助手はまた「一ノ面」「二ノ面」の印を押して、ドシドシ活版部へ送る、編集局の最も多忙なのはこの時であろう。煙草の吸殻は火鉢に山のようになっている、紙は一面に散乱している、その間に泰然自若として職務をとる編集長ほどえらいものはないのである。[69]

既述のように、一九〇〇年代、小規模な新聞社では主筆が陣頭指揮に当たった。編集という業務の重要性が増すにつれ、主筆に代わって編集長が重要な役目を果たすようになった。

一九〇〇年代に話を戻せば、探訪から編集局に戻ってきた記者が雑談に耽る光景は、後においてもよくみられた。記者らは、探訪先で見聞きしたことを書いた後に、同僚との談笑によって心気を休めた。吉野作造も、特に社会部（軟派）の記者に「軽口」や「ひょうきん」が多いと述べた。[70]編集局の内部は、かなり乱雑であった。大阪朝日や東京朝日、あるいは国民新聞などの多くの新聞社を渡り歩いた探訪記者・松崎天民も、編集局内部の乱雑さを、「原稿紙の反古は朝風に飛び、落書せられたる洋燈の紙笠は、蜜柑の皮を入れられて机の下に押込められ」[71]と表現した。夜になって記者が帰ると、入れ替わりに「小使」が出社して片付けをする。これがまた難儀であった。

踏み入るべく小使は非常の勇気と大胆とがなくては出来ぬ仕事である、まず西洋料理の箱や、天呑や、蕎麦の丼を、それぞれ下に持ち運んで、それから火鉢の掃除に取りかかるのであるが、食物の跡片付だけでも一仕事なのである、数十人の者共が、腹が減ったからといって、餅菓子を喰って口が悪くなったといっては蕎麦を食う、まださえんといって密柑（ママ）と来る、その入れ物にはきっと唊が吐いてあるか煙草が入れてある、汚たない事といったらないのだ。[72]

大新聞の伝統を受け継ぐ一部の新聞社の編集局は静謐《せいひつ》な空間であったが、小新聞の流れを継ぐ新聞を中心に、多くの新聞社の編集局は雑然としていた。

雑然さを持ち込んだのは、主に探訪員であった。探訪員は庶民の生活のなかに躊躇なく飛び込んでいったが、彼ら自身が庶民と親和性が高かった。

庶民的な職工たち

編集局以外でいえば、印刷工程を担当する職工たちは、探訪員と同じか、時にそれ以上に庶民的であった。知識層の側面を有した政治部や経済部の記者とは、大きく異なった。傾向として、関西の職工は穏健であったが、東京の職工は扱いが難しかったようだ。

新聞社の職工はいずれの土地にあっても、少し毛色が変っている、東京付近の新聞社は東京で食いつめて落ちて来るものであるから手にしまえぬ。編集と衝突する度ごとに胴上げするとか袋叩きにするとかの計画をしている（略）衝突する事項は原稿の出切が遅いのと、原稿を多く出してその日の中に掲載する事をせず翌日に回す。しかるに翌日になれば他の新聞に出るのでこわしにするからだ。編集の方からいえば遅い記事は善い記事が多いから、なるべく掲載するので（略）大衝突となるわけだが大底編集の方が勝を占める。[73]

最終的には、編集の言い分が通ることが多く、職工の主張が通ることは稀であった。畢竟《ひっきょう》、職工は不満がたまる。職工は悪戯などによって、ささやかな抵抗を試みた。

人の悪い職工になると時々記事を落してみたり原稿を失うとか又はわざと間違へるという悪戯をする、もっとも校正が頑としていればよいが、実際において校正は記者見習というようなものがやるから、マンマと復讐される事が多い。[74]

編集中心主義は、すでに新聞社において伝統となっていた。教育程度の低い探訪員や職工は、新聞社内で軽んじられた。記事は筆で執筆され、印刷を除いて、原稿の執筆や編集は、すべて編集局内で行われた。編集中心主義とは、探訪員の軽視であり、編集局の外で行われる取材の軽視であった。取材の軽視は、後の「足で書け」という警句を生む一因となった。

〔二〕明治末期から大正初期の編集局

編集局の機構

ここでは編集局の機構をみてみよう。機構とは、編集局周辺の部局の構成であり、幹部の配置である。大阪毎日新聞・営業部長の桐原捨三は一九〇七年の講演で、同社の機構に言及した。

編集局には主幹すなわち局長が一名あります、営業局には営業局長一名ある、これだけがまず幹部である、これに各部長といふものが八名ある、すなわち営業局と編集局とに八名の部長があって幹部をなす(略)それから各部をわかちて政治学芸部、経済部、通信部、社会部とこう四つに分けてあります、政治学芸の方では論説も書けば翻訳もする、雑報も書く、つまり政治その他一般のことにわたっております、中等以上の人の見るべきものの材料を司る。[75]

編集局長は、主筆の直下に位置し、編集を取り仕切った。編集局長は、主筆が兼務することもあった。「政治学芸」は、大新聞の流れをくんでおり、想定読者は「中等以上の人」とされた。小新聞の流れをくむ社会部について、桐原は次のように述べた。

これ〔社会部〕は艶聞の面、あるいは人殺し、芝居のようなものを司る、小説の面も司る、そういうぐあいに四つに分れている、朝日には此の外に府市部とかゆうことを司るものもあるそうですが、私の方では通信部に一括している、それからこの部に各部長が一名、副部長が一名ある、副部長の職務は部長を補佐しある時には部長に代って事務を執る、及び自分の受持の経済なら経済部の活版場の方へ出して行く帳面を控へる、そうして一枚に組み上ったその大組を見るというような事務的のことまでを兼ねる。[76]（〔 〕内筆者）

朝日の「府市部とかゆうことを司るもの」は、米国のシティ・デスクを模倣したものであろう。一般的に米国の新聞社は、取材エリアや部署を市街と郊外に分ける。ニュースの大半は市の中心部で起き、それらは政治や経済や社会などと分類されることなく、一括してシティ担当のデスクが捌《さば》いた。[77]

ちなみに前記の講演時、日本国内にデスクという職階はない。講演で示された「副部長の職務」は、後のデスクの職務とほぼ同様である。一九〇七年時点において、すでに部長直下の副部長（次長）クラスの職務が重要となっていたことがわかる。

編集会議と編集局内の配置

一九六〇年代以降の編集会議は、翌日の紙面を左右する極めて重要な会議であり、日に数回行われた。しかし一九一〇年代以前は、編集会議の頻度は低かった。大阪毎日の桐原は、同社の編集会議は「毎月曜日の午前に在りまして、そうして毎週間のことを確定する」と述べている。[78] 週一回の編集会議で、一週間にわたる方針が述べられた。『国民新聞』の記者であった齋木烏村は、[79] 次のように述べた。

> 編集会議というのは編集局員と社長を加へて編集上の問題を議するのである。毎月一回位開会するを常とするがたいした問題もなし、社が大抵窮乏だから社長も御馳走するような元気もないため、その時々に会合するくらいだ、その時々というのは新年号を作るのとか紀念号を作るとかいう場合だ。[80]

齋木によれば、東京の新聞社の編集会議の頻度は一日一回であったという。[81] 東京朝日の若月一歩は、新聞業界全体の指針として、次のように述べた。

> 少なくとも毎月一回は期日を定めて開会する必要がある。いうまでもなく定例会議である。(略)参与する者は、編集長および全編集局部員で、編集長自ら議長席に着き、硬軟各派主任をして補佐せしめる。しかして前月編集会議において、計画せられたる仕事の経過を、詳細点検し、

その成績いかんを発表する。（略）後の一カ月間は、この編集会議の結果によって活動方法を定めるのである。[82]

以上から、一九一〇年前後の編集会議は、東京では一日に一回程度、大阪では週に一回程度、名古屋を含めた地方では月に一回程度であったようだ。

編集局内の座席等の配置は、どうであったか。読売新聞社の元記者であった上司小剣は、一八九〇年頃の編集局の配置に言及した。図1―5は、上司の記述から筆者が作成した。[83] 全体を見渡せる位置に主筆が座し、采配を振るっていたと推察される。主筆の左右には、編集長と編集主任がいることから、編集が重視されたようだ。[84] 一方で、主筆の背後には探訪員がおり、主筆が直接指示するとともに、主筆は探訪員から直接情報を得ていたと思われる。この時期の読売新聞社は小規模であった。

大正五（一九一六）年、大阪毎日新聞・社長の本山彦一は、講演で次のように述べた。編集局は、小部屋などに分かれておらず、ひとつの部屋であったという。

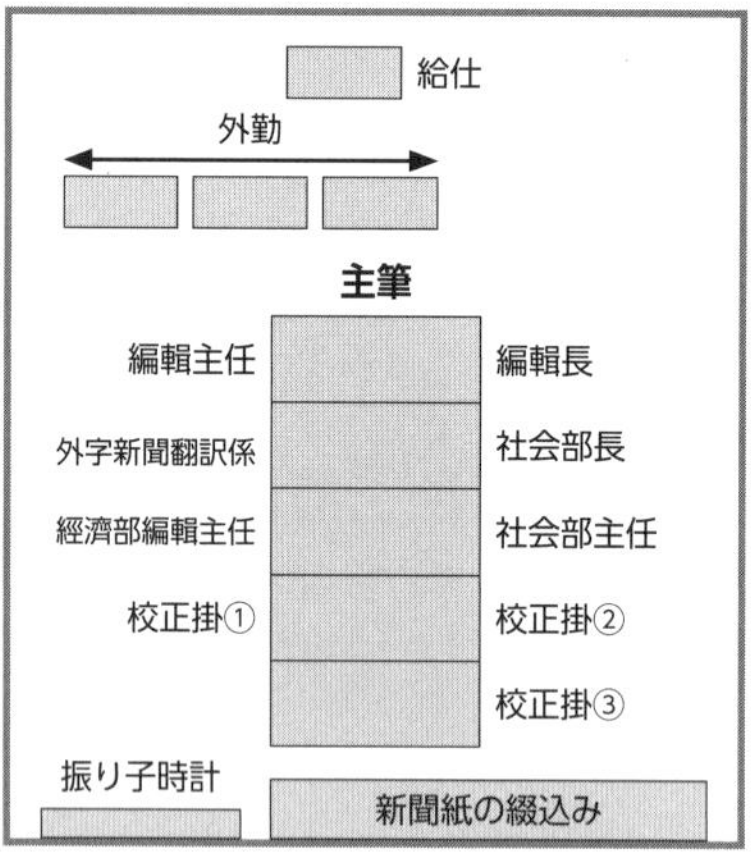

図1-5　1890年代末の読売新聞社の編集局
（出典：上司小剣『U新聞年代記』中央公論社、1934年、5～6頁の文章から筆者作成）

各部長四五名がひとつのテーブルに並んでそうしてこれに配属した所の社員多数の者がこれを取囲んで編集は編集員全部大きな一室に座しているのであります、他の会社銀行等では皆支配人室とか課長室とかいふように各々別室があって事務をとっているようでありますが新聞社ではそういふ事は一切ない（略）もしも新聞社において別々の室に入って仕事をしているときは非常に敏速を貴ぶ所の事務が渋滞する、また相互に気脈を通じておかねばならぬが離れていてはこの連絡が取れない。[85]

編集員らのコミュニケーションを円滑にするには、小部屋に分けるのではなく、一堂に会して「気脈」を通じた方がよかった。本山によれば、当時計画中であった朝日新聞社の新社屋も、「一室の中にテーブルを並べて」編集する予定であったという。[86]

編集局の机の配置は、後になっても重視された。一九三〇年、時事新報社・政治部の後藤武男は、欧米と比較して次のように述べた。

各部の机の配置は、能率上に重大な影響を与える。（略）最も重要なのは、新聞製作の中心となる編集部の机であろう。ここには編集長、編集主任、助手の外に政治、経済、外報、社会、地方等の各部を網羅して欲しい。長方形の机と馬蹄形の机との二種の得失は、従来しばしば論議された。各部長の隔離式なものよりも、合同式（略）の方がはるかに能率的である。[87]

米国の編集局では馬蹄形の机が象徴となっていたが、日本では普及しなかった。アジア太平洋戦争後の日本では、特に社会部で六角机が象徴となっていた。[88] 普及の時期は不明である。政治部や経済部でも見られたが、なかでも社会部はこの六角机を好み、地方支局に設置されることもあった。

外勤と内勤

編集局内で専ら仕事をする者を「内勤」と呼び、探訪員や外交記者のように、編集局の外へ取材に出かける者を「外勤」と称した。『国民新聞』『帝国新聞』で記者を務めた結城禮一郎によれば、同時期の内勤は、「人の取って来た材料を文章にしたり、人の文章へ手を入れたり」するなど、米国のコピー・リーダー(copy reader)に近い職務を担った。[89] 米国のコピー・リーダーはニュースルームにいて、外からもたらされた記事に最初に目を通した。結城によれば、外勤とは探訪記者を、内勤とは雑報記者を指した。

大正期に入ると、組織の拡大に伴って「内勤」の指し示す内容が変化し、現在に近いものとなった。森本によれば内勤記者とは、「主筆、編集長、論説記者、政治部長、経済部長、社会部長、通信部長、外報部長、学芸部長、文芸部長、婦人部長、及び各部の外交部長と、各部に属する編集助手」[90] であった。ライン の管理職を除けば、内勤記者は編集者を指した。読売新聞の記者であった後藤三巴楼主人によれば、内勤の職務は、「各通信者から刻々に配達して来る通信を整理すると共に、外勤社員の原稿に標題《みだ》しを付するとか、若しくは文章を訂正する」といったものであった。加えて「植字部大組部との連絡」を担当したため、「極めて多忙」であったという。[91] ニュースルームと紙面の拡大によって、内勤の業務内容も複雑化した。編集は後に「整理」と呼ばれる。戦後、整理を担当する整理記者は、新人などに忌避されることが多かった。一九一〇年代に多忙を極めた内勤に、すでに同じニュアンスが滲む。

内勤は主に編集を担当した。しかし、すべての面を編集するわけではなかった。既述のように政治部や社会部などの「強大」な部は、「編集長とは無関係」に独立して編集を行った。[92] そのような場合、部長の直下に「編集助手」が置かれ、所属する部の面のみを編集した。

遊軍と「常務」

外勤は外交記者とも呼ばれたが、外交記者には「遊軍と常務」の別があった。常務について森本は、「毎日、社外の各方面に出歩き、あるいは一定の部署に就くもの」[93]と述べた。種別として、「政治部外交、経済部外交、社会部外交、文芸部外交、婦人部外交等」があった。背景には、内勤と外勤の区別を明確にしようという意図があったようだ。

政治部外交のなかには、政党記者、議会記者などが含まれ、社会部外交には、相撲記者、運動記者、飛行記者、演藝記者などが含まれた。常務について森本は、「毎日、社外の各方面に出歩き、あるいは一定の部署に就く」と表しているが、これは戦後の記者クラブ詰め、いわゆるクラブ記者のようであった。

一九一〇年代には、内勤と外勤の中間的な遊軍記者の存在感が高まる。「遊撃」とも呼ばれた遊軍は、「予備の記者」であり、大事件が発生した際に特種を渉猟した。普段は「一定の仕事」をもっておらず、事件発生時には外勤となるものの、平時は内勤であった。[94]

遊軍は、優秀であった。齋木によれば、「下等」の外交記者は「官署廻りとか訪問」を担当し、既述のように「廊下トンビとか玄関ハタキ」などと蔑視された。一方の「腕利き」は、普段は社内に詰めていて、事件が起こると直ちに現場へ直行した。[95] 後者の「腕利き」は、事実上の遊軍である。遊軍は、外交を行うこともあったが、外交を専らとする探訪員と違って手腕が認められ、扱いも異なった。

政治部外交と社会部外交

大日本新聞学会は、遊軍は政治部外交と社会部外交に分けられるとし、政治部外交は腕が良いだけでなく、「人格も立派、学問識見兼ね備はった記者でなくてはならぬ」とした。[96] 力量に見合うよう、政治部外交は待遇も良く、一九一九年時点において「勢力および待遇は漸次編集記者を凌駕」したという。[97] 政治部と社会部のいずれにおいても外交は重視されたが、格の上では政治部外交の方が上であった。

外交や外交記者の重視は、次に示した外交部長という職階からも確認できる。

社会部長——外交部長——遊撃（若干名）
　　　　　　　　　——常置——（略）

政治部長——外交部長（整理部長の設けある所は外交部長は政治部長の兼職あるいは副部長これを司る）
　　　　——編集助手

――編集助手（整理部長の設けある所は、編集助手は整理部長に隷属する）[98]（強調筆者）

外交部長は、政治部長や社会部長と同じように「部長」が付いたが、指示系統の上では政治部長や社会部長の下に位置し、編集助手と同格であった。このような複雑な職階は、後年において次長や副部長、あるいはデスクと改められることになるが、その要因はすでに戦間期に存在した。

第三節　全国紙成立期（一九一二年～三六年）の編集局と記者

［一］硬派と軟派の融合――総合編集と整理部の新設

硬軟の対立と総合編集

編集局内において伝統的に大きな勢力を有したのは、政治部と社会部であった。特に大新聞の流れをくむ政治部は、「編集局の主脳であって、最も重きを置かれて」[99]いた。経済部という独立した部が存在する社もあったが、歴史的にみれば、経済は政治の一部分として扱われた。社によっては、政治部内に経済係があったり、政経部として一体的に扱われた。

既述のように、政治部は大新聞の流れを、社会部は小新聞の流れをくみ、それぞれ硬派と軟派と呼ばれ、関係は良好とは言い難かった。紙面上も、硬派と軟派は明確に分かれていた。

> 各社の実際の編集は、依然として硬派記事と軟派記事とを截然区別して、各定まった紙面に掲載していたのである。紙面の割拠は旧の通りで、夕刊のごときは政治記事の閑散なときは第一面には何らの注目すべき材料なく、二面を開けると、戦慄すべき事件が載せられているというようなことは頻繁であった。興味ある事件が、ただ軟派の記事であるため見やすき第一面にないことの奇異不便は、夕刊において最も痛切に感じられた。それは当然に新聞製作の上においても不便を感じられ、硬なり軟派なり、一方の記事が多くて一方が乏しいといふ場合に、硬軟の面に越え難い仕切りがあることは不都合千万である。[100]

硬派と軟派の融合は、中新聞の大きな課題であった。その課題は、全国紙の成立過程において肥大化し、早急な解決が望まれた。硬軟の融合は、二方面から試みられた。紙面の編集方針の変更と、編集局の改組である。

編集方針の変更とは、政治部と社会部の硬軟両派の記事を「ゴッチャに編集する」ことであった。[101]

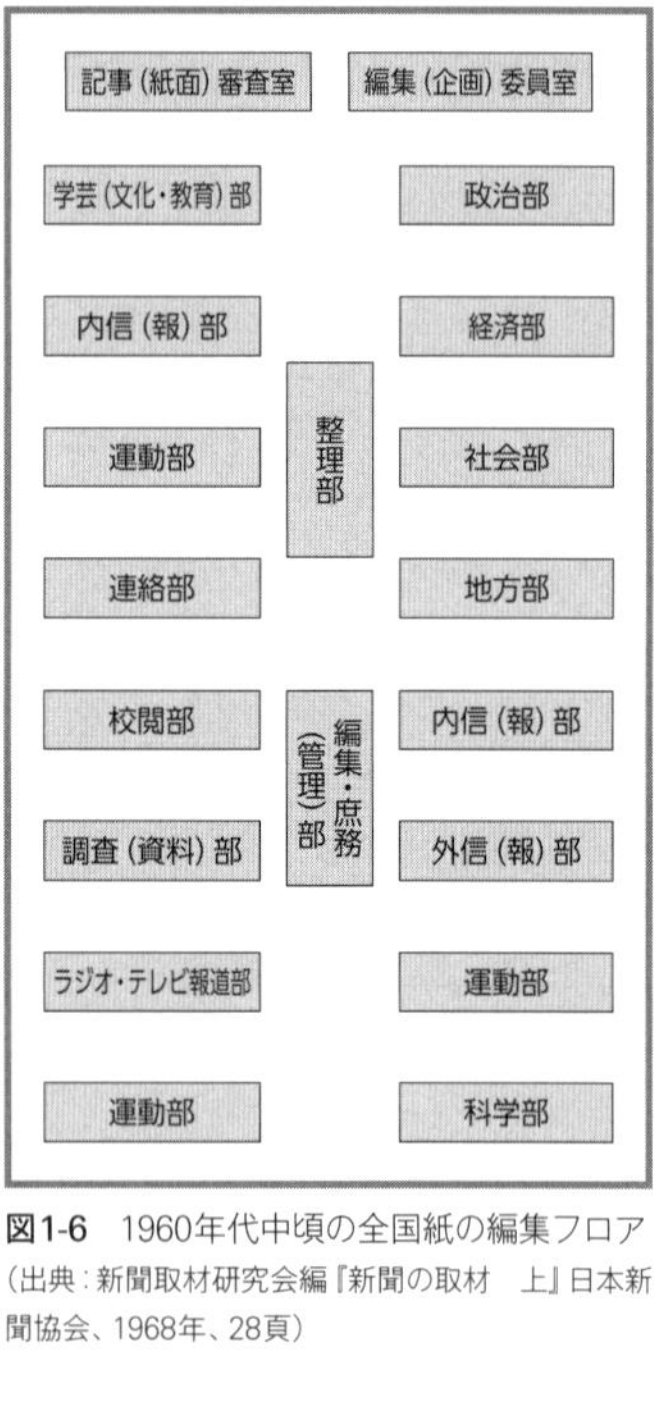

図1-6　1960年代中頃の全国紙の編集フロア
（出典：新聞取材研究会編『新聞の取材　上』日本新聞協会、1968年、28頁）

いわゆる「総合編集」である。[102]

従来から、硬派の紙面は「英国式」で編集されてきた。英国式とは、新聞の面ごとに内容を固定する方式であり、「硬式編集方針」と称された。面と内容を固定することで、読者は同じ面を開けば、いつも同じジャンルの記事を読むことができた。英国式は、「固定的な讀者を多数持つ新聞」[103]に有利とされた。

それに対して米国式は、「軟式編集法」と呼ばれた。米国式においては、「その日の重大ニュースが必ず第一頁のトップ」に、大きな見出し付きで掲載された。[104]読者は一面を一瞥するだけで、「重大ニュース」が把握できた。大見出しとともに一面を飾ったニュースは、読者の印象に残りやすかった。日本の新聞は、伝統的に英国式で編集されてきたが、総合編集の導入によって、部分的に米国式で編集されるようになった。一方で、面を固定する英国式も残された。したがってこの時期の日本の総合編集は、英国式と米国式の混交といえる。総合編集は、一九二三年の関東大震災以降、急速に普及した。[105]

整理部の創設

総合編集を導入する直前、東京朝日では編集局内の組織改革が試みられた。整理部の新設である。朝日新聞東京本社・編集局主幹兼整理部長の美土路昌一は、同社の機構改革について、次のように述べた。

大正十二年十二月、編集部の統一が実行された。すなわち従来の硬派軟派の編集記者を統一して整理部となし、同一部長の統制の下に政治記事も社会記事も編集することとなった。他の諸社もおおむねこれにならった。広い意味の総合編集には、この組織の統一をも含め得るであろう。[106]（強調筆者）

本書の第五章と第六章で後にみるように、総合編集は、合理化と極めて親和性が高かった。総合編集についていては、一九二二年の時点でジャーナリズム研究の先駆者である小野秀雄が、「総合編集は一面硬軟両様の専門記者を一様に減じ得る経済上の利益もあって、経営者も多大の興味」をもっていると、重要な指摘を行った。[107]（強調筆者）

「統一部」とも呼ばれた整理部は、すべての原稿を精査する場であった。一九二五年時点において、統一部は次のように表された。

統一部は、編集部の心臓である。政治、経済、社会、論説、調査、外報、通信の各部から、かならずここに原稿をあつめて、それぞれ処理される、もっとも重要な機関である。部長の下に、多くの部員があって、かたい原稿、やわらかい原稿を、区分けして（略）十中九分までは、統一部において、あつかわれている。[108]（強調筆者）

整理部は「編集局の心臓」などと称されるが、その評価は一九二〇年代半ばから数年のうちに固まった。三一年、東京朝日新聞整理部は、自らを「新聞の心臓」とした上で、整理部の新設を「二院制度」の確立と表現した。

社会部の記事は、社会部の独断的取扱いにまかすことなく、全然別個の機関たる整理部の手に移って、ここで独自の判定を加え、二十の関門を通過して初めて新聞紙面に現わすのである。[109]

総合編集の導入と整理部の新設は一対であった。双方の導入によって、すべての記事は最終的に整理部で統一的に判断されることになった。以降、重要な記事は一面に掲載され、その見せ方も整理部が担当することになった。そのような変更に伴い、一九三〇年代初頭に「整理記者」という語がみられるようになった。

関東大震災の影響――写真記者の興隆と地方版の変化

関東大震災前後の一九二〇年代半ば、写真記者の存在感が高まった。報知新聞社編集局『今日の新聞』（一九二五年）によると、報知新聞社には一〇名以上の写真部員がおり、編集各部の外交記者と同じように「事件はもちろんのこと（略）ありとあらゆる方面に手をのばして、さかんに活躍」していた。[110]関東大震災の報に接した大阪朝日は、大阪と浜松から関東に向けて飛行機を飛ばした。震災の惨劇を視覚的に伝えたのは写真記者であった。

同時期には、地方記者の存在感も高まった。明治末期から大手紙が拡充させた地方版は、大正末期（一九二〇年代中頃）になると、ほぼ全県の地方版ができ上がった。[111] 紙面の変化に伴って、地方版の質も変化した。『今日の新聞』は報知新聞の地方版について、次のように述べた。

> 地方版は、地方になるべく多くの読者をひろめるため――いわば、地方新聞と競争するため――にできた性質のものである。今日でもその性質ではあるが、内容は最初にくらべれば、大いにちがっている。（略）地方新聞とおなじように、ちいさい記事までも、あつめることは、編集上おもしろくないばかりか、地方くさい新聞にしてしまう。そこで報知新聞は、「地方版をその地方の新聞とせずに、東京新聞の地方版にせねばならぬ」とゆう方針をとった。[112]（強調筆者）

後に『新聞研究』は、同紙の編集方針の転換が、六〇年代の「内信部あるいは内政部の発想」に繋がったと高く評価した。[113]

［二］　経済部の分化

軽視された経済ダネ

東京朝日の楚人冠杉村広太郎によれば、硬派とは「政治経済学芸宗教に関する事項を一括したもの」（強調筆者）であるという。[114] 硬派の代表格は政治であるが、政治に続くのは常に経済であった。

経済の扱いは、政治に比べてかなり低いものであった。大日本新聞学会によれば、一九一九年時点において、「少数の新聞を除けば、東京の新聞にも、財政経済部の独立しているのは無い」といった状況であった。[115]財政経済部は、後の経済部と解してよい。戦前の日本においては、政府の財政が最大の経済的関心事であったため、[116]経済の前に財政を付け、「財政経済部」と称することが少なくなかった。経済部が独立していない社において、経済の担当者は政治部に属した。[117]

先の大日本新聞学会の言にある「少数の新聞」とは、『朝日』『毎日』『中外商業新報』『時事新報』などを指す。朝日・毎日のような大きな社において、経済部は早くから独立していた。朝日・毎日は東京に進出していたが、発祥は大阪である。大阪の特徴として、①経済の中心地である、②政治の中心地である東京から離れている、などが挙げられる。商都・大阪にとって、経済は大きな関心事であった。大阪朝日や大阪毎日の外報関係の部署には、東亜部などが存在した。関西財界の視界には、中国をはじめとしたアジアがあった。

一方で、大阪朝日の政治に対する興味は薄かった。朝日の政治記者は、主に東京朝日にいた。大阪朝日の政治記者は、「ただ整理部の府市課に属している」にすぎなかった。[118]

大阪紙の経済重視の姿勢は、新聞産業全体をみれば、極めて例外的であった。一般的に、経済は軽視された。一九三一年、『綜合ヂャーナリズム講座　V』で時事新報社の森田久は、新聞各社の組織における経済の扱いについて、次のように言及した。

> 経済部が新聞社の編集局の一分科として、一般的に独立して存在するようになったのは、最近十年来のことに属する。（略）大多数の新聞は政治経済部として、今日のいわゆる一般経済関係

の記事は、事実上はその部の居候的存在を示すに過ぎなかった。（略）この方面の担任記者は、相場記者とか商況記者とか称し、政治経済部に居候している一般経済記者、すなわち金融とか、会社関係とかを取扱ふ記者と共に、いわゆる前垂れ記者を以て呼ばれ、新聞記者を硬派とか軟派とかいった時代には、分類上は硬派に属していても、政治記者あたりに較べれば、階級が一つ下にあるように軽蔑されたものだ。[119]

経済部は、政治部とともに硬派に属し、軟派の社会部よりも上であるとされた。一方、硬派内で政治部より下に置かれた。軟派より硬派が上、硬派内において政治部が上といった、あらゆる部署に上下を付けたがる心性（メンタリティー）がどこから来るのかは不明であるが、そのような傾向は現在に至るまでしばしば見られる。文化や学芸を下にみる、上にあった整理を一転して下にみる、写真記者は……といった例は数多い。

経済部に話を戻せば、社会における経済の重要性が増したことで、経済記事が増えるとともに、紙面に経済面が生まれ、経済部が「独立」した部として存在感を示すようになった。[120] しかし経済部の地位の向上は、簡単ではなかった。森田は、次のように述べている。

一度は経済部を独立さして見たものの、更に還元した方がよいとの趣旨の下に、大正十一年頃だったか、時事新報で政治経済部を〔再び〕統一したことがある。最近では東京朝日がこれにならったが（略）実施後一年たつかたたぬかで、双方共再び旧の如く政治部と経済部に還元した歴史がある。（略）総合編集の理論上では肯定されても、実際上は分化の傾向に支配されているものと見るべきであらう。[121]（〔 〕内筆者）

森田によれば、大正八（一九一九）年から数年間、東京朝日において、政治部と経済部の合従連衡が相次いだ。[122]

経済関連の改組の背景には、経済の複雑化と、それによる経済記事の難解さがあった。中新聞になる過程で、経済記事は平易になったが、経済活動の拡大と複雑化によって再び難解となった。[123]経済記事は「一般読者から見れば、従来より面白くないもの」にすぎないとされた。[124]

〔三〕 社会部の前景化

社会部記者の誕生

「社会部」という語がみられ始めるのは、日露戦争（一九〇四年〜〇五年）の直後、中新聞が完成する頃である。[125]社会部という部署の正確な誕生時期は不明であるが、以下の二つの証言がある。報知新聞社によれば、明治三〇（一八九七）年ごろ、同社の熊田葦城が社会面記事の内容と体裁、あるいは取材方法等に「大改良」を加え、編集局内に「探偵部」を新設したという。[126]報知新聞社は、探偵部に元刑事の「老練な探訪二三名を入れて、盛にこれを活動」させた。同社はこれをもって「今日の社会部の元祖をなすもの」とした。[127]

新聞同盟・通信主事の結城禮一郎は、國民新聞社が嚆矢《こうし》と述べた。[128]結城によれば同社の平田久は、「社会全体のことであるから、政治だって、経済だって、それにはいる」と主張した。硬軟の融合を目指した平田は、あらゆる事象を扱う社会部を構想した。

一九〇〇年代半ば、社会面が有する一般民衆への訴求力は、ニュースルームで広く認識されていた。[129]一九一六年、吉野作造は「読者の興味をひく上において政治外交の記事よりも(略)社会部という方面の記事が優ること多し」と述べた。[130]東京朝日の杉村は、社会部の記事を「上手に取扱うと(略)女子供にも分る面白い記事」となり、[131]当時の新聞各社は実際に、そのように努力したという。神戸新聞通信社の本郷直彦も、社会部の記事は「新聞販売に多大の影響あるもの」であり、「主力の大半をこの方面に集注する」傾向を認めた。[132]大阪朝日新聞社・編集局員の下田巧によれば、一九二二年時点において実に二一五名が「本社専属」の社会部員であった。[133]

社会部記者の取材領域は、広大であった。一九一九年、東京朝日の若月一歩は「社会記者の受持範囲」について、次のように述べた。

呉服商、質商、古物商、雑貨商、雑穀商、乾物商、菓子商、金物商、文房具商、書籍商、小間物商、玩具商、酒商、青物商、魚商、その他の各商業組合をはじめ、医師団、宗教団、消防組から気象観測所、貸座敷組合から料理店組合に至るまで、これらは何れも地方新聞における社会記者の担当区域である。[134]

若月によれば、社会部が担当する領域は広大であるため、「非常なる足の活動」が必要であった。大日本新聞学会は、社会部記者に求められる一番の能力は「機敏」であり、「学識」は必要ないが「常識は極めて健全明快」であらねばならないとした。[135]同会は、社会部記者の「通弊」を次のように表現した。

彼等はかつて探訪と呼ばれたる時代よりの風習に浸染してあたかも刑事探偵のごとき態度を把持し、又あるいは遊戯的文字を賞玩されたるに慣れて花柳社会の艶種を渉猟するに腐心し、もしくは社会の隠微を渙発するを能事とし、もしくは故意に陰険奇異誇大の文字を弄するを喜び、はなはだしきに至っては文筆の技能をたのんで社会部記者として最良の資格を有するものたるがごとく心得ているものが少なくない。[136]

社会部記者は、庶民の内なる欲望を喚起し、筆が立つのをいいことに、紙面で針小棒大に騒ぎ立てたが、それは探訪員由来の悪習であったという。「文筆の技能」は、戯作者由来といえる。一方で「三面種」には「編集者の技能を試《こころ》むべき余地」があるとされた。[137]すなわち、編集者の技巧によって「死せる材料を活かし」たり、「平凡な事件を興味あらしめる」ことが可能であった。杉村は「軟派硬派の区別は事件の性質の区別にあらずして、取扱方の異なるによる」と主張した。[138]杉村によれば、硬軟の別は扱う内容(what)にあるのではなく、扱い方(how)にあった。

硬軟の融合とイエロー・ジャーナリズムからの脱却

初期の社会部から、すでに硬派と軟派の融合が目指された。しかし編集局内では、なかなか受け入れられなかった。政治は政治部、経済は経済部、社会部はそれらを除いたもの、といった区分が厳然と存在した。財政経済時報社編『新聞の読方　政治外交の巻』(一九二四年)には、次のようにある。

社会部が、その専門の範囲を越脱して政治経済方面の諸事件を重複報道することについては、新聞社内においてもずいぶん議論があると聞く。思うに政治経済に関する事件を通俗的に、いわゆる社会部内に、写実することは最も困難なことで、恐らくは最優等級の記者をあいまって初めてまっとうしうる仕事であらう。下品に落ちず、挑発的でなく、正確に、しかして難問題を解りよく書きうるならばかかる社会部はすなわち新聞紙の全部であってよろしい。しかるに不幸にして社会部の記者は政治、経済、外交記者に較べて学識気品において劣るものと定められている。新聞社が自らさう格付けているのである。すなわち最も困難なる仕事が最も不適任なる人々によって行はれている。[139](強調筆者)

同書によれば、難解な政治や経済の問題をわかりやすく伝える社会部の仕事は、新聞社内で「最も困難」な仕事であった。しかし社会部の記者の質は低く、時に記事は「下品」で「挑発的」となった。

探訪員由来の社会部記者は、軽侮の対象であり、改善は遅々として進まなかった。依然として硬派は軟派を軽く扱い、「低級なる記者と伍するを好まず」といった状況であった。[140] 政治部や経済部の記者クラブは、社会部記者の加入を拒否した。

硬派の軟派に対する軽侮は、軟派の記事や紙面に対する評価と関係した。時事新報社・政治部の後藤武男は次のように述べている。

> 三面記事が下層社会に愛讃されるので、小新聞紙は萬朝報を模倣するものが多くなった（略）実に三面記事の増長は、新聞記者の品格を低下せしむるに至った。社会部種の尊重は、探訪員に従事するものの、下劣なる競争となり、品格を自ら毀《き》くるものも出で、新聞記者と探訪員と同一語の如くなり、明治三十年代以来最近に至るまで、なほ（略）一般の指弾をうくる傾向を生じたのである。[141]

三面記事は、スキャンダリズムやセンセーショナリズムに満ちていた。米ニューヨークでは、黄色い服を来た少年イエロー・キッドが紙面を彩ったことから、スキャンダリズムやセンセーショナリズムに満ちた報道は「イエロー・ジャーナリズム」と呼ばれた。一方、日本の『萬朝報』は赤い用紙を用いたことから、「赤新聞」と呼ばれた。[142] 洋の東西を問わず、紙面の色鮮やかさは大衆に訴求した。

三面記事の内容が変化したもうひとつの契機は、大阪朝日による夕刊発行であった。

> 大正五年の春を迎えたが（略）わが社の夕刊発行が記事速報の上にどれだけの便利を与えたか知れなかった。拡張された新聞の紙面を見て（略）社会部面の記事が俄然一変してこれまで載せ

なかった外国からの電報や通信だねまで収録するようになり、社会的事変に際してもその実況を探り内容を調査する、いわゆる社会部記者の活動の範囲も大に広められるし、事件の探査方法に科学的考察を加えることなど、新聞記者の活躍ぶりも世運の進展に伴って大いに異ならざるをえなくなった。[143]

大正末期、社会面が扱う対象がさらに広がるとともに、取材や表現の方法が多様化した。同時に採用されたのが、総合編集であった。[144]言い換えれば、政治や経済などの他部の領域の種を、社会部が広汎に取り込んだ結果として生まれたのが総合編集であった。大阪毎日新聞社の上西半三郎は、「硬軟打破と平行して総合編集運動が起った」と述べた。[145]上西によれば、「総合編集運動」は、大正八年から九年にかけてが「最も熾烈《しれつ》」であったという。

大正、昭和時代の紙面中異常な改革は社会部面である。大正の初め新聞の社会面はなお卑俗な市井の事件を興味中心に報道しておったが次第に卑俗的なものを排斥し、生活中心に興味的に報道するようになった。生活中心というとほとんどあらゆる方面の取材を網羅する事となるが、この方針は総合編集、硬軟打破の努力と関連し、平行して生活関係中心の社会面が完成された。[146]

社会部の改革によって、政治記事の「大衆化」が生じたと、上西は高く評価した。イエロー・ジャーナリズムからの、一定程度の脱却であった。総合編集の導入と同時に新設されたのが整理部であったが、総合編集によって存在感が高まったのは、社会部記者と整理記者であった。

他の記者と異なる社会部記者

日露戦争や第一次世界大戦の報道によって新聞は部数を伸ばし、記者の待遇は改善した。以前の記者の待遇は悪かった。なかでも社会部記者の報酬は低かった。時事新報社・編集局長の伊藤正徳は、大正三（一九一四）年頃の新聞記者の報酬について次のように回顧した。

『これでは食べて行けない（略）』といった不安が、大正二年頃の新聞街にあった。（略）待遇は悪かった。十年働いて、四十歳になつて、三十五円に達しないような記者が、社会部には珍らしくなかった。（略）記者には貧乏人の方が多いのである。[147]

同年、伊藤の同僚が「薄給」を苦に自死した。待遇面で劣った社会部記者は、服装も他の部の記者と異なった。

和服を着て、懐へ原稿用紙を入れて歩く記者の姿は、明治から大正に入って急角度に減少したが、それでも、社会部にはいまだ相当に和服があった。昔は、洋服が稀で、それは記者にあらずして会社員を表徴するものと考えられた。時事は、福澤先生が洋服の能率をつとに認めて奨励したために、早くから洋服姿が多かったが、それでも容易に社風とはならなかったそうだ。他の社に至っては特にしかりで、和服が一般の風をなし、きちんとした洋服は笑われたものだという。(略)仕事は座して書くだけだから和服の方が便利だ。[148]

庶民的な社会部記者は、自身の服装にも頓着せず、実際的であった。社会部の記者は、他の記者に比べて、総じて活動的であった。「雑談中にも重要なる飛報または飛伝一度到着するや、彼らはたちまち色めき立ち、にわかに」活動を開始した。[149] 一九二九年、朝日新聞社の下村宏は、次のように述べた。

東京市中を駆け回るときの自動車の活躍は、どうしても政治部と社会部にとどめをさす。それも社会部の方がいつも突発また突発で、変化も多く気忙しない(略)それだけ気骨も折れるが、また面白くもある。[150]

追記すれば、「漫画記者」は社会部に属した。漫画と同様に、読者に視覚的に訴えかける形式に写真があった。東京帝国大学文学部新聞研究室・研究員の小山栄三によれば、昭和初期において「写真課」は社会部に属した。[151] 社会部は、表現形式も広く内包した。

科学という取材領域

社会部の取材領域は、極めて広大であった。様々な領域をカバーしたが、なかには高い専門性が必要な領域があった。森本は一九一八年時点において、社会部で専門性が必要な領域として「相撲、運動、飛行機、及び演芸」の四つを挙げた。[152] 相撲と運動は、運動部あるいはスポーツ部として独立する。「飛行機」は、あくまで取材対象としての飛行機であり、原稿などを運ぶ航空部と異なる。森本は「飛行記者」について、次のように述べた。

飛行記者は、社会部外交のうち最も新らしく生まれたものであるが（略）各社とも科学的素養のある人を専門の飛行記者として採用するようになった。これら各社の飛行記者は、所沢の陸軍航空隊と、追浜の海軍飛行隊と、民間の飛行協会等に飛行倶楽部という団体的詰所を作って、そこへ出入するのである。[153]

当時の飛行技術は、民間よりも、陸軍や海軍の方が進んでいた。陸海軍の飛行隊を取材するという点で、飛行記者は従軍記者や観戦記者に近かったが、むしろ着目したいのは「科学的素養のある人」という要件だ。

戦後に分化した科学記者は、単独で「科学部」をなす場合もあったが、多くは文化部や学芸部に属した。しかし森本の言及からみる限り、科学記者のひとつの源流は飛行記者であり、所属は社会部であった。

一方で、学芸部について森本は、「学術の研究問題、時事問題等に関する専門大家の意見を聴き、科学工芸上の発見、発明等の紹介、新刊図書の批評紹介等に携わる」と述べている。[154] 科学を専ら担当するのは学芸部であった。飛行記者に科学的素養が必要なのであれば、飛行記者は学芸部に属するべきであった。しかし実際は、社会部に属した。それは、なぜか。

森本は学芸部は「閑文字係(り)」だと述べている。[155] 既述のように、閑文字とは「小説、講談のごとき続きもの、囲碁、将棋のごとき娯楽的記事、詩歌、スケッチのごとき文学物、旅行記、避暑地案内、探検記等の季節物、歴史的論文、随筆雑録」などを指した。端的にいえば、学芸部は陽の当たる部署ではなかった。どのような対象でも包含した社会部であったが、社会部が扱わないような周縁的な対象を扱ったのが学芸部であった。したがって、当時の最高技術であり、社会の興味関心を集めた飛行機という種を学芸部が扱うのは、適当ではなかった。

高い専門性が必要だからといって、その領域の記者が重視されたわけではなかった。高い専門性が必要であるにもかかわらず軽視されるのは、現代の常識からかけ離れているように思うかもしれない。しかし新聞業界で高い専門性が評価されたのは、当該の領域が、読者への訴求力を有している場合に限られた。「文芸、美術、音楽、演劇」などの領域の記者は、軽侮な響きを伴う「特殊記者」と呼称された。[156]

この頃の文化種や科学種は、社会種から未分化であった。科学種は、文化種に含まれることもあった。上西は、昭和初期の状況を次のように述べた。

警察種が暗い感じを与えるに対し同じ社会部面で朗らかな、明るい感じを与える一団の種がある。その種の中例へば生活関係の科学的新発明とか、文化住宅の新様式ができたとかバタ臭い種を指して文化種といわれていたが、その後暗くない明るい種、朗かな種を総称して文化種という風に変って来た。あるいは警察種以外の社会部種全部を指して文化種という事もある。いま文化種として普通にあげられるのは天候、気象の報道、華やかな会合、娯楽の種、社会奉仕と善行、不景気時代に景気のいい話、交通種、飛行機の種、流行の種、生活関係の種、物価などであらう。[157]（強調筆者）

社会と同様に、文化という語も対象は広いが、「文化種」は警察種以外のすべてを指し、科学種が含まれることもあった。

通信部

既述のように、記者の分化がもっとも進んだのは、日清戦争から第一次世界大戦にかけてであった。この時期、政治部、経済部、社会部に次いで重視されたのは、通信部であった。一九一七年、大阪毎日で販売部長を務めた関太郎は、通信部を「各種通信の選沢、取捨等、通信一切の事務を執る処」とした上で、「編集局活動の中心」と述べた。[158]

一九一七年、大阪毎日新聞・社長の本山彦一は通信に関する機構として、「外国通信部、内国通信部」の二つを挙げた。[159]通信部は、国内と国外の双方を扱った。外国方面を担当した「外国通信部」は、後に外報部や外信部などとして定着する。[160]通信部の記者について森本は、次のように記述した。

通信部には、通信部長と、三四名の助手とがあって、全国の各枢要都市、開港場、軍港、造船所等の所在地に派遣してある特置員、あるは特約通信員等から、電報、電話でもって通信して来る材料を収集し、検閲し、取捨し、書き直して、適当の記事を作る事に携わっている。なお、通信部長の任務には、各地通信員、嘱託員の配備、交渉、指揮、監督等が主なるものとなっている。[161]

通信や通信員は元来、探訪や探訪員に近いイメージで用いられた。そもそも「通信」という語の意味は、「人がその意志を他人に通ずること」「おとづれ」などであった。[162]ところが通信技術の向上によって、対面ではなく、テクノロジーを用いた意味合いが強くなった。それによって「足で稼ぐ」探訪員のイメージから遠くなった。

外国との通信については、どうか。森本は「外報部記者」の職務について「海外各国の通信社及び通信員から発する赤電を翻訳し、又外国の新聞雑誌の中から有用な材料を求めて訳出する」と述べた。[163]すでに当時の外報部が、現在の外報部や外信部とほぼ同等の機能を有していたことがわかる。文中の「赤電」は、外国電報のことである。[164]外国からの電報の用紙が赤いことに由来した。日本の国際通信網が拡充する以前は、英ロイターなどに送信を委託することが多く、翻訳が必要であった。

アジア太平洋戦争後の内信部は、地方の支局を統括する側面を強め、地方部などと呼ばれるようになる。日本の中央集権的な政治社会構造と合わさって、東京などの「中央」のニュースが重視され、地方のニュースは軽視された。したがって、地方部の地位は高くはない。一方で外信部は、相対的に重視された。特派員は花形であり、外信部からの派遣が最も多かった。

歴史的にみれば、通信部は、内信部と外信部に分かれた。アジア太平洋戦争後、地方部となった内信部の地位が低下したのに対し、外信部は低下しなかった。歴史を遡れば、通信部は探訪員と同じ括りであり、社会部と同源であった。内信と外信の地位の高低は、それぞれが扱うニュースの価値、もっといえば取材対象の地位の高低と相関した。

第八章でみるように、現代の新聞社の新人教育は、いずれの新聞社においても全国の支局で数年間にわたって行われる。支局での業務内容は、本社の社会部とほぼ同じである。つまり日本の新聞社の新人教育は、地方支局において社会部的な教育を受けるが、それは地方部や内信部の源流が探訪員にあり、社会部と源流を同じくしたことと無関係ではない。小山栄三によれば、昭和一〇（一九三五）年ごろの大新聞社では、「大阪所属の通信員は三百二十七名、東京の方は約二百名、共計五百二十余名」に上った。[165]

中新聞から全国紙へと規模が拡大するなか、編集局内で重視されるようになったのは、社会部、整理部、経済部であった。政治部は、いずれの新聞社でも当初から重視され、外信部（外報部）を含めた通信部も重視された。一方で学芸や文芸は軽視された。

より詳細な歴史的分析へ

本章でみてきた歴史的変化は、あくまで編集局内である点は留意しておく必要がある。新聞業界を広く知るには、広告局などの分析も必要だ。特に大正期は、広告重視へと転じた。

広告重視の大正期を経て、昭和に入って再び編集が重視された。長期的にみれば、編集重視→広告重視→編集重視と変化した。広告の伸長は、部数の増加に支えられたものであった。一方で、広告が重視される以前から、新聞社の経営は購読収入に支えられていた。長期的にみれば、重視されたのは販売であった。

広告も販売も、優れた紙面、すなわち質の高い記事に支えられる。記事や紙面が作られた場所こそがニュースルームであり、業務に従事したのがランク・アンド・ファイルであった。次章から順に、ランク・アンド・ファイルとそのルーチンに分け入る。

まずは硬派の、政治記者からみていこう。

第二章

政治記者

——最高権力者との対峙

図2－1　第2回参議院議員選挙直後の吉田茂首相と記者たち（1950年）（毎日新聞社提供）

第一節　政治記者の固有性（一九六〇年代）

原初に立ち返れば、政治記者は大新聞において、漢文調で政論を展開する大記者であった。天下国家を論じ、大政治家と対等に渡り合う。政治の世界に外在して批判するというよりも、内在して援護した。自らがコミットする党派を鮮明にし、政治家や党派と一体となって言論活動を行う大記者は、庶民からみれば政治家に近い存在であった。

日本の政治記者は戦後、どのように変容していったのだろうか。

［一］　ニュースソースゆえの困難

政治家という取材対象

政治記者がカバーする領域は、言うまでもなく政治である。取材対象は主に政治家だ。共同通信社・政治部の坂巻従繋によれば、新聞記者のニュースソースは、総じて人間であることが多いが、なかでも政治記者の場合、ニュースソースの「すべて」が人であった。[1]

取材対象やニュースソースである政治家との向き合い方は、政治記者を悩ませ続けた。『新聞研究』一九六〇年四月号では「政治記者の意識」が特集され、各紙の政治記者が寄稿した。毎日新聞東京本社・政治部の松井章によれば、政治家は「意識的にウソをつく」ことがあり、取材対象として「気が許せない」存在であった。[2]

しかし情報を入手するには、ニュースソースである政治家に接近しなければならなかった。接近するには「個人的な信用」を得る必要があった。[3] 政治家は信用した相手にしか話をせず、大物政治家のなかには「人みしり」が少なくなかった。[4] 政治家への接近は容易ではなかった。政治家の信用を得るには、「長期間にわたってつき合い、顔を売り、信用してもらう」ことが必須であった。[5] 信用されなければ記事に値する情報、つまり種を入手することはできなかった。

政治記者は、自らの記事は他の記事と性格が異なると考えていた。政治記事はあらゆる記事のなかで「いちばん指導性を豊かに持たなくてはならない」というのが、政治記者の認識であった。[6] 指導性とは何か。日本新聞協会編集部編『新聞講座　編集編』によれば、報道は「社会環境の反映」であり、指導性は「その環境を変化させようとするもの」だという。[7] 記事や紙面に民意を反映するだけでなく、民意を主導し、社会変革を志向するのが指導性であった。

指導性を発揮するには、どうすればいいのか。ひとつは、ニュースソースと距離を置くことであった。[8] 政治家などのニュースソースに近づきすぎると、内部に取り込まれて批判性が低下し、結果的に指導性も低下する。情報を入手するには、政治家に「肉薄」しなければならない。かといって、近づきすぎると取り込まれる。この矛盾を「どう調和するか」は、政治記者にとって根源的な問題であった。

人への着目が生む政局報道

政治記者のニュースソースは、すべてが人である。ニュースソースの人への集中は、記事に偏りを生じさせた。東京新聞社・編集局次長兼政治部長の黒河内俊夫は、人の重視が「政策」の軽視に繋がると指摘した。[9]新聞が人を重視すると、読者も人に興味を持つようになり、次第に政治家も政策を勉強しなくなるという。

フレーミング理論における典型的なフレームは、エピソード・フレームと争点フレームである。特定の人物に焦点を当てるエピソード・フレームは、オーディエンスの感情に訴求しやすく、論点などに焦点を当てる争点フレームは訴求しにくい。「人」はエピソード・フレームに近く、「政策」は争点フレームに近い。黒河内によれば、新聞記者と読者と政治家がともに人を重視して政策を軽視すると、それが政治だと皆が「錯覚」するようになるという。[10]政策報道ではなく、政局報道であった。

政治家という人への偏りは、長年にわたって問題視されながらも、現実には継続された。結果的に政治記者の取材そのものが、政治家の生活全体から大きな影響を受けた。記者の側では取材の合理化が検討されることもあったが、政治家の生活様式が保守的であったため、政治記者の取材方法に大きな変化はみられなかった。[11]

政治記者の伝統的な取材方法は、政治家の自宅などに出向いて取材する「夜討《よう》ち朝駆《あさが》け」であった。玄関から応接間へ、居間から台所へ、最終的には寝室にまで入り込むのが、優れた政治記者とされた。[12]

政治家の側に、変化がまったくないわけではなかった。ひとつは、派閥の存在感の高まり。もうひとつは、政治家の広報意識の高まりである。読売新聞社・政治部次長の白神鉱一によれば「終戦後かなりの間」、ほとんどの政治家は新聞製作の仕組みを知らなかった。しかし六〇年代の半ばになると、政治家は新聞に関する知識を持つようになり、「夕刊の締め切りに間に合うようにとか、朝刊早版からとか、新聞発表に気をつかう」ようになった。[13] これら二つの変化は関連して表れた。すなわち、政治家個人の広報意識が高まるとともに、広報活動の主体は派閥が担うようになった。

これらの変化のなかで「派閥記者」の存在感が高まった。派閥記者は批判されることが多かったが、政治記者自身の認識は、「派閥が現に存在し、そこから取材せねばならない以上、記者が専門化する傾向はある程度やむを得ない」といったものであった。[14] 派閥の政治的影響力が大きくなれば、派閥に関するニュースソースが必要となる。派閥周辺の政治家や秘書への接近は、ニュースソースが人である限り不可避であった。

政治記者の取材先は、政治家周辺に限られ、そのため政治記者は、政治家の影響を強く受けた。しかしながら後年に比べると、この時期の政治家の変化は限定的であり、したがって政治記者の変化も小さかった。六〇年代後半から一転して、政治記者は様々な変化に晒《さら》される。

〔二〕 政治記者の「おとな意識」

「思慮」と「分別」

『新聞研究』六七年七月号の特集のテーマは、政治記者の取材方法であった。同特集では、政治記者の「おとな意識」や「思慮分別」が指摘された。[15] 同じ政治家を取材したとしても、社会部記者は取材対象を遠慮なく批判するのに対し、政治記者は「思慮」や「分別」を身につけ、取材対象に甘いという批判であった。

背景に、政治記者の認識があった。政治記者の認識は、以下の二点において社会部記者と異なった。第一に政治記者は、政治を扱った記事は、他の記事よりも影響が大きいと考えていた。第二に、政治関連の報道は、単に政治の動きを報じるだけでなく、背景を知った上で報じる必要があると考えていた。『新聞研究』新聞取材研究会は、次のように述べた。

政治とは利害や思想的対立が最も先鋭的に、集中的にあらわれる場所なのである。一歩誤れば流血を招きかねないシリアスな場なのである。そこで、即断的な記事を書いた場合の影響は、きわめて大きい。よほど慎重に現象を分析し、証拠、資料を収集した上で原稿を書かざるを得ない。[16]

同研究会によると、政治という場はそれほど「特殊」であり、それゆえ「ニュース価値にたいする判断の基準」が社会部とは異なった。同研究会は続けて、次のように述べた。

社会部記者には、交通事故なり、殺人事件なり、目前に展開された現象そのものがニュースである。だが、政治部記者にとっては、一つの政治現象の背後になにが存続し、どういう影響を持ち、また、それを改善するためには、どうすべきか、といったことまで、じっくり見きわめる必要がある（略）政治現象には、かならずといってよいほどウラがある。[17]

表面的な事象を追いかけるだけでは、政治を扱った記事に相応しくない。解説や論説を加えつつ、背景や改善策をも伝えるのが政治記事だと、政治記者は認識していた。[18]

背景を知るには、やはりニュースソースである政治家に接近する必要がある。しかしながら政治家は、なかなか背景を語ろうとしない。既述のように名を覚えてもらい、少しずつ信用を得ていくしか道はなかった。結果的に政治記者は、政治家に対する「分別」を身につけた。

六〇年代、記者全般に対し、配置転換が頻繁に行われるようになった。政治記者が同じ担当でいる期間は「二年程度」と、社会部よりも短かった。[19]一人の政治家や一つの派閥と接する期間が短くなり、かえって取材対象に対する遠慮が増し、政治記者は今まで以上に「分別」を身につけることになった。

軋轢を助長した「総合編集」

六〇年代半ばを過ぎると、紙面に変化が生じた。政治面である一面や二面に「政治関係の単発企画、あるいは連載企画」が多くみられるようになった。[20]総合編集と呼ばれる編集法であった。総合編集によって、「ニュースに解説記事やキャンペーン記事を加えて立体化する」ことが多くなった。読者も総合編集を支持した。

背景に、テレビや週刊誌などの他メディアの興隆があった。新聞社は他メディアに対抗する手段として、紙面の頁数を増加させた。図2−2は「日本の大手三紙の一日の平均頁数」である。[21] 七〇年代のオイルショック時に若干低下しているものの、一九五〇年代から二〇〇〇年にかけて、紙面の頁数は一貫して増加し、約4・5倍に達した。頁数の増加と立体的な企画は、相性が良かった。

記事の立体化によって、部を超えた取材が急増した。かつて取材対象は部ごとに固定されていた。政治部は政治家を、経済部は大蔵省や日本銀行をそれぞれ排他的に取材した。しかし六〇年代の半ばを過ぎると、固定は緩やかになった。総合編集の影響である。

政治記者に特に大きな影響を与えたのは、社会部の記者であった。既述のように、社会部の記者は政治家に遠慮せず、「書く」ことを躊躇《ちゅうちょ》しなかった。「分別」ある政治記者だけであれば、記事化されない例は少なくなかった。[22] 言い換えれば、社会部が取材したからこそ記事化された。社会部の記者はその取材姿勢から「社会部紅衛兵」と揶揄《やゆ》された。[23] 揶揄したのは政治家と政治記者であった。

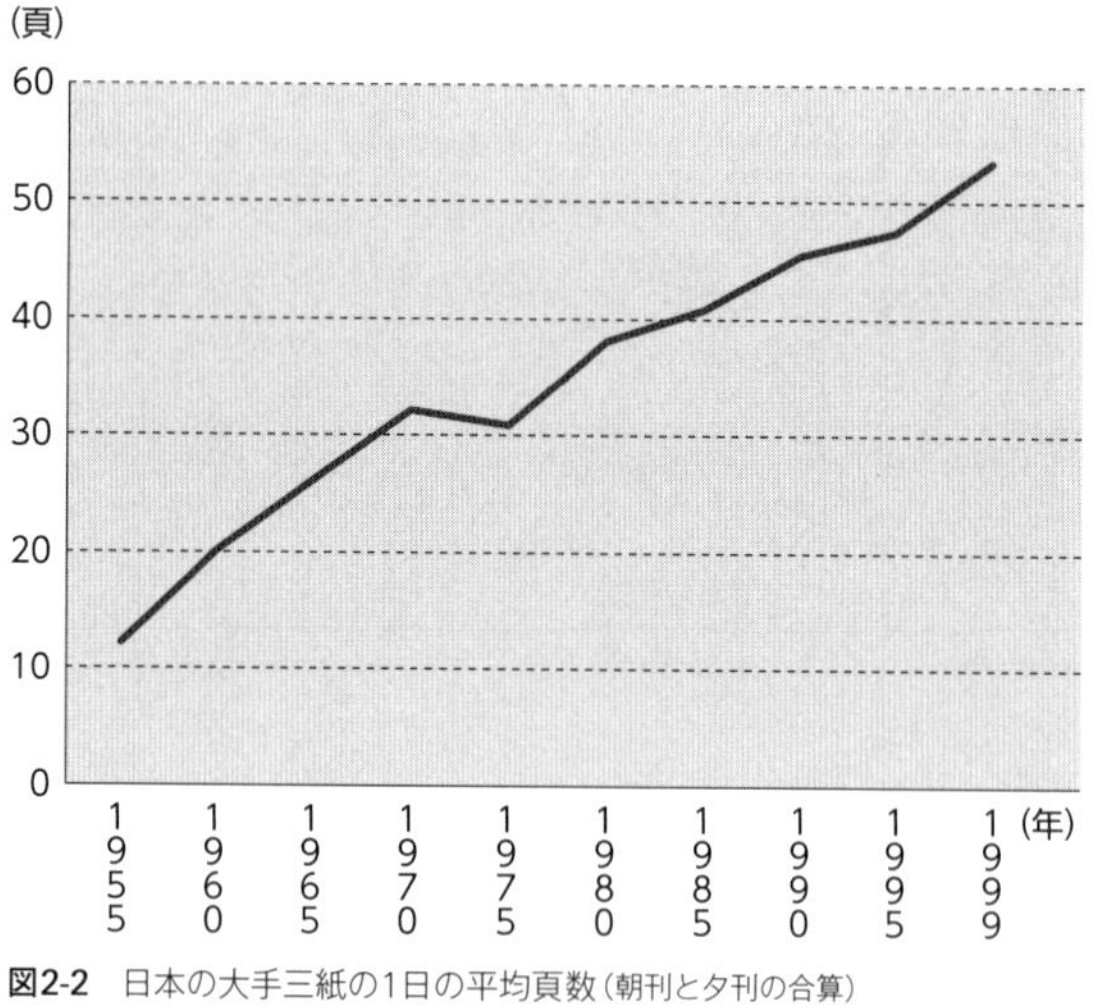

図2-2 日本の大手三紙の1日の平均頁数(朝刊と夕刊の合算)

政治記者の取材対象は、大きな権力を有する政治家であり、政治記者は政治家から大きな影響を受けた。政治記者の記事は、社会に対する影響が大きかった。政治記者は単に報じるだけでなく、背景的な理解が必要とされ、時に民意を主導することが求められた。主たるニュースソースである政治家への接近は必須であったが、政治家の信用を得るためには長期的に付き合い、信用を得る必要があった。これらは政治記者に特有であり、それゆえ政治記者は「分別」を身につけることになった。

第二節　ロッキード事件報道以後の政治記者（一九七〇年前後〜八〇年代末）

［一］露呈した新聞記者のセクショナリズム

きっかけは雑誌報道

一九七四年一一月、現役総理大臣である田中角栄に関する記事が『文藝春秋』に掲載された[24]。執筆者は立花隆。田中の「金脈と人脈」について、地道にデータを集めながら、丁寧に電話取材などを行ったものであった。田中が死去する一九九三年一二月以降まで続く、長い報道の始まりであった。

新聞、テレビ、ラジオ、週刊誌、雑誌など、あらゆるメディアは競って報道した。毎日新聞東京本社・政治部の仲衛は、「一番気になるのは他社の競争相手」と述べた[25]。政治記者がもっとも意識したのは、一報を伝えた雑誌や隆盛を誇ったテレビではなく、他紙の政治記者であった。

他紙の政治記者との競争に勝つには、どうすればよいのか。一介の記者として、単独でスクープ記事を書くのは、ほぼ不可能であった。他社との競争で優位に立つには、ラインの管理職、具体的にはデスクになる必要があった。ラインであるデスクを務めることで、記者としての「機能を発揮するに十分な面が日常しばしば」みられた。[26]

政治記者のヒエラルキーの最下層の記者は「ヒラ記者」などと呼ばれ[27]、後の番記者なども含まれた。首相の番記者は「総理番」などと呼ばれる。日本最大の権力者である首相に直接接したとしても、総理番が記事を書くことは少なく、入手した情報をメモなどの形で上司に報告するのが専らであった。記事を書くには、少なくともキャップやサブ・キャップになる必要があり、自らの判断で取材や執筆を行うには、さらに上のデスクになる必要があった。他社との競争で優位に立つには、それに先んじて、社内で優位に立つ必要があった。

「金脈問題」により田中は退陣するが、金を巡る疑惑はロッキード事件へと発展した。社会全体を揺るがしたロッキード事件では、政治部は他部と連携する必要が生じた。航空機メーカーによる贈収賄事件という意味では、経済記者との連携が必要であった。検察が動き、社会的な耳目を集めるという意味では、社会部との連携が必要であった。

連携の高まりによって、新聞社組織の縦割りが表面化した。[28]新聞社の縦割りについては、ロッキード事件前からすでに指摘されていたが[29]、「戦後最大の疑獄」の報道で[30]、急速に前景化した。取材対象ごとに分けられた組織は、必然的に縦割りとなった。組織の縦割りは、自らの所属する部署の利益を優先するセクショナリズムを生んだ。

長期的な関係の重視

セクショナリズムが問題となる一方で、政治記者は政治家との信義を重視せざるを得なかった。政治記者は専ら政治家を取材対象とし、取材方法を改めなかった。書かないことを前提として政治家から入手した情報は、「どんなことがあっても書いてはならない」とされた[31]。情報を得るには、依然として政治家への接近が必須であった。

接近すれば種を入手できた。しかし政治記者は、書くことに対して禁欲的であった。接近しつつも取り込まれないよう距離を保ち、書くべきタイミングまで書かなかった。政治家の信用を保ちながら、関係を継続した。

政治家といかに向き合うのか。政治記者にとって古くて新しい問題が「もっともエスカレート」したのが、ロッキード事件であった。毎日新聞東京本社・政治部副部長の岩見隆夫は、次のように述べた。

政治家ほど自己防衛本能が発達していて、警戒心の強い人種も少ない。「この記者はオレに不利益なことはしない」という確信がなければ、密室はみせないし、話しもしない。そのかわり大丈夫となれば、かなりのことまで打ち明けられる。この「かなりのこと」を聞きたいばかりに、夜討ち朝駆け、お誘いがあれば宴席にも同席する。(略)ひたすら相手の口がほぐれるのを待つのである。(略)はっきりしていることは「かなりのこと」がつかめないかぎり、良質な政治記事は生まれない。[32]

岩見は、「政治家と酒食をともにしない記者ほど良質なのか」との問いに対し、「むしろ逆かもしれない」と自答した。政治家から入手した情報を、書くのか、書かないのか。書くとすれば、いつ書くのか。そのタイミングを政治記者は、複雑な条件が絡み合うなかで判断しなければならなかった。

〔二〕『文春』報道の記者の受容

書かない政治記者

岩見によれば、政治記者の判断材料は、事実や論理だけではなかった。感情や表情の変化も重要な情報であった。それらを得るため、政治記者は普段から政治家と接し、時に飲食を共にした。歴史や経緯を知り、さらには政治家の性格も知った上で判断する。岩見は、ロッキード事件のきっかけを作った『文春』の報道内容を、次のように述べた。

『文春』に書かれたほど系統だった材料を私たちは持っていなかった（他社のことは知らないが、多分同様だろう）。（略）ただ、田中角栄の周辺にそうした金づくりの疑惑があることは折にふれて国会でも取り上げられ、政界でも話題になっていたから知っていた。それを追跡取材して『文春』のようなまとまった記録に仕上げる能力が新聞社にあるのかないのか、といわれれば、もちろん答えは「ある」だ。[33]

各社の政治記者は疑惑を知っており、しようと思えば記事にできた。そうであるにもかかわらず、なぜ政治記者は書かなかったのか。岩見自身の答えは、新聞記事は「強烈な影響力」を持ち、「責任の重さ」が違うからであった。雑誌ジャーナリズムほど、新聞は「気軽」に書くことはできないとの主張であった。

下の世代の政治記者は、岩見と違った見方をしていた。一九九三年九月号『新聞研究』の座談会で、日本経済新聞社・編集委員の田勢康弘は、ロッキード事件の報道を次のように振り返った。

「田中金脈」というものが雑誌の手によって書かれたときに、先輩の田中派を担当していた人たちは、「あんな話はみんな知ってる話だよ」と言っていましたが、あれから二十年ぐらい政治記者をやって、それはウソだなと思った。(略)彼らが知っていたのは、ニオイとか、ウワサとか、その程度のものでしかなかったのではないか。[34]

「ニオイ」や「ウワサ」で記事を書くことはできない。現代では「ファクト」などと呼ばれるようになったが、事実を摑《つか》んで報道するのはまっとうな新聞の伝統であり、基本であった。ロッキード報道の端緒に立ち返れば、新聞記者は書かなかったし、事実を摑んでいなかったというのが田勢の主張であった。

一次情報を重視する政治記者

ここで重要なのは、『文春』の立花らが掴んだ情報が、一時情報ではなく、二次情報であったということだ。一般に、自らが直接体験して知り得た情報を一次情報という。直接体験したのではなく、他者からもたらされた情報、あるいは公知された情報を二次情報という。

一次情報は排他的であった。本人が他者に漏らさない限り、あるいは他者が同様の体験をしない限り、当該の本人のみが知る情報であった。新聞記者が本来的に追い求めるのは一次情報であり、二次情報は軽視された。一次情報と二次情報については、第七章で再び議論する。

いずれにせよ、新聞記者にとって価値の高いのは一次情報であり、二次情報の価値は相対的に低かった。しかしながら立花らが着目したのは、価値が低いとされた二次情報であった。田勢の指摘の重要性は、政治記者が事実を掴んでいなかったということよりも、立花らの摑んだ事実が公知であったという点、より正確にいえば、公知の事実から真実を抽出した点にあった。[35] 政治記者は事実を入手することを怠ったのであるが、それは一次情報ではなく、広く共有された二次情報であり、誰でも簡単にアクセスできた。

政治記者は政治家に密着し、排他的な一次情報、つまり特ダネを入手しようと躍起になったが、その特ダネは一次情報ではなく、二次情報として存在した。少なくともロッキード事件の端緒となった記事を書く上で必要だったのは、政治家に密着することではなく、公知の事実を地道に集め、こつこつと集計・分析しつつ、電話をかけることであった。雑誌記者が世紀の特ダネをスクープする背景にあったのは、政治記者の、一次情報の過度の重視であり、二次情報の軽視であった。『文春』の雑誌記事を、政治記者は書こうと思えば書けたが、実際には一次情報偏重の陥穽《かんせい》に陥り、結果的に書けなかった。

一方、ニュースルームでは、政治記者に対して書く圧力が生じていた。背景には、六〇年代から続く紙面の増加があった。岩見は、「政治記者にはこれまで「書かない記者」が比較的多かったし、書かないことが大物記者の条件になっていたような時期もあった。しかし、それはもはや通用しなくなっている」と述べた[36]。

新聞社内のセクショナリズムが高まるなかで、あるいは、新聞社の内外における競争激化のなかで、政治記者に対して書く圧力が高まっていた。書くためには、政治家への信義を立てなければならなかった。しかし一旦書けば、政治家の信用を、少なくとも一時的に失う可能性があった。「書く」ことには常に、政治家の信用を失う危険性が付きまとった。

ロッキード事件を経て、政治記者が抱える矛盾が表面化するとともに、肥大化した。新旧の新聞記者にとって同事件は、自らのルーチンを再認識する大きな契機となった。しかしながら次にみるように、政治記者が自らのルーチンを自律的に変更するのは極めて困難であった。

〔三〕　高まる政治家の広報意識

ギブ・アンド・テイク

ロッキード事件から一〇年が経過し、政治記者を取り巻く状況に、変化は生じたのか。

政治家との向き合い方は、依然として政治記者を悩ませた。政治家による「内側」への誘いは、政治取材における「伝統」であった。毎日新聞東京本社・政治部の石上大和は、次のように述べた。

ある自民党の議員から「君はいつもボクのところから何かとっていこうとする。たまには、何か役に立つ話を持ってきてくれよ」と言われたことがある。（略）一定のつき合いの期間を経ると、政治家の側が、新聞記者に対して何かを求めてくる。[37]

八〇年代、政治家との距離のとり方が変化する。石上によれば、その変化は、若手や中堅の政治記者に見られた。ロッキード事件以後に政治記者として育った彼ら彼女らは、政治の「内側への誘い」に対して「本能的にとまどいや、ためらいを示すようになった」という。

政治家にも変化が生じた。テレビと広報がさらに興隆し、政治家は以前よりもメディア対応を意識するようになった。典型は中曽根康弘であった。首相であった中曽根は「テレビ利用に大きな期待」をかけた。朝日新聞東京本社・政治部の早野透は、政治家のテレビに対する期待の「常態化」を、次のように懸念した。

政権とマスコミの関係が常態化してくると、政権はまず、テレビの画面でどのように見えるか、気を使い続けることになる。そのノウハウができあがれば、こんどは、新聞のような活字メディアを中心とした「イデオロギー」批判をどのように封ずるかという点になる。（略）実は、すでに「情報」のレベルは相当な水準に達している。（略）危機的状況の際の「情報」管理から、総理府の世論調査にはこのごろ必ず、どこにポイントを置いて記事を書いたらいいのか、レジュメが添えられていることなど日常的なものに至るまで、「情報」を受けとる側がわずかでも油断すれば、たちまち思考停止に陥ってしまうほどである。[38]

早野の指摘において重要なのは、以下の二点である。①政治家の側によるテレビを迂回《うかい》した新聞への影響力の行使、②ニュースソースであることを利した政治家による情報統制だ。早野が言及したレジュメなどの配布物は、パブリシティーなどと呼ばれる。パブリシティーや新聞が主に活字資料であるのに対して、テレビは映像・音声メディアである。政治家の広報に対する意識は高まり、広報手段は多様化するとともに高度化した。

［四］取材方法の変化とサラリーマン化

取材方法の変化――ぶら下がり・メモ合わせ・懇談・番懇

政治家の広報に対する意識が変化したことで、政治記者の取材方法は大きな影響を受けた。朝日新聞東京本社・政治部次長の村野坦は、取材方法の変化に関する論考を『新聞研究』に寄せた。村野によれば以前と異なり、まず「ぶら下がり」が常態化した。ぶら下がりに「即席のやりとりはなく、あらかじめ提出した質問に首相側が一方的にしゃべる」ため、「どうしても先方に都合がいい」取材となった。[39] ぶら下がりに参加する記者が多くなると、今度は記者同士でコメントを一字一句確かめ合う「メモ合わせ」が常態化した。

ぶら下がりやメモ合わせが常態化した要因として、村野はテレビ取材の増加と、政治家のテレビに対する意識を挙げた。村野は、テレビの影響による取材の「形式化」を問題視した。

> 気になるのは、政治の取材現場に記者の数がふえ、取材活動が大仕掛けになった半面、取材が底の浅いものにとどまる傾向がうかがえることだ。一例として記者会見が形式化しつつあることをあげたい。（略）「突っ込み不足で食い足りない」という批判を聞くが、会見の場面がそのままテレビで放送されるために、形式を整えることをまず考えざるを得ない事情がある。[40]

形式的な取材を補う形で、「懇談」が行われるようになった。政治記者による私宅の訪問である夜討ち朝駆けは、ほとんどが懇談の形で行われた。私邸での取材を忌避する政治家の場合は、「番懇《ばんこん》」と呼ばれる形式となった。番懇とは、特定の政治家や役職を担当する「番記者」のなかでも、特に政治家が懇意である記者たちとの懇談である。夜討ち朝駆けの場が主に私邸であったのに対し、番懇は定例会見の会場周辺であった。番懇は、時に料亭などで行われることもあった。夜討ち朝駆けが各社個別であるのに対し、定例会見や番懇は各社共同で行われた。

> 会見にしろ懇談にしろ共同取材には利点があるが、同時に限界があるということだ。（略）共同

取材の場で、へたに質問して競争相手に手の内を見せてしまうことはない（略）記者クラブ中心の共同取材だけでも、いまは、書くことは適当にある。けれども、それだけでは、ほんとうの取材をしたことにはならない。（略）昔も今も、取材相手との人間関係をどれだけ深く広く築くかにある。[41]

村野に従えば、取材の形式は変化しようとも、根底には政治家との人間関係が存在し、政治記者は常に長期的な関係を意識して政治家と付き合う必要があった。

一方で、形式の変化は、政治記者の取材や記事に大きな影響を与えた。例えば、いかに「いい情報」を入手したとしても、番懇の場で「ここだけの話にしてくれ」と言われれば、書くことができなかった。[42]政治記者は「書くか書かないか」という問題に、日常的に直面した。

八〇年代後半になると、政治記者の姿勢に再び変化が生じた。政治記者は以前よりも相対的に書くようになった。読売新聞社・政治部次長の不破孝一は、「いまの政治記事は、昔より随分大胆なこと」を書いており、「本人が読んだら怒るんじゃないかな、と思うことがよくある」と述べた。[43]

政治家主導による変容

情報を握っているのは政治家であり、取材の形式を主導したのも政治家であった。政治記者と政治家の関係は、「取材先ペース」となっていった。[44]

政治記者が以前より書くようになった背景には、何があったのか。毎日新聞東京本社・論説委員の斎藤明は、「紙面が広くなったから、書かざるを得なくなった」と明快に答えている。[45] 九〇頁の図2－2で示したように、八〇年代から九〇年代にかけて、紙面の頁数は増加する一方であった。

政治記者の出世欲も、政治記者が書くようになった要因であった。読売新聞社の不破は、「新聞記者も人の子で、サラリーマンですから（略）日本の企業の中に出世主義といいますか、社内競争が根底にあるのは事実」と述べた。[46]

記者が書いた記事の提出先はデスクである。朝日新聞東京本社・政治部の小田隆裕によれば、記事が紙面に掲載されるにはデスクを通過しなければならないため、政治記者は読者のために書くというよりも、「無意識のうちに上を見て」書いたという。不破と小田が共通して指摘したのは、社内の目を意識した、内向きの志向であった。

サラリーマン化の傾向は、新聞社の入社前からみられた。新聞社の記者を志望する学生の志向が、質的に変化した。八〇年代後半、新聞社への入社を希望する学生のうち、政治部の志望者は減少傾向にあった。「新聞社しか入社試験を受けない」といった専願の学生は少なくなり、銀行や総合商社との併願が一般的となった。[47] 新聞社への就職は、かつてはジャーナリズムという特殊性を帯びたものであった。しかしながらバブル期になると、大学生は新聞記者を、一般企業のサラリーマンと同列にみるようになった。

大学生の新聞社や新聞記者への「まなざし」の変化は、大学生の変化を表すとともに、新聞社という組織自体の変化を表した。第一に、ジャーナリストとしての志をもって入社する者が少なくなった。第二に、若い記者が志をもっていたとしても、新聞社の側が「志が最後まで貫徹できるシステム」

ではなくなった。そのような状況を、毎日新聞の斎藤は、「よほど特殊な人以外はしぼんでいく傾向にあるのではないか」と危惧した。

七〇年代から八〇年代にかけて政治取材に関する問題が前景化するなかで、政治記者に対して書く圧力が高まった。政治家の側の広報意識が高まり、政治家が主導する形で、取材方法が多様化した。一方で、政治記者のサラリーマン化が進み、政治記者が抱える矛盾はそれ以前よりも大きくなった。

第三節　五五年体制崩壊後の政治記者（一九八〇年代末～二〇一〇年前後）

［一］　政治家への再接近

派閥記者の再来

一九八〇年代後半、政治記者は政治家や派閥から距離を置き、相対的に「書く」ようになった。しかし九三年に「五五年体制」が崩壊すると、再び書かなくなる。政治家への再接近である。

具体的には、派閥記者が再び前景化した。産経新聞東京本社・政治部長の根岸昭正は、「われわれの時代もそうだったと思いますが、〝政界記者〟〝派閥記者〟の色彩がどんどん濃く」なりつつあると指摘した。[48] 政治研究者の福岡政行は、要因のひとつとして、「政治家に食い込むというかマージャンやゴルフなどに付き合う」政治記者の増加を挙げた。[49] プライベートの付き合いが増えたことで「仲間意識」が生まれ、それによって政治記者の「自己規制」が強くなった。

派閥記者の再前景化の他の要因は、取材対象の急増であった。五五年体制の崩壊によって、自民党内は分裂し、派閥やグループが増加した。それによって取材対象が急増した。共同通信社・政治部長の国分俊英は、「五五年体制の時代には、政局の本筋の部分は、田中、竹下派をがっちり見ていけば大体分かりました。しかし、昨年から、共産党を除くすべての政党政治勢力が政局や政策決定に絡む時代になりました」と述べた。[50] 以前は取材する必要のなかった党や派閥や政治家を、政治記者は取材しなければならなくなった。

従来の手法を忌避する若手

政治記者の変化は、取材対象の増加に留まらなかった。若手の政治記者が、派閥記者や政界記者に対して強い忌避感を持つようになった。日本経済新聞社の田勢康弘は九三年、「特定の政治家に食い込むこと」は、政治記者として生き残る要素になると指摘した。[51] 政治記者もサラリーマンであり、出世や社内競争と無縁ではなかった。田勢は翌九四年、『政治ジャーナリズムの罪と罰』を上梓した。[52] 従来の政治記者とその取材を批判した同書は、若手の政治記者に少なからず影響を与えた。

同書における田勢の主張を、朝日新聞東京本社・政治部長の秋山耿太郎は、「永田町から目を放して歴史の中での事実の位置づけこそが大事」と要約した。[53] 永田町で繰り広げられる政局から距離を置き、長い時間軸のなかで考えることこそが重要だというのが、秋山の考える田勢の主張であった。

その上で秋山は、「こうした思い込みが過度になると、政治報道の一番の根源である、何が起きているのか、なぜそうなったのかという、ファクトやデータを取材する部分が弱くなるのではないか」と危惧した。歴史的経緯も重要かもしれないが、政治記者は永田町をウオッチし続け、政治家やその周辺から事実を収集する必要があるとの主張であった。

座談会で秋山と同席した共同通信社の国分も、秋山と同意見であった。「評論、解説、提言、論説が政治報道だと思う記者ばかりがそろってしまったら」もはや政治報道は成立しないと、国分は強い危機感を示した。さらに国分は、「事実関係をつかんでくる記者が全部いなくなってしまったら、深みのある日々の報道はできません」と述べ、夜討ち朝駆けをはじめとした伝統的な取材方法の意義を強調した。[54]

ともに座談会に出席した読売新聞社・政治部長の老川祥一も、二人に同意した。三人はともに政治部長であったが、「夜討ち朝駆け」に代表される旧来の取材方法の重要性について、認識は完全に一致した。「キャップ、デスクに命じられて、ともかくいけといわれたところへ飛んで」いくような取材に、政治部長クラスは揃って価値を見い出した。[55]三者は、政治部の「徒弟制度」的な教育に対しても肯定的であった。夜討ち朝駆けに代表される近い距離での取材に対して、若手とベテランの認識には大きな差があった。

五五年体制の崩壊を経た九〇年代、政治記者の政治家との向き合い方は、以下の三つに分かれた。すなわち、①従来と同様の態度で政治家に近づく、②従来と異なりゴルフや麻雀をはじめとしたプライベートな付き合いを通して政治家に近づく、③従来と異なり政治家と距離を置く、であった。

〔二〕　政治家のテレビ重視と取材の変容

テレビを介したコミュニケーションとオフレコ

五五年体制の崩壊後、取材される側の政治家は、テレビ重視の姿勢を強めた。なかでも、テレビカメラが入った記者会見を重視した。朝日新聞東京本社・編集委員の国正武重によれば、政治家は、「一対一の関係よりは、一対集団、つまり記者会見」を重視するようになったという。[56] 従来の政治取材では「実力者になればなるほど、「奥へ入って」取材するのは困難であった。[57] しかし九〇年代になると、テレビの「リポーター」がマイクを向けただけで、「政治家は気楽に話す」ようになった。[58]

政治家は、記者会見だけでなく、テレビ取材全般を重視するようになった。七二年、長期政権を誇った佐藤栄作が退陣を表明した。佐藤は「テレビカメラはどこか、国民に直接話したい」と述べた。それから二〇年が経過すると、多くの政治家は国民に、テレビカメラを通じて語りかけるようになった。

佐藤は退陣表明の記者会見で、「新聞記者の諸君とは話さない」とも述べた。政治家のテレビ重視とは、新聞の軽視であり、テレビカメラの重視は、新聞記者の軽視で

図2-3　記者団がいっせいに退場した会見室で、テレビカメラに向かって退陣を正式表明する佐藤栄作首相（1972年）　（毎日新聞社提供）
筆者注：佐藤は「偏向した新聞は嫌いだ」「テレビはどこにあるんだ」と述べた。

もあった。政治家は、政治記者を介したコミュニケーションを回避し、テレビを介したコミュニケーションに軸足を移した。

テレビ放送による政治的コミュニケーションの増大によって、受け手のまなざしは、より変化する。政治家と政治記者とのやりとりをテレビで見た視聴者は、見えないところでなされてきた取材方法、例えば「オフレコ」などを知ることになった。

オフレコとは、off the record[59]を短縮した日本の新聞業界における業界用語である。記事に書かないことを前提に話をするといった取材上の取り決めであり、通常、取材を受ける側、すなわちニュースソースの側が求める。日本においては、アジア太平洋戦争後に見られるようになった。ワシントンが典型であるが、米では一般的にオフレコの運用は厳格に行われる。共同通信社・外信部の横川隼夫によると、基本的には「四種類」あった。

一つは、オン・ザ・レコード、もうひとつがバックグラウンド、ディープ・バックグラウンド、そしてオフ・ザ・レコードという分け方をしているんです。オン・ザ・レコードは、「だれだれ報道官が」と、名前も出してよろしい。バックグラウンドは「国務長官は」とかの書き方で、名前は出ない。ディープ・バックグラウンドは、中身は書いてよろしい。しかし「だれだれによれば」とか、「何々筋によれば」とか、そういうことは一切書いてはいけない。そしてもうひとつが、オフ・ザ・レコードなんです。[60]

日本では二種類であった。オンレコか、オフレコか。政治家にとって、オンレコでは話せないが、オフレコなら話せる場合があった。直接書かれたり、自らの名が出たりするのは困るが、背景や経緯を知った上で記事を書いてもらえるメリットがあった。記者の側からすれば、背景を知った上で記事を書くことができた。記事の読み手も確度の高い情報を得ることができるオフレコは、一定程度のメリットがあるとされた。

しかしながら、テレビを通じてオフレコを知った視聴者は、「政治記者がオフレコの懇談をしているのは政治家と癒着しているのではないか」と批判するようになる。[61]

そして政治記者は、視聴者の批判に「後ろめたさ」を感じるようになった。[62]既述のように、夜討ち朝駆けをはじめとした従来からの取材方法を各社の政治部長は高く評価した。しかし実際に取材する政治記者は、従来からの取材方法に疑問を持つようになった。

記者クラブの増加とオールラウンダーの要請

記者会見などを重視し始めた政治家は、自宅などへの夜討ち朝駆けを禁じた。自宅などに来ることを禁止し、記者会見で質問させるようになった。オフレコ取材もしにくくなった。

記者クラブでの情報入手が増加し、以前にも増して発表に依存するようになった。政治記者自身が、報道内容の「画一的」を認識していた。[63]ひとつの記者クラブに在籍する期間は一～二年と、以前よりも短くなった。第三章の経済記者の分析で述べるように、記者クラブへの所属は、記者教育と密接に関係した。記者クラブへの所属期間が短いと、記者クラブがカバーする領域への理解が浅くなるのは避けられなかった。取材対象が増加するなか、各社ともに養成期間が短くなり、それによる能力不足が指摘された。

なぜ、ひとつの記者クラブの所属期間が短くなったのか。大きな理由は、新聞社が「オールラウンドの記者」を育てようとしたからであった。日本経済新聞社・経済部次長の下舞浩は、「適性を探りながら、なるべく幅広く担当させようとすると、こうなってしまう」と述べた[64]。

政治記者が書いた原稿の掲載について判断し、紙面の編集・製作を行ったのは整理記者である。読売新聞社・整理部次長の宇田川勝明は、頻繁なジョブローテーションについて、整理記者の立場から次のように述べた。

大体、ベテランになると、現場から社に上がってデスクとかラインになっていくわけだけれども、いわゆる大記者が取材現場にいれば、もっと深みのある記事が書けるのではないか。また、お役所の対応も違うのではないか[65]。

大記者への憧憬を、どのように考えればいいのか。言表と行為という水準でみれば、新聞社が目指したのは、明らかにゼネラリストやオールラウンダーであった。秋田魁新報社・役員待遇電算制作局長兼印刷局長の田名部弘は、次のように述べた。

五九年の電算編集オンラインシステムの完成以来、私どもが目指してきたものはオールラウンドプレーヤーです。以前は、入力は入力作業、出力は出力作業というかたちでやっていましたが、これをひっくるめてやろうと考えてきました。(略)たとえば(略)システム管理部門を作ると、電算制作部は減ってもトータルでは逆に人が増えたりする。これでは省人化とは言えない。[66]

オールラウンダー養成の目的は、端的にいえば、省人化であった。田名部は制作や工務部門の担当であり、機械化の背景を率直に吐露したと思われる。第五章の整理記者、あるいは第六章のデスクで後述するように、経営者による合理化の圧力は極めて高かった。政治記者に対する合理化の圧力は、例外的に低かった。

新聞業界においては、高い専門性を有する「大記者」や専門記者の必要性が何度も叫ばれた。複数の職能や領域を「幅広く」カバーすることができるオールラウンダーやゼネラリストは、それらの対極にあった。記者クラブの在籍期間が短くなった背景には、オールラウンダーを育てるという社の意向だけでなく、記者のサラリーマンとしてのキャリア・パスや上昇意欲も存在した。

[三] メディアの影響

携帯電話を駆使する政治家たち

二〇〇〇年を過ぎると、政治家の間に携帯電話やメールが普及し、政治記者の政治家へのアクセス方法が多様化した。政治家本人の携帯電話の番号を知っているかどうかが、記者の「明暗を分ける」ようになった。[67]

しかし、政治家の携帯電話の番号を知っているだけでは不十分であった。携帯電話を用いた取材の前提は、「電話できちんと応対してもらえるだけの信頼関係」であった。[68] 政治家は、信頼する記者からの電話には出るが、そうでない記者からの電話には出ないことが多かった。政治家を対象とした取材では、信頼を得ることが基本であり続けた。

携帯電話による取材は、夜討ち朝駆けのような、移動や待機の手間を省くことができた。秘書や家人の許可も必要なかった。携帯電話による取材は、政治記者にとって極めて便利であった。その利便性の是非はともかく、携帯電話を使ったアクセスの前提は、政治家の信頼を得ることであった。

一方で、政治家へのアクセスは困難になった。時事通信社・政治部の柵木《ませぎ》真也は、次のように述べた。

十六年間の政治記者生活を振り返って思うのは、記者を遠ざける企てが着実に進行しているということです。首相官邸がその典型で、新官邸になってから、首相への訪問客をチェックするのが難しくなっています。[69]

柵木によれば、八五年頃には各社の記者が官房長官室に「たむろ」し、「官房長官室に入ってくる情報を逐一把握できた」という。新官邸に移った二〇〇二年以降、セキュリティーチェックが厳重になり、政治記者の取材の自由度が大きく低下した。

そのような状況下、政治記者の間で「現場」の重要性が主張されるようになる。[70]政治記者の現場とは、夜討ち朝駆けを意味した。しかし、従来と同じような夜討ち朝駆けは困難となっていた。日本経済新聞社・政治部の中山真は、次のように述べた。

政治記者の基本である夜討ち朝駆け。毎朝、毎晩、大物政治家の自宅に通い詰め、その懐に飛び込むのだが、いまではその手法もやや限界に来ていると感じる記者は多い。民主党の若い政治家が増え、都内にある議員宿舎に住まいが集中。物理的に言ってもオートロックの最新マンションの玄関先で議員を捕まえるのは簡単ではない。[71]

民主党が政権を握ったのは、二〇〇九年から二〇一二年にかけてであった。政権交代により、守旧的な自民党の政治家に代わって、民主党の若い政治家が増えた。長期政権であった自民党の政治家は、都内に自宅を有することも多かったが、民主党の若手政治家は、議員宿舎に入ることが多かった。国会議員の議員宿舎のオートロック化は、官邸が移った二〇〇二年頃に予算要求された。政治記者は共同玄関でオートロックを解錠してもらうのを待つことになった。

SNSを介したコミュニケーション

既述のように、政治記者の配置転換は頻繁となっていた。そのため、政治家との信頼関係も「短時間で」構築することが求められた。[72]

同時に、夜討ち朝駆けが困難になったことで、記者会見の重要性が高まった。日本経済新聞社の中山は、「定期的に開く記者会見も真剣勝負とならざるを得ない」と述べた[73]。八〇年代半ば、政治記者は記者会見の形骸化を指摘したが、九〇年代に入ると、政治家はテレビの視聴者を意識し、以前よりも記者会見を重視するようになった。二〇一〇年代に入ると政治記者の側も、記者会見を重視せざるを得なくなった。

さらにインターネットの普及によって、取材の手法はより多様化した。以前であれば秘書官は、自らが仕える政治家に関して相応の情報を有していた。そのため政治記者は、政治家だけでなく、秘書官からも情報を入手できた。しかしながら、政治家が「執務室にこもって携帯電話をよく使う」ようになると、秘書官に情報が伝わらなくなる。秘書というニュースソースの有効性が低下したことで、政治家本人と直接メール交換できる政治記者は格段に有利となった[74]。

一方で、ツイッター（現X）を使う政治家が現れ、記者や新聞を介さず、国民と直接コミュニケーションを行う状況が現出した。政治記者は、自らが担当する政治家周辺のSNSをこまめにフォローする必要性が生じた。

小渕恵三は電話を駆使したことで有名であった。小渕からの電話は「ブッチホン」と呼ばれ、一九九九年の新語・流行語大賞を受賞した。それから一〇年以上が経過した二〇一〇年代になると、安倍晋三はツイッターというメディアを介して、つまりは新聞記者や放送記者などのゲートキーパーを介さずに、国民と直接コミュニケーションを行うようになった。安倍晋三政権とメディア状況の変化を簡単に年表にすると、以下のようになる。

二〇〇六年九月　第一次安倍政権成立
二〇〇七年九月　第一次安倍政権終了
二〇〇八年四月　ツイッターが日本語サービス開始
二〇〇八年七月　アイフォーンの日本販売開始
二〇一〇年一月　安倍晋三公式ツイッター開始
二〇一二年一二月　第二次安倍政権成立

第一次安倍政権は一年の短命に終わり、第二次安倍政権以降は八年近くの長期に及んだ。その間に存在したのは、民主党政権と、スマートフォンとSNSというパーソナル・メディアの急速な普及であった。[75]

以上みてきたように、政治家のメディア環境の変化は、直接あるいは間接に、政治記者のニュースソースへのアクセスに大きな影響を及ぼした。国民と政治家とのコミュニケーションは、以下の三つの形態となった。①新聞紙面を介した従来からの間接的コミュニケーション、②記者会見を含めたテレビ放送を介した間接的コミュニケーション、③SNSを介した政治家と国民との直接的コミュニケーションの三つである。

第四節　抽出された要因と文脈

本章でみてきた歴史的変化を簡単にまとめた上で、考察を加え、章としての結論を述べたい。各章で導いた結論の総合的な比較・考察は終章で行う。

〔一〕政治記者の歴史的変化の概略

一九六〇年代、政治家への接近は容易ではなかった。容易ではないものの、主なニュースソースが政治家である限り、政治記者は、いかに政治家に接近するかに腐心した。

政治記者は、社会部などの他の記者と異なり、自らの記事に指導性が必要だと考えていた。そのため、取材対象である政治家に接近しつつも、一定程度距離をとることを重視した。信用される一方で距離をとり、適切なタイミングで記事を書く。言い換えれば、適切なタイミングまで記事を書かないことが、優れた政治記者の要件であった。

政治記者の取材対象は、政治家であり続けた。人というニュースソースへの偏りによって、記事の内容は政局や人事に偏り、政策などは軽視された。六〇年代、政治家は広報に目覚めた。同時期には、派閥政治が前景化した。

政治記者は徐々に「分別」や「思慮」を身につけた。社会に対する政治記事の影響は大きく、背景の説明や改善策の提示が必要だと、政治記者は考えていた。一方で、政治記者のサラリーマン化が進んだ。紙面の立体化によって、他部との連携が増加した。

七〇年代から八〇年代にかけて、他社との競争が激化した。他社の記者との競争に勝つには、まず社内における競争に勝つ必要があった。サラリーマンとして勝つことが、記者としての勝ちに結びついた。

高度経済成長期を経て、日本は経済大国となった。七〇年代には経済部との協働が増加した。新聞の頁数の増加によって、政治記者に対して「書く」圧力が増した。政治記者はそれ以前よりも、政治家に対して距離をとるようになった。

七六年のロッキード事件を境に、政治家の広報に対する意識が急速に高まった。テレビ報道の増加によって、政治記者の取材形式もテレビやその視聴者を意識したものに変化した。それらによって、ぶら下がり、メモ合わせ、懇談などの新たな取材形式が生まれた。取材形式の変更は、政治家をはじめとした取材先のペースで進められた。「書く」圧力の高まりによって、八〇年代後半になると、政治記者は以前よりも「書く」ようになった。背景には、新聞の頁数のさらなる増加と、政治記者のサラリーマン化があった。

一度は政治家と距離をとるようになった政治記者であったが、八九年を境に、再び政治家に近づいた。同時に、新たな派閥記者が生まれた。政治家に対して強い「仲間意識」を持ち、自己規制する政治記者がみられるようになった。

一方で、それ以前の政局を中心とした報道を疑問視する若手も増加した。夜討ち朝駆けなどの従来からの取材方法は疑問視された。テレビ報道がより興隆し、政治記者にとって接近が困難であった政治家は、テレビリポーターに気軽に答えるようになった。新聞紙面は立体化し、多くの部の協働が必要となった。それによって再びセクショナリズムが問題となった。

政治家と取材方法が変わった結果、九〇年代後半になると、記者クラブへの依存が高まった。背景には、頻繁な配置転換によるゼネラリストの養成と、政治記者の出世欲があった。

二〇〇〇年を過ぎると、政治家個人を取り巻くメディア状況が変化した。携帯電話やメールを使う政治家が増え、政治家個人と直接繋がる政治記者が有利となった。従来からの夜討ち朝駆けは、政治家個人の住環境の変化によって困難となり、結果的に政治記者は記者会見を重視するようになった。

〔二〕 三つの要因と文脈

戦後日本の政治記者は、前項のような変化を遂げたが、それらの変化から、以下の三つの支配的な要因と文脈が抽出できる。ゴシック体が要因であり、それに続く文章が文脈である。文脈は動的とは限らず、静的、つまり変化しないこともあり得る。

ニュースソース

政治記者は、公人としての政治家だけでなく、私人としての政治家から大きな影響を受けた。政治記者の取材対象は、ほぼ政治家とその周辺に限られていたため、公人としての政治家の変化と、私人としての政治家の変化に合わせるように、政治記者は変化せざるを得なかった。

そのような変化が生じた最大の要因は、ニュースソースが極めて少数の人に限られており、彼ら彼女らが有する情報が、極めて排他的であったからだ。言い換えれば、政治家とその周辺というニュースソースは、過度の重要性を有していた。

政治記者がもっとも苦慮したのは、取材方法ではなく、政治家との距離であった。取材方法は、政治家というニュースソースから情報を得るための、あくまでも手段であった。しかしながら政治家との心理的な距離が近くなりすぎると、政治家との付き合いそのものが目的化した。

いかにして政治家というニュースソースに接近するか。一方で、いかに政治家と心理的な距離を保つか。書くのか、書かないのか。書くとすれば、いつ書くのか。形式上の変化はあったが、日本の政治記者が腐心した政治家との距離という問題は、不変であった。

雇用形態と人事制度

日本の政治記者の雇用形態は、終身雇用や年功序列を前提としたメンバーシップ制であった。そのため政治記者は、社内における人事制度の影響を強く受けた。人事制度には、キャリア・パスなどの明文化されていない制度も含まれた。

このような変化は、経営者や制度の側が一方的に求めただけでなく、政治記者の側も一定程度、自発的に求めた。

他メディアの影響

政治記者は、他メディアの影響を強く受けた。テレビや携帯電話などのニューメディアだけでなく、雑誌などの、従来から存在したメディアからも影響を受けた。メディアの影響は、直接的な影響だけでなく、政治家を介した間接的な影響も存在した。他メディアの影響は、形式の上では主に取材方法の変化として表れた。

第三章

経済記者——高いエリート意識と専門性

図3−1 360円固定相場制から変動相場制への移行を発表する水田三喜男蔵相（1971年）（時事通信社提供）

第一節　固有の問題性（一九五〇年代〜六〇年代）

［一］記事の難解さと専門性

「勉強しなければ読みこなせない」

一九五〇年代、経済記事は他の記事に比べて専門性が高かった。「経済記事の扱い方」と題された座談会で、日本新聞協会・審査室長の石橋恒喜は、「現在の経済欄はむずかしすぎる」と述べた。[1]

専門用語が多い経済記事は、読者が「勉強しなければ読みこなせない」と、新聞業界では認識されていた。高度経済成長期以降、日本人の多くは経済的な知識を身につけていくが、五〇年代においてはそうではなかった。五〇年代の読者は経済の知識が乏しかった。当時の読者にそぐわない難解な経済記事は、新聞業界で批判の対象となっていた。

難解であれば、平易にすればよい。しかし平易化は、それほど簡単ではなかった。共同通信・経済部長の渡辺孟次は、経済記事の内容を平易にするかどうかは難しい問題と述べた。[2] 各紙の状況が異なるため、経済記事の平易化は一概に良しとできないというのが、渡辺の主張であった。

「各紙の状況」とは、例えば、購読者の属性が新聞社によって大きく異なった。大阪や神戸などの商都を抱えた新聞社は、経済記事の平易化に消極的であった。言い換えれば、難解であっても高い専門性が求められた。それに対して農漁村を主な商圏とする新聞社は、一次産業に関する経済記事の平易化に積極的であった。[3] 五〇年代の日本の都市部と農村部では、教育や知識の水準も異なった。それでも多くの新聞社は、読みやすい経済記事を目指しつつあった。日本新聞協会の石橋は、「昨今の経済欄は一般読者にもくいつかせようと努力されている傾向がはっきり見える」と述べた。[4] 石橋によれば、それは全国紙だけでなく、地方紙にもみられた。大きな傾向として、経済記事は一般の読者に向けて平易にする必要があると考えられ、五〇年代にその兆しが見られた。

専門性の高い経済記者を、新聞社はどのように養成したのか。新聞社は伝統的に、入社前の学校教育に期待しなかった。特に専門的な教育を忌避した。記者教育は、入社後の実務を通してなされた。いわゆるＯＪＴである。

経済記者のＯＪＴは、経済部が所属する経済系の記者クラブにおいてなされた。特に専門性の高い経済記者については、取材対象にもっとも近い、記者クラブにおける教育が重視された。

記者クラブの在籍期間は、どうであったか。「一定のクラブに長くおいたほうがよいか」、それとも、ひとつの記者クラブの在籍期間を短くして、多くの記者クラブを経験させた方がよいかは、判断が分かれた。共同通信社の渡辺によれば、戦間期には、同じポストに五〜六年在籍させたが、五〇年代末になると、「三年ぐらいが普通」となった。[5]

戦後、全体的な傾向として、ひとつの記者クラブに属する期間は短くなった。なかでも経済記者は、多くの記者クラブを回るようになった。大蔵省（現・財務省）なら大蔵省、日銀なら日銀と、ひとつの官庁に深く入り込むよりも、多くの官庁や財界、あるいは企業について幅広く知ることが志向された。

五〇年代の経済記者をめぐる状況は、記者クラブの在籍期間が短くなった程度であり、後年に比べて大きな変化はなかった。

［二］　PRの興隆とパブリシティー攻勢

高度経済成長とジャーナリズム

五〇年代半ばから日本は高度成長期に入る。図3－2は日本のGDP、図3－3は総広告費の推移である。[6]高度経済成長を経て六〇年代になると、広告やPRが活発となる。それによって経済記者の状況が大きく変化した。歴史的にみれば、経済記者に固有の問題の多くは、六〇年代に端を発する。

企業広告の急増によって、「広告専門記者」の育成が望まれるようになる。読売新聞社・広告局長の深見和夫によれば、「外国では、どこの社でも広告担当の論説委員のひとりやふたりはいる」のに対し、日本の記者は「広告に関する記事を書く場合、材料をくれと広告部にいってくる」状況であった。[7]サンケイ新聞社・編集総長の岩佐直喜は、取材にあたる記者は「広告をじゅうぶん理解してかかるという角度から記事にしなければいけない」と主張した。[8]朝日新聞東京本社・広告第二部長の岡本敏雄も、「ビジネスの中にはいっていく記者の数が少ない」と、批判した。[9]新聞社内の広告の担当者からみれば、出稿記者の広告に対する意識の低さは、重大な問題であった。

新聞社の大きな収入源は、新聞読者からの購読料と、企業からの広告であった。メディア史研究者の有山輝雄が指摘したように、日本の新聞社は明治末期（一九〇六年後半）から、収入に占める広告料の割合が高まった。[10] それによって新聞社は利益主義的になり、戦後の経営者は、購読料と広告の比率の設定に頭を悩ませた。図３－４は、戦後日本の新聞業界全体における、販売収入と広告収入の比率である。[11] 販売収入と広告収入以外は捨象し、両者の合計を一〇〇％とした。

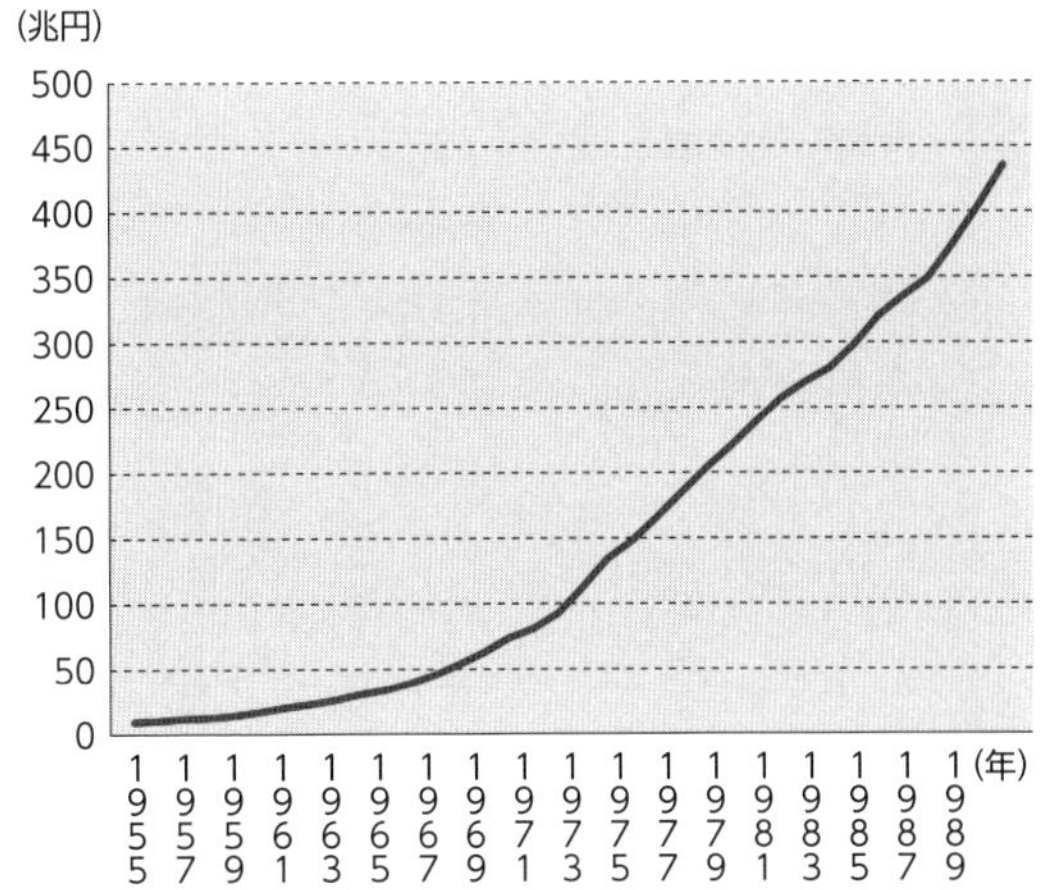

図3-2 戦後日本のGDP
（出典：内閣府『経済財政報告書』より）

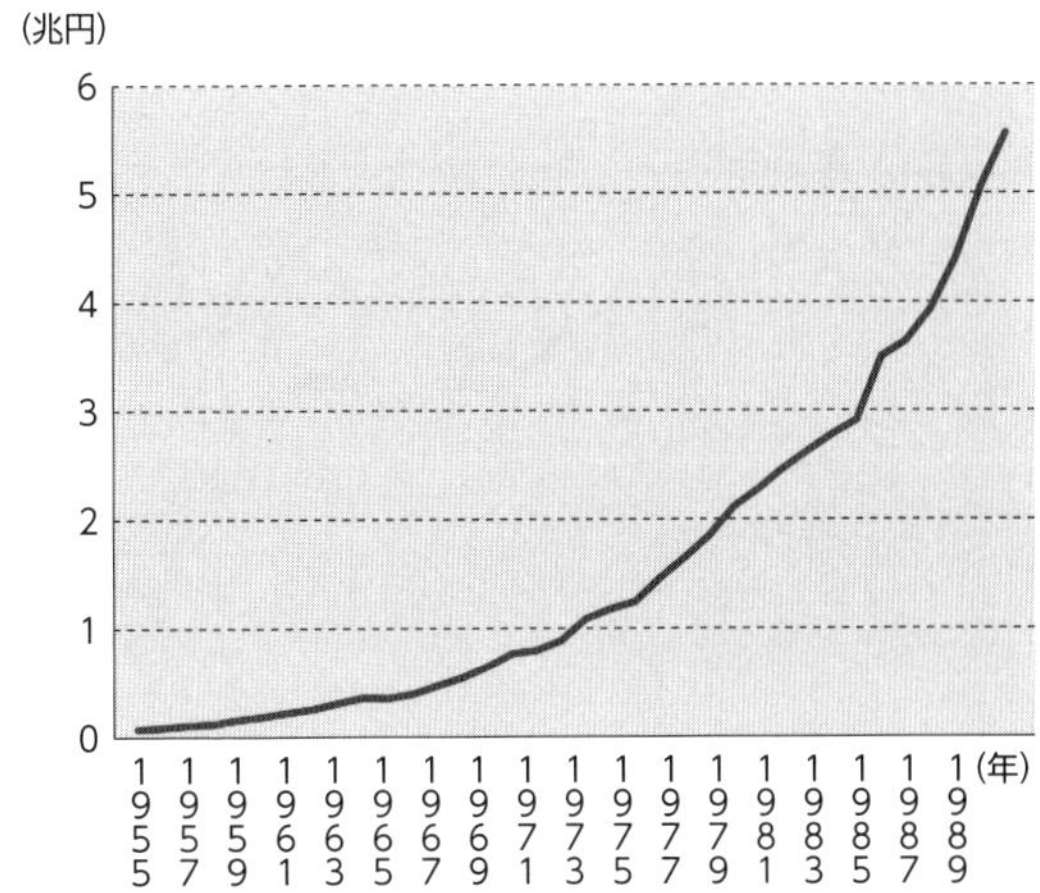

図3-3 日本の総広告費

日本の新聞社は伝統的に、購読料の方が高かった。しかしながら、高度経済成長期の六一～二年ごろに比率が逆転し、広告料の方が高くなった。日本の新聞業界は米国の新聞業界を参照してきたが、米国の広告比率は六〇％から七〇％[12]、場合によっては八〇％超と極めて高かった[13]。

五〇年代末から六〇年代前半には、過剰な販売拡張が問題視された。広告費が増加すれば、販売への依存は低下する。それらを背景に、広告の問題が急速に前景化した。

PRの興隆

広告だけでなく、PRも活発となった。広告とPRは何が異なるのか。重複する部分もあるが、当時のメディア業界における認識は、広告は従来から存在する形態であり、商品やサービスなどを潜在的な顧客に対して訴求するための手段とされた。それに対してPR（Public Relations）は、従来から広報という語はあったものの、比較的新しい概念であった[14]。PRの定義は多様であり、「組織的な広告」といった程度の曖昧な認識であった[15]。明治

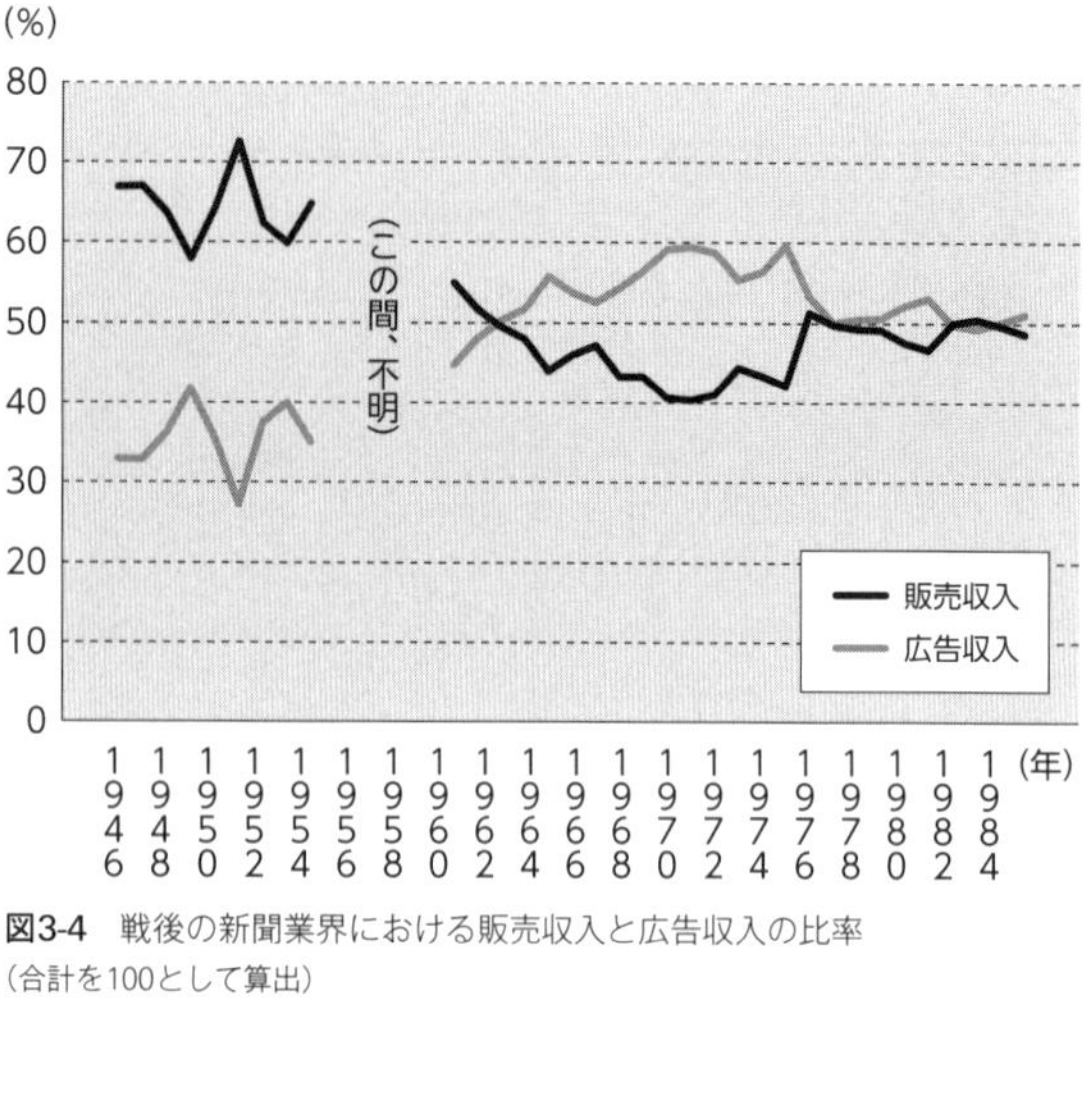

図3-4 戦後の新聞業界における販売収入と広告収入の比率
（合計を100として算出）

末期から新聞社内に広告部や広告課は存在したが、広報課などは存在しなかった。[16]

広告やPRは、広告代理店などを経由して新聞社に持ち込まれたが、広告代理店においてもPRの扱いは不明確であった。例えば、六一年に創業された電通PRセンターは、PRを専業とする会社であり、その名に「電通」と「PR」が入っている。名前から受ける印象は電通傍系のPR専業社だ。現在においてその認識は正しいが、六〇年代においては異なった。電通PRセンターは、永田久光がつくった独立系の会社であった。「電通」の名を冠してはいたが、[17]出資額は少なく、電通の支配下になかった。

同社の設立とその後の経緯からわかるのは、電通は当初、PRをそれほど重視していなかったということだ。予想に反してPRが伸長したため、電通PRセンターの存在は、電通社内で問題となっていた。主な問題は、以下の二つである。第一に、電通の名を冠しているのに実態として電通の管理下にない。第二に、PRは将来性のある領域であるのに、電通本体が積極的に関与していない。後者の方がより重大であった。電通社内では、電通PRセンターを子会社化し、本社が主導する形でPR関連の事業を拡大すべきだと主張された。

新聞というメディアにおいて、PRは、広告よりも広い概念であった。例えばコンテンツの流通をみれば、広告は基本的に広告代理店が扱い、新聞社に持ち込まれた上で内容が審査された。問題があれば一部修正されるものの、そうでなければ持ち込まれた通りに掲載された。各新聞社に考査基準はあったものの、長年扱っている広告代理店は、おおよその基準を把握しており、問題となるケースは少なかった。政治部や社会部などからの原稿の提出は、新聞業界内で「出稿」と呼ばれるが、広告の提出もそれに準じて、「出稿」あるいは「広告出稿」などと呼ばれた。

一方のPRは、出稿されたコンテンツがそのまま紙面に掲載されるとは限らなかった。PRとはPublic Relations、つまり、社会の様々なステークホルダーと良好な関係を築くことを意味し、[18]新聞を用いた関係構築の手段も、以下のように様々であった。①広告と同じように紙面のスペースを購入してコンテンツを掲載する。②自社の希望する内容を記事と同じように掲載してもらう。③自社の情報を記者などに知らせ、記者が自律的に記事を書く。①と②は広告と同じように、広告代理店やPR会社を通じて行われた。それに対して③は、各社の広報部や業界団体などが、記者に働き掛けた。働き掛けに用いられる文書資料は、パブリシティーなどと呼ばれた。

ペイドとノン・ペイド

六〇年代における広報の活発化は、広報資料であるパブリシティーの増加となって表れた。パブリシティーには、記事の掲載に際して料金が発生する「ペイド・パブリシティー」と、料金が発生しない「ノン・ペイド・パブリシティー」があった。[19]PR研究会・代表の池田喜作によれば、以前はノン・ペイドが主体であったが、六〇年代半ばになると、ペイドが急伸した。

ペイド・パブリシティーは、記事に類した形で掲載された。井關《いぜき》十二郎『廣告の仕方』（一九一五年）によれば、「初め記事広告が本文の続きに置かれて、多大の注意を惹いた」という。[20]記事と同じ形式をとった記事広告は、記事と広告の中間のような曖昧な形式であった。読者から見れば、通常の記事と紛らわしかったが、だからこそ読者の目につきやすく、広告主にとって魅力的であった。それは、スポンサーの意向から距離をとり、自律性を保っていた新聞記事に、広告の要素が紛れ込むことを意味した。六〇年代半ばにおけるペイド・パブリシティーの増加は、記事という形式を模した広告の増加であった。

背景に、六五年の広告費の大きな落ち込みがあった。西日本新聞社・広告局次長の中川二郎は、新聞の新たな媒体価値を論じるなかでパブリシティーに言及した。中川は、新聞社がパブリシティー受け入れの統一的な窓口を新たに設けることで、「広告セールスの機能の拡大」が期待できると主張した。

民間の広告が低調であることを受けて、公共広告への期待も高まった。[21] 政府などが出稿する公共広告は、客観的であるべき編集上の判断に影響を与えることが懸念された。朝日新聞東京本社・広告総務の島田四四男は、「政治には関与せず、行政ＰＲは遠慮せずにいただく。割り切っている」と述べた。[22] 神戸新聞社・取締役広告局長の長谷正行も「政治の場と行政の場」は違うとして、島田に同意した。

しかし実際には、それほど明確に割り切れるものではなかった。山形新聞社・専務取締役の村山義平によれば、例えば県の広告出稿の獲得は、「県の予算書（略）を卓上に乗せて県政記者と広告部員が今年の金の流れを見きわめる」作業から始まった。[23] 村山によれば「国の場合も同じ」であった。警察関連の場合は、「社会部記者と広告の連携」となった。

村山は戦時下において、新聞が政府の広報を無料で請け負ったことに言及し、テレビだけでなく新聞にも予算を割いて出稿すべきだと主張した。[24] 村山は、テレビなどの放送メディアとの競合がない「意見広告」の重要性を強調し、広告倫理の変更が必要だと述べた。

出た広告については社が責任の負えるものでなければならない、という広告倫理は、当然修正されなければならない。広告はあくまでも広告主の責任だという法的判定を限度として、道義論は捨てるのである。アンプル入りのカゼ薬が発売禁止になっても、その広告を出した新聞社で「不明のいたすところ、まことに申しわけなかった」と謝罪した新聞は一紙もなかったのではないのか。道義論はすでに捨てられているのである。(略)政党にしても宗教にしても、公平不公平が問題になるのはニュース面でのことだから、広告としてはスペース・セールスとして割り切ってしまうことである。[25]

販売収入と広告収入は、新聞社の大きな収入であった。ともに景気の影響を受けたが、販売収入よりも広告収入の方が、景気の影響が鋭敏に表れた。[26] 六五年の広告費の落ち込みを契機に、広告と広報に対する新聞社の向き合い方が変化したが、それは取材先の広報活動の活発化と表裏一体であった。

「足で書かなくてもこと足りる」

PR研究会の池田喜作によれば、スポンサー側がパブリシティーで一番力を入れているのは、新製品などに関する「プロダクト・パブリシティー」であった。[27] プロダクト・パブリシティーの配布は、経済部が所属する記者クラブに集中した。記者クラブにおけるパブリシティーの配布について池田喜作は、次のように述べた。

> パブリシティーを、うまくさばいてゆけば、新聞記者は足で書かなくてもこと足りることになる。むしろ、パブリシティー素材のなかから、媒体にふさわしいニュースを引き出せる(略)力をもった記者たちが、重視されるようになるだろう。[28]

記者が情報を入手する経路は様々であった。外部から情報がもたらされる場合もあったが、基本的には自らがニュースソースに接近した。しかしながら、パブリシティーの増加によって外部から自動的に情報がもたらされるようになると、記者が自ら動く必要性が低下した。池田喜作は、そのような受け身の姿勢を揶揄あるいは非難したのではなく、むしろ新しい記者像として積極的に評価した。池田喜作は続けて、スポンサーは「いままで広告の機能を開発したと同じ意味で、パブリシティーの機能と効用を研究し、開発するだろう」と予測した。同時に、新聞をはじめとしたメディア側も、パブリシティーについて研究する必要があると主張した。

池田喜作の主張に対して、記者らは強く反発した。サンケイ新聞社・広告管理部長の池田諒は、広告部に属する自身の立場は池田喜作に近いとした上で、同氏の記事を「あれはひどい。『新聞研究』がよく掲載したものだ」と述べた。[29] 日本経済新聞社・工業部の島矢志郎は池田喜作の主張に対して、先行する米国の状況を日本に「あてはめて」いるだけだと批判した。島矢は、日本の新聞社には「優秀な記者と編集者がたくさんいるため、なにもパブリシティーに全面的にたよらなくてもじゅうぶん取材できる」として、池田喜作の予測を否定した。[30] パブリシティーという情報を、池田喜作は評価したが、新聞関係者は評価しなかった。

そもそも新聞紙面における広告は、たびたび批判に晒された。特に知識人や読者は強く批判した。[31] パブリシティーも批判の対象となり、時に広告以上に問題となった。問題性は、パブリシティーと広告の違いから生じた。

既述のように、紙面の一部を買い取る広告は、基本的にはスポンサーの意向通りに掲載された。それに対してパブリシティーは、メディア側のフィルターを通して掲載され、内容あるいは掲載箇所ともに、必ずしもスポンサーが要望する通りではなかった。新聞読者からみれば、広告は明らかに記事との区別が可能であったが、パブリシティーを基にした記事は区別が困難であった。記者が自律的・独立的に取材して執筆した記事なのか、否か。記者が受動的に執筆した場合、相当のバイアスが存在する可能性がある。バイアスの可能性と、その可能性を読者が識別できないという点において、パブリシティーを基にした記事は問題性を有していた。

しかし企業の側からすれば、一般の記事のなかに混在しているからこそ、広告と異なる宣伝上の価値があった。コストの面においても、パブリシティーの方が有利であった。パブリシティーには料金が発生する「ペイド」と発生しない「ノン・ペイド」があったが、ペイドであっても基本的に広告より安く、ノン・ペイドに至っては無料であった。

広報における広告の利用

メディアの側には、パブリシティーという形ではなく、あくまで広告として広報活動をすべきだと主張する者もいた。広告と同じように紙面上のスペースを買い、広報的な内容を掲載すべきだとの主張であった。朝日新聞社・業務局次長兼広告第一部長の岡本敏雄は、官公庁は「ニュース面で書いてくれる」のを期待しているのだろうが、紙面スペースを買った上で「自ら選択した過不足のない表現によって」伝えるべきだと主張した。[32]

岡本は新聞社の姿勢についても、「政治的な広報活動を新聞広告から締め出している」と批判した。[33]岡本にとって広告と広報は、形式の上で同一であった。岡本は広告掲載の規制を緩和し、門戸を広げることを主張した。言い換えると、広告から締め出された案件が、「ペイド」の形で記事に流入していた。

六〇年代、広告費の増大によって、新聞各紙の広告掲載率、つまり新聞紙面上に占める広告の割合は高まった。日本経済新聞社・広告局長の山崎武敏は、「広告掲載率の高い新聞は五〇パーセント近くに達している。少ないところでも三〇パーセントは上回っている。この広告掲載率は歴史的にみて増大傾向にある」と述べた。[34]広告の増大によって、紙面の頁数も増加した。六五年に落ち込んだ広告費であったが、六〇年代後半には早々に回復した。

西日本新聞社・専務取締役の具島勘三郎は、景気を鋭敏に反映する広告費への「依存」を危険視し、あくまで販売収入を軸にすべきだと主張した。[35]東奥日報社・社長の楠美隆之進も、具島に同意した。広告出稿は、紙面に掲載することができないほどに潤沢であった。むしろ、受注した広告を掲載するために、頁数を増加させているのが実態であった。企業を中心とした広告出稿は、さらなる増加が見込まれた。神戸新聞社・副社長の光田顕司は、「長期的に考えれば、日本でも総収入の六割から七割は広告に仰ぐという新聞経営のパターンになる」と予測した。[36]そのような状況にあっては、官公庁の広告を紙面から「締め出し」ても、経営上の問題はほとんどなかった。

広報の問題は、編集上の問題でもあった。既述のように、記事や取材の自律性や独立性の問題と関係した。広報として問題がなかったとしても、報道あるいはジャーナリズムとしてみれば一定程度の問題性を有していた。

〔三〕 記者クラブ問題の前景化

取材か親睦か

パブリシティーが主に配布された場所は、記者クラブであった。六〇年代半ば、記者クラブは親睦団体とされた。新聞協会や新聞各社は後年、記者クラブは取材の拠点であると認めることになるが、六〇年代における見解は、あくまで各社の記者が親睦を図る場であった。

そのような認識を疑問視する声もあった。『新聞研究』六五年四月号では、「記者クラブ問題の焦点――その制度と運営」と題した特集が組まれた。記者クラブを論じる際に「建て前論は意味がない」として、活発な議論が展開された。[37]同特集では、記者クラブが「取材の足だまり」となっている実態を鑑み、むしろ積極的に取材拠点として認めるべきだと主張された。

記者クラブが親睦団体であるとの主張は、新聞業界内では「実態から離れた議論」と認識されていた。[38]同月号の『新聞研究』では、座談会「記者クラブを語る」が開かれた。同座談会では、「社の幹部は、クラブを取材優先の場として考えているのが、現実」との発言もみられた。親睦という目的は実質上、否定された。[39]

記者にとっての記者クラブは、能動的な取材の場なのか、それとも情報提供を受ける受動的な場なのか。読売新聞社・政治部の酒井幸雄は、次のように述べた。

お役所からのPRを受け身で待つという形式はないわけです。むしろ政府はわれわれの会見での質問を逃げたがる、というのが最近の一般的傾向です。現実には、クラブ側によって向こうはいやいやながら問題点を引っぱり出されている、ということじゃないですか。[40]

酒井によれば、記者クラブにおける記者の取材姿勢は、受動的ではなく、積極的に厳しい質問を投げかけ、

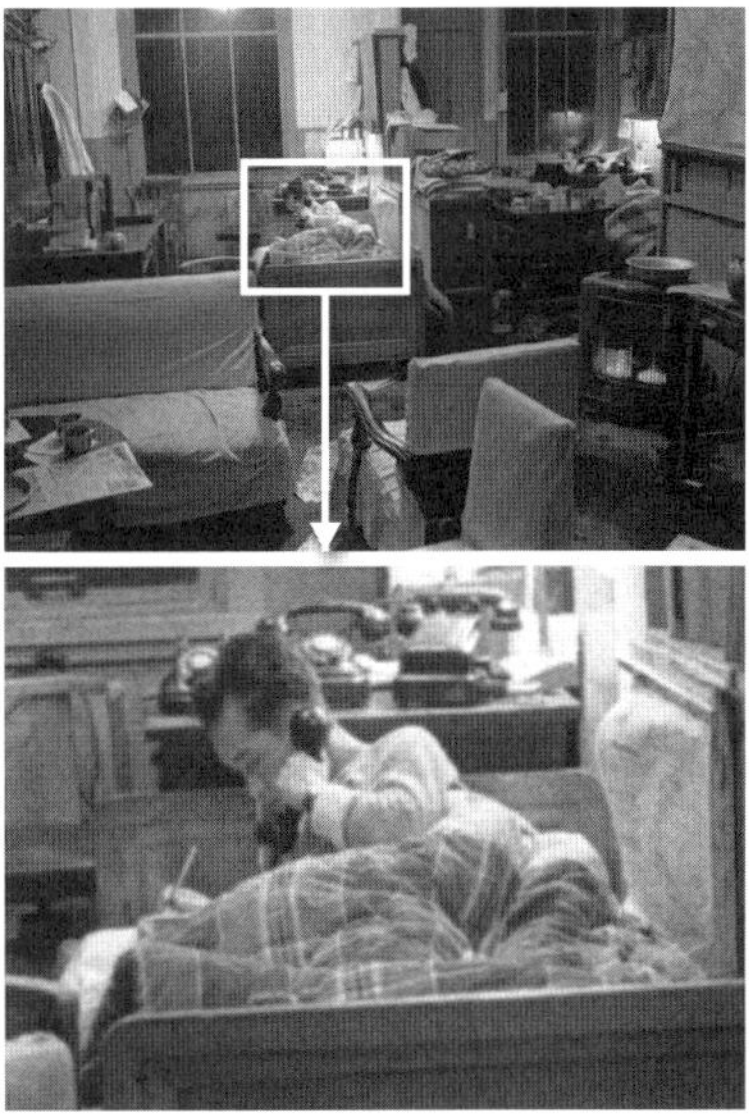

図3-5　新聞、通信社の記者が詰める警視庁の記者クラブ。宿直の記者は電話機のそばにあるソファーで仮眠を取る（1953年）　（毎日新聞社提供）

ニュースソース側が提供を嫌がるような情報を引き出した。毎日新聞社・社会部の道村博も、酒井の主張に同意した。

会見はぼくらにとってはたいせつな場所なんです。捜査の過程などはだいたい当局はしゃべりたがらないものです。そこをいろいろ質問して、食いさがりながら取材するわけです。場合によっては課長や部長の表情やちょっと漏らしたことばの端から、事件の進展を推察しなければならないときもある。[41]

記者クラブにおける取材は、口頭だけに留まらなかった。道村によれば、ニュースソース側のノンバーバル、つまり話した内容以外の、例えば表情などにも、記者は注意を注いだ。政治記者と社会部記者の主張によれば、記者は記者会見において厳しい質問をし、それによって問題をあぶり出し、時に表情の変化などから判断した。その言に従えば、記者クラブは一定程度、積極的な取材の場として機能していた。

日本の記者クラブは、基本的に加盟社しか参加が許されない排他的な組織であった。アメリカの「プレス・ルーム（記者室）」のような開放が一部で主張された。[42]『新聞研究』の新聞取材研究会も、記者クラブが現状のまま存置されることを危惧し、プレス・ルーム化を主張した。一方で同会は、続けて次のように述べた。

現在の段階で一足飛びにプレス・ルーム化することは記者クラブが持つ利点を失い、またその伝統を無視するなどの理由で反対が多いと思う。[43]

戦中の日本新聞連盟は、統制機関的な側面を有し、加盟社に対して強い影響力を有していた。一方、戦後に発足した日本新聞協会は、新聞各社の意見を集約し、業界団体として働き掛ける存在であった。そのような性格上、加盟社の反対が予想されるプレス・ルーム化は、業界として強く主張することはできなかったようだ。

歴史的にみれば、記者クラブは一定程度の改善がなされたものの、新聞取材研究会の予想から五〇年以上を経た現在に至るまで、基本的な構造は変更されていない。同会の予測に即していえば、結果的に「利点」が重視されたといえる。

記者クラブの問題は、パブリシティーへの依存や閉鎖的体質だけではなかった。記者が取材対象と興味関心を同じくするなども問題となった。そもそも記者クラブの数が多過ぎた。官公庁は「専属の記者クラブを持てばなにかハクがつくとでも考えて、やたらに記者クラブをつくりたがる」傾向にあった。[44]記者クラブの数を減らすべきだと主張されたが、記者クラブの整理や廃止は進まなかった。

広報の興隆を背景に重要性が高まった記者クラブは、取材の拠点として一定程度のメリットを有する一方で、多くの問題を有していた。

〔四〕　官公庁の広報担当者にとっての記者クラブ

民間に先んじる官公庁の広報

広報に対する意識の高まりは、企業だけではなかった。官公庁も、広報やパブリシティーを強く意識するようになった。自治省・官房文書広報課課長補佐の加藤富子は、今後の方針として、「新聞紙面購入」と「パブリシティー活動」の二つを示した。[45] 紙面購入のメリットとして、広報紙の発行よりもコストが低いことを挙げ、広報誌を廃止にした事例に言及した。

紙面購入は低コストとはいえ、紙面の購入費やコンテンツの制作費を伴った。加藤によれば、「地方財政の窮乏化」によって、購入費の捻出が困難となり、官公庁は、より費用の少ないパブリシティーへと軸足を移した。[46] 官公庁の広報・宣伝活動においてはコスト重視の傾向が強まっていたが、もっとも低コストなのは言うまでもなく、無料のノン・ペイド・パブリシティーであった。

記者の取材対象である官公庁は、記者クラブをどのように認識していたのか。文部省・大臣官房広報主任官の真明倶雄は、記者クラブは「ニュースの統制機関として強力な力をもっている」と認識していた。[47] 真明は、記者クラブに常駐するクラブ記者について、次のように述べた。

いちばん困るのは、記者クラブの意志が統一されていないときです。わたしどもは幹事さんを通して話し合うんですが、どうも幹事さんの思うように意思統一ができない。（略）そういった点が、わたしどもにとってはたいへん困ることになるんです。[48]

記者クラブ加盟社の足並みが揃わないことに、官公庁の広報担当者は頭を悩ませた。裏返せば、足並みが揃うことを望んだ。取材は、各社が各様の意思のもとに行うのではなく、単一の意思のもとでなされるのが理想であった。意思の統一が図られていれば、広報担当者は幹事社とのみ話をすればよかった。意思統一の有無は、官公庁にとって極めて重要であった。

意思が統一されない要因は何か。官公庁の広報担当者は一因として、「知識の不ぞろい」を挙げた。記者が特定の記者クラブに在籍する期間が短くなり、それによって当局に対する理解が不足し、結果として「クラブの中の知識の不ぞろい」が生じた。[49] 記者の側に、当局に対する理解が十分にあれば、記者クラブ内の意思統一も容易となり、当局の広報担当者が困るような状況は生まれにくいと認識されていた。

官公庁の広報担当者は、記者クラブは記者の養成機関として好適だと認識していた。外務省・情報文化局報道課長の橘正忠は、次のように述べた。

> 解説を強く打ち出せる大記者養成には、記者クラブは、本来なかなかいい制度だ、とぼくは思います。深みのある記事は、クラブがなくちゃ、なかなかむずかしい。(略)書かない出先に対して、デスクからなぜ書かなかったのかといってくる。われわれからみれば、書かなかった記者のほうが見識があったのだ、と思えるケースが、ままある。[50]

橘が述べる「見識」がどのような見識であるかは不明であるが、先の言からすると、見識のなさとは、取材対象である官公庁に対する無理解といえた。大記者は専門記者と言い換えられるが、専門記者の高い専門性は、当局という組織に対する理解に立脚すると認識されていた。

[五] 高いエリート性と弊害

「おとなしい。マジメ人間」

『新聞研究』の新聞取材研究会は六六年四月から、「取材の研究」という論考を連載した。[51] 第一七回のテーマは「経済記者」であった。本項では、同論考における経済記者の「不満」に着目する。

専門性の高い経済記事は、一般の読者だけでなく、新聞業界内でも読まれない傾向にあった。新聞取材研究会は、「編集局首脳で、経済面を丹念に読んでいる人は、まずいないとみて差しつかえあるまい」と述べた。[52]

経済記事が読まれない理由として、以下の三つが挙げられた。第一に「数字が多い」、第二に「経済用語が難解」、第三に「常識だけでは理解しにくい」である。新聞記者は文系出身者が多く、それゆえに「数字が苦手」と認識されていた。

それらは経済記者の不満に繋がった。経済記者の間では、「自分の書いた原稿が編集局の経済部以外の人たちから正しく評価されない」などの「慢性的な不平不満」が広がっていた。[53] そもそも経済記事は読まれていないのだから、評価されないのは当然といえた。

経済部以外から評価されないにもかかわらず、経済記者には強いエリート意識があった。同研究会によれば、経済部の記者は「社会部、政治部の記者と比べて、総体的におとなしい。マジメ人間ぞろい」であった。[54] そのような特徴は、「エリートという立ち場から導き出せる」とされた。[55] 経済記者の源流は、政治記者と同じ、大新聞の大記者であった。出自という点で、経済記者は政治記者と同じであった。経済という専門性の高い領域を扱うことも、経済記者の強い自負に繋がった。

経済記者のエリート意識や専門家意識は、経済記者の取材や執筆の態度に、どのような影響を及ぼしたのか。ひとつはパブリシティー、いわゆる「発表もの」に対する意識が他の記者と異なった。

経済部記者の場合、この発表ものの意味が社会、政治部あたりとは、ちょっとちがう。というのは、経済部記事は、発表されたデータをもとに原稿を書いても、書き手の能力、経済部記者としての蓄積によって、はっきり優劣がでる。そして、その優劣が経済部記者の評価の大きな基準になっている。だから、経済部内では「原稿は足で書くより頭で書け」とさえいわれている、つきつめていえば、発表ものに対する警戒心が少ない。[56]

記者クラブに対する認識も、他の記者と異なった。経済部記者は、「その特殊な専門的立ち場からクラブを、原稿を書くためのデータをもらう仕事場と頭から信じ込んで」いたという。経済記者は、記者クラブやそこで提供される情報に対してナイーブであり、批判性が低いと指摘された。

経済記者の担当する取材対象が広いのも、弊害のひとつであった。新聞取材研究会は、経済記者を取り巻く状況について次のように述べた。

経済部記者には、金融なり証券なりをスタートに経済官庁、業界別団体の記者クラブをまわりながら、経済知識を吸収して一人前に成長するわけだが、ここで問題は、担当すべき分野が多すぎるということだ。[57]

ひとつのポストを担当する期間が短い理由について、同研究会は二つの理由を挙げた。ひとつは、「記者が取材対象に傾斜しすぎる可能性」であった。もうひとつは、「一つのポストに二年以上いると主要なポストをまわり切らないうちにデスク年齢に達する」である。新聞社のサラリーマンである経済記者がよりよい待遇を得るには、社内におけるキャリアの階梯《かいてい》を登る必要があった。具体的には、出先でキャップなどを務めた後、[58]内勤のデスクに昇進する必要があった。デスクになるのは各社ともに四〇歳前後であったため、「五つか六つのポストを回るだけで」現場経験は終了となった。[59]そのような状況を続けていれば、専門性の高い記者が生まれるはずはないと、新聞取材研究会は結論づけた。

新聞社に属するサラリーマンであった経済記者は、デスクを経験するのが昇進の条件である限り、それに抗うのは難しく、上司も部下の昇進を考えればデスクにすることを優先する必要があった。

第二節 PRのさらなる興隆（一九七〇年代）

〔一〕 記者クラブとPR

広報という沃野

一九七〇年代に入って、PR活動はより活発化する。PRという領域は、予算の集計が難しいためか、総額の推移は不明である。[60] PRの興隆は広告の興隆と並行して生じた。根底には日本の経済成長があった。

一二五頁の図3－3に示したように、日本の広告費の総額は、六〇年が約一六〇〇億円、七〇年が約七三〇〇億円、八〇年が約二兆円と、戦後一貫して伸長した。特に七三年度の伸びは凄まじく、総理府広報室の新聞広告予算は、前年比二二九％と、二倍以上に伸長した。[61] 七二年には、広告代理店の電通が、東京本社に第九連絡局を新設した。設置の目的は、「官公庁・諸団体の広報業務の活発化に伴い、これら諸機関からの要請に対応する」ことであった。[62]

七三年前後には「広告税」の導入が検討された。[63] 新聞業界の猛反発によって、広告税は見送られたが、同税の導入は政府側からの揺さぶりともとれる。

七五年、新聞協会は「経営見通し」のアンケートを実施した。「広告セールス重点分野」について、「全国広告」の一位は「広報・公共広告」であった。[64] 企業広告よりも伸びが期待できる広報や公共広告関連に、新聞経営者の期待は集まった。

レクチャーに忙殺される経済記者

経済記者の取材領域において、パブリシティーはさらに増加した。記者クラブに押し寄せる「発表もの」は、海外のように通信社に任せる案などもあったが、見直されることはなかった。[65]

七〇年前後の記者クラブ周辺で、「レクチャー」と呼ばれる取材形式が生まれた。レクチャーとは、当局による記者への説明会であった。七〇年前後にレクチャーは急増し、記者の間では、レクチャーに忙殺される「レク殺」という言葉も生まれている。[66] 取材は批判的に行われるべきであったが、時間的余裕を失うなか、経済記者の批判性は低下した。通産省虎ノ門クラブに所属する毎日新聞社・経済部の斎藤裕によれば、「記者クラブを通じての役所側の発表をそのままウのみにしていることがきわめて多い」のが実態であった。[67]

なかでも横並び体質は問題であった。スクープを重視する一方で、一社だけ報じない「特オチ」を恐れるなどの心理が働き、結果的に、横並びで画一的な記事を書くようになった。朝日新聞西部本社・編成局次長の伊藤牧夫は、次のように述べた。

> スクープをすれば、ニュースソースとおぼしき役人に他社の記者が抗議をし、あるいはまた何らかのケチをつけられてクラブ除名の処分を受けかねない。つまらぬトラブルは起こしたくないと遠慮しているうちに、いつしかクラブは官庁PRの御用機関と化し、記者のサラリーマ

ン化の城となってしまう。[68]

「御用機関」化によって、報道のタイミングを横並びで自粛するなどのクラブ協定も増加した。クラブ協定について伊藤は、「きわめて例外的なケースに限定しなければならない」と述べた。[69]一方で、記者クラブの問題は、個人に帰する面もあった。伊藤は、原点回帰を主張した。

クラブ詰めの記者がクラブに安住せずに歩き回り、あるいは新しい取材領域を求めて開拓していくことが、今日何にもまして重要なことである。（略）このさい新聞記者は、足で書くというわれわれの先輩が金科玉条としてきた記者活動の基本に立ちかえることが、いっそう必要となってきている。[70]

伊藤の主張は、端的にいえば、現場主義であった。現場主義をもっとも徹底していたのは、社会部であった。次項でみるように、社会部と経済部の差異は大きな問題を生むことになる。

〔二〕　記者クラブにおける経済記者と社会部記者

社会部記者を警戒する経済記者

七〇年頃、通産省大臣官房が作成したガリ版刷りの部外秘パンフレット『広報雑記帖』が、記者の間で話題となった。[71]『新聞研究』誌上における座談会「官庁・企業の広報活動と新聞」で司会を務めた成城大学・助教授の山中正剛は、「これからは経済部記者ではなくて社会部記者が相手だ、たいへんだぞという感じが、広報サイドにあった」と述べている。[72]既述のように、社会部記者は「紅衛兵」などと、政治記者や政治家に揶揄されたが、経済記者も同様に揶揄する立場にあった。

経済記者の書く記事は、広報側に親和性が高かった。それに対して社会部記者の書く記事は、広報側に批判的であった。相互に矛盾する記事が、「分裂した」状態で紙面に掲載された。社会部は取材対象を遠慮なく批判するが、一方の経済記者には遠慮があった。朝日新聞社・編集委員の岡並木は、経済記者の性向について、次のように述べた。

> 一番自戒しなければならないのはやはり情が通うというか、ニュースソースとなんとなく親しさが沸いてくる。（略）おそろしいのは、自分は客観的に書いたつもりでも、結果的にそれが企業サイドになっていたということ。そういうことのほうが大部分じゃないか。[73]

ニュースソースは人であり、経済記者もまた人であった。ひとつの記者クラブに通えば、自ずと何度も顔を合わすことになる。心理学では単純接触効果（ザイオンス効果）などというが、二年程度の期間であっても「接触」を繰り返すうち、取材対象寄りのバイアスが記者に生じた。

七四年二月号の『新聞研究』では、「記者クラブの実態と広報」が特集された。日本経済新聞社・取締役編集局長で日本新聞協会編集委員会・代表幹事の新井明は、「官公庁の公表ものを追うのに精一杯になって自主取材が少な過ぎる」と批判した。[74] 記者クラブの「閉鎖性」も問題となった。記者クラブは加盟社以外の参加を拒否し続け、オフレコや「協定」を頻発した。[75]

既述の『広報雑記帖』は、記者と広報の関係を検討する上でたびたび話題にのぼった。『新聞研究』主催のシンポジウム「いま新聞記者は――取材・報道活動の現状」における登壇者らの発言を二つ紹介しよう。

特に『社会部記者への対応の仕方』が中心テーマになっていた。それが民間に出回って、数年前から各企業に新聞記者対策をねらいとする広報課ができた。企業側では、広報課を通さないと取材させないという体制をつくった。[76]

通産省のクラブでも、社会部記者に対するときと、経済部記者に対するときと、役所側のものの言い方にちがいがあると聞いている。(略)社会部の取材対象が広がったということが、企業側などの広報体制強化とつながっている。[77]

経済記者と社会部記者では、ニュースソースへの対峙の仕方が異なった。経済記者は、記者クラブを離れた後も、ニュースソースと関係が継続する可能性が高かった。それに対して社会部記者は、基本的には特定のイシュー(問題)だけの関係であった。[78] 経済記者と異なり、社会部記者は総じてニュースソースに対して遠慮がなかった。

官公庁の広報担当者は社会部記者を警戒したが、同様の姿勢は、一般企業にも見られた。官公庁や企業における広報体制強化の契機は社会部記者との接触であった。広報体制の強化によって、社会部記者への警戒は厳しさを増した。

「現場」の有無

経済部と社会部の違いは、何に起因するのか。同シンポジウムの登壇者は、次のように指摘した。

社会部には、極端に言うと、たとえば交通事故現場というような、写真に撮れる具象的な『現場』がある。(略)しかし、政治、経済という硬派には、それがない。(略)結局、硬派の対象は『人』なんですよ。[79]

政治部や経済部などの硬派にとって、ニュースソースは人であった。それに対して、主に事件や犯罪を扱う社会部には、現場というニュースソースがあった。

両派の違いは、取材される側にも影響を及ぼした。例えば、通産省では、硬派と軟派はかつて同じ記者クラブの部屋にいたが、その後、当局によって分けられた。[80] 硬派と軟派が同じ部屋にいるのは、取材される側にとって都合が悪かった。既述のように、硬派は官僚と親和性が高く、軟派は批判的であったからだ。

所属する記者クラブという空間によって、記者の性格は異なった。一つの記者クラブに対して一社から複数の記者が所属するのが一般的であったが、相対的に重要度の低い小さな記者クラブの場合、一社からの所属記者は一名である場合が多かった。そのような記者クラブは、新聞業界内で「一人クラブ」などと呼ばれた。カバーする記者クラブが他部よりも多い経済部は、高度成長期にさらに記者クラブが増加し、カバーする記者クラブの多くが「一人クラブ」となっていた。

それによって、経済部における他社の記者との関係は、お互いに教え合う「相互教育」的となった。[81]同じ社から複数の記者が所属していれば、社の先輩と後輩とのコミュニケーションが中心となるが、一人となったことで、他社の経済記者とのコミュニケーションが増加し、社を超えた「先輩・後輩」の関係が生まれた。

デスクとの関係も、経済部と社会部では異なった。社会部では記事の出稿をめぐって、出先の記者とデスクが緊張関係に陥ることがあった。出先の記者が早めの出稿を望むのに対してデスクが慎重であったり、反対に、出先の記者が慎重であるのに対してデスクが出稿を促したりすれば緊張が生じた。出先は出先で、他社と競争関係にあり、デスクはデスクで競争関係にあった。デスクの競争は、他社とだけでなく、同じ社のデスク間でも生じた。他部のデスクに勝つには、自身の所属する部から、ニュース価値の高い原稿を、できるだけ速やかに提出する必要があった

経済部ではデスクと出先の記者が緊張関係に陥ることは少なかった。経済記事では「判断と見通し」が重視され、デスクと出先の記者は討論を繰り返すことが多かった。経済部におけるデスクと出先の記者の関係は「緊密」であった。

新聞記者の間では、社会部と経済部の違いは、取材対象が異なることから来るとされた。[82]事件や

事故を中心に扱う社会部では、特ダネを巡って一刻を争うスクープ合戦が行われ、種や情報の漏洩に十分留意する必要があった。それに対して経済部では、他社に先駆けて情報を得る可能性は低く、読者の関心も低かった。それによって他社との競争性は低かった。

経済記者に特有の取材姿勢は、ニュースソースや記者クラブの性格が他の記者と異なることから生じ、その結果、広報担当者や記者クラブあるいはパブリシティーに対して親和的となった。

第三節　広報という名の情報管理（一九八〇年代～二〇〇〇年代前半）

［一］「攻めの広報」

情報管理の巧妙化

一九八〇年代以降も、日本経済は成長を続けた。図3－6は、八〇年以降の日本のGDPの変化である。[83] 図3－7は、日本のGDPに占める広告費の比率の変化である。広告費はGDPに比例する傾向を有するが、米国の場合はGDPの二%[84]、日本の場合はGDPの一%が[85]、おおよその総広告費であった。GDPの伸長は続き、したがって広告費も増え続けた。広告やPRのさらなる興隆によって、記者クラブや広報活動を通じた官公庁や企業の情報管理は、より巧妙化していく。

毎日新聞東京本社・社会部の前野和久は、官庁や企業の広報の変化について、「情報化社会と言わ

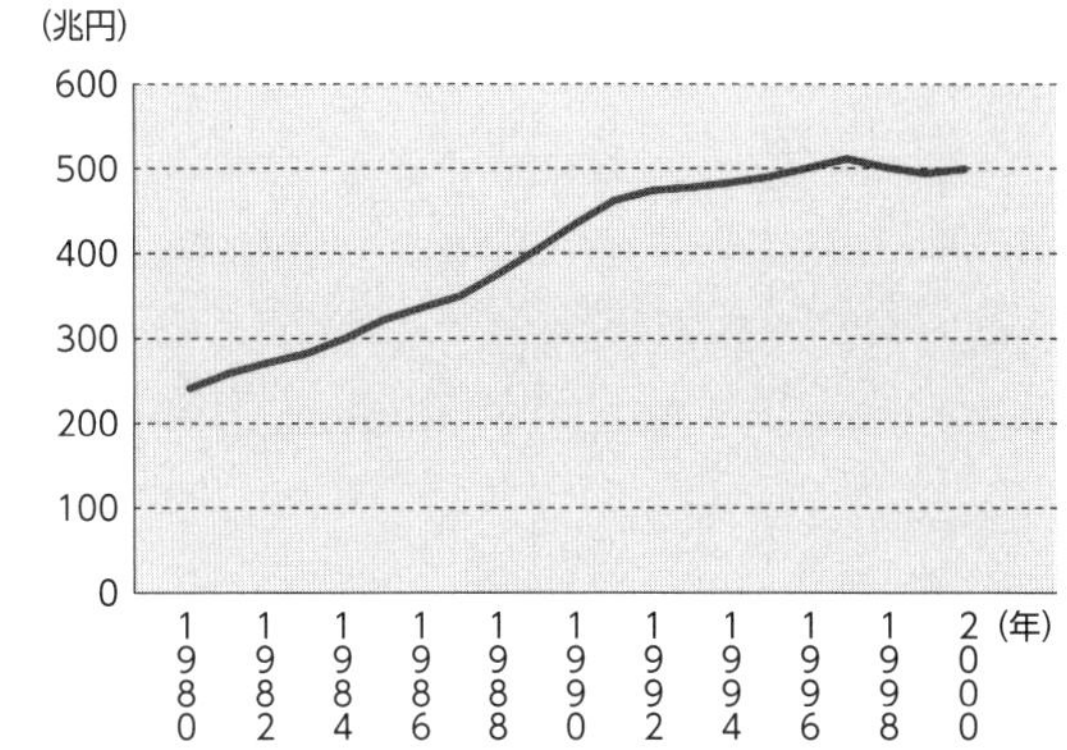

図3-6 戦後日本のGDP(1980年代～2000年代)
(出典:内閣府『経済財政報告書』より筆者作成)

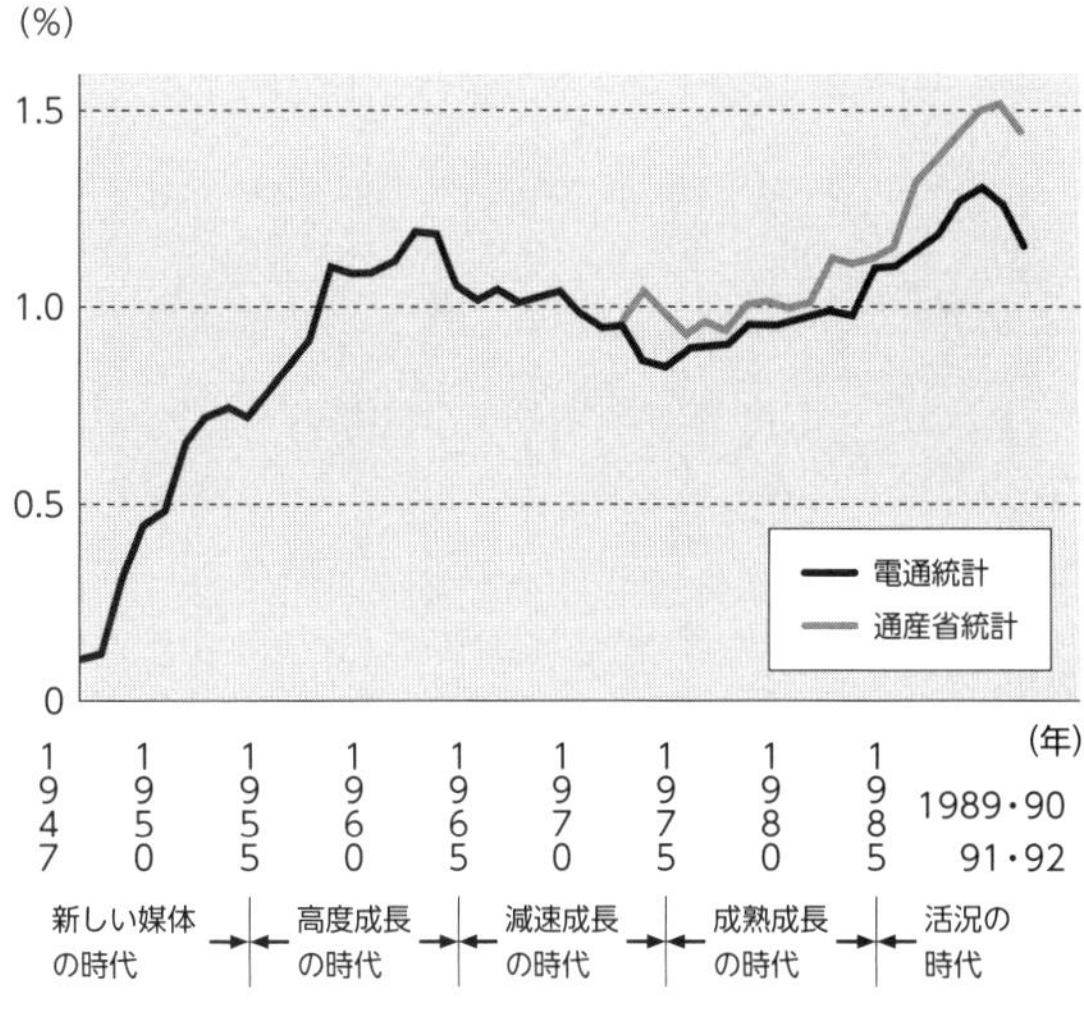

図3-7 国民総生産に対する日本の広告費の比率
(出典:増田隆昭「「サービス経済化」と広告動向」『広告科学』第29集、1994年7月、126頁)

れ出した、ここ十年ほど前から、一段と激しく」なったと指摘した。[86] 前野によれば、企業などに先んじて、官公庁などの広報体制の強化が目立ったという。七〇年頃に発行された『広報雑記帖』を契機に、七〇年代から八〇年代にかけての広報の巧妙化は、官が民を主導する形で進んだ。

ＰＲ活動の巧妙化に伴い、広報担当者の人事上の待遇に変化が生じた。朝日新聞東京本社・経済部次長の高橋文利によれば、企業の広報担当者は、かつては「窓際族」として冷遇された。ところが八〇年代に入ると、広報担当は「エリートコースだと自他ともに認める企業が多くなった」という。[87]

企業の広報担当者のエリート化に先んじて、官庁の広報担当者のエリート化があった。なかでも広報機能を重視した経済官庁が、広報担当にエリートを登用するようになった。広報の重視は、官公庁が企業に先行したが、広報担当者の地位の上昇も、官公庁が企業に先行した。

高橋は、広報の質の変化にも言及した。高橋によれば、企業は「広報の重要性に気づき、防衛的な意味だけでなく積極的に新聞の理解を求める方向に素早く変わった」という。[88] 広報担当者の地位の向上の背景に、「攻めの広報」への変身があった。

ニュースソースの人事は変化した。一方の取材する新聞社の側の人事に変化はあったのか。広報担当者がエリート化したのと同時期の八〇年代、新聞社において人事異動が盛んになった。毎日新聞東京本社・編集局次長の新実慎八によれば、同社の経済部では、「社会部から事件記者を取ったり、運動部から取ったり、政治部と交流したり、こんどは生活家庭部に経済部から人を出したり」と、人事交流が盛んになっていた。目的は「取材の多角化」であった。[89] 取材対象や取材方法が多様になるとともに、多角的な取材や記事が求められるようになり、新聞社は人事交流によってそれらに対処しようとした。人事交流は、記者教育の機能を有した。

情報化社会の到来によって、新聞社が扱う情報量は増大したが、情報を扱う記者の数に大きな変化はなかった。朝日新聞東京本社・政治部の佐野洋司によれば、「情報量が圧倒的に多くなっている半面、記者の人数はほとんど横バイ」であり、以前よりも多忙となった。[90] 情報量の増加に対応するため部署間の人事交流が進んだが、人数が増えたわけではなく、実際上は記者のゼネラリスト化が進んだ。

ゼネラリスト化は、記者の質にどのような影響を与えたのか。朝日新聞の佐野によれば、「食らいついて相手の懐に入り、何か取ってくるというタイプの記者が、昔に比べれば減ってきているのかもしれません」と指摘した。[91] あらゆることをこなす一方で、ひとつのコトに集中的に取り組む姿勢が低下した。

広報を行う、すなわち取材を受ける側に比べて、取材する新聞社の側の人事的な手当ては遅れていた。経済記者だけでなく、新聞記者は総じて、広報との向き合いに苦慮した。毎日新聞東京本社・政治部の田中良太は、次のように述べた。

> 高度成長時代には、公害問題をめぐって新聞が大きな役割を果たしました。しかし現在、政府のペースと異なるキャンペーンの素材があるかというと、ほとんどないような気がするんです。（略）新聞が官庁発表にリードされているとすれば、新聞全体が国に対抗する争点をつくれないことに、その原因があるのではないか。[92]

記者クラブなどを通じて情報を提供する側は、広報重視の姿勢を強め続け、優位に立った。それに対して経済記者は、情報爆発のなかで疲弊しつつ、専門性を高めるのではなくゼネラリスト化していった。新聞や記者が有する、社会的な争点を設定する機能は低下しつつあった。

［二］　複雑化する経済と経済記事

デスクの理解を超えた複雑化

急拡大した日本経済は、バブル経済の崩壊によって急速に萎《しぼ》んだ。日本経済はバブル期を経て大きく多様化し、結果として、経済記事の専門性がより高まった。専門性が高まったことで、再び経済記事の難解さが前景化した。産経新聞東京本社・経済部の佐野領は、専門性の高い経済記事は、経済部のデスクでさえ理解できないことがあると指摘した[93]。

新聞記者の原稿が紙面に掲載される最初のゲートキーパーは、各部のデスクであった。出先の記者は、まずデスクというゲートをくぐり抜ける必要があり、そのため、まずデスクに理解してもらわなければならなかった。しかしながらデスクは、現場を離れて数年が経過しており、経験したポスト（記者クラブ）も数カ所と限られた。したがって、現場の記者が提出した記事のすべてを理解するのは極めて困難であった。

九〇年代以降、日本においてＢＳ放送やＣＳ放送が普及した。かつて、放送系の映像メディアは地上波テレビのみであったが、ケーブルテレビも普及し[94]、映像メディアは目覚ましい伸びを示した。さらに雑誌などが興隆する多メディア状況のなか、改めて新聞の存在意義が問われていると、毎日新聞東京本社・経済部の小林利光は指摘した。その上で小林は、記者クラブの意義を、次のように強調した。

速さという点では、新聞の夕刊は（テレビに）到底かなわない。（略）雑誌メディアも活発だ。記者クラブ制度には批判が多いが、一定の取材対象に一年とか一年半の期間、持続的に取材しているというのは、新聞の持つ一つの強み。[95]

歴史を振り返れば、そもそも記者クラブは、新聞社各社が当局に働き掛け、開設を勝ち得たものであった。[96]記者クラブに加盟したのは、原初においては新聞社と通信社だけであった。二五年にラジオ放送が始まったものの、ラジオ局が「自主取材」をするのはアジア太平洋戦争後であり、[97]それ以前は新聞社などから提供された原稿を流用した。

戦後、ラジオ局やテレビ局、さらにはニューメディアが興隆すると、記者クラブの加盟希望が殺到した。加盟に際しては、新聞社や通信社の承認が必要であったが、新聞社と通信社はなかなか認めなかった。[98]放送メディアが独自に記者クラブを創設するのは、極めて例外的であった。[99]

記者クラブという存在は、新聞社が自らの意思によって他を排除し続けることが可能であるとともに、他メディアが保持していない場であった。多数のニューメディアが登場するなか、新聞というオールドメディアは自らを差異化するとともに、競争における優位性の確保が必要であった。報道を主体とする新聞社にとって、記者クラブは、自らの優位性を確保する上で重要かつ希少な手段であった。ニューメディアの興隆によって、新聞社にとっての記者クラブの意義や重要性が、顕在化するとともに高まった。

一方で、記者クラブそのものは、依然として問題を有していた。九二年、毎日新聞労働組合は、市民団体と「記者クラブ改革試案」をまとめた。[100]同調査によれば、「約半数」が改革を望んだという。

既述のように、記者クラブという場を核に日々のコミュニケーションが繰り返されるなかで、取材する側と取材される側に親近感が生まれ、取材態度に偏りが生じやすかった。日本経済新聞社・経済部の吉田ありさは、「取材先に食い込もうと努力すればするほど、取材先の目線に近づいてしまうことは珍しくありません」と吐露した。[101]吉田によれば、そのような取材態度は、取材先への「配慮」といったようなものではなく、一般読者の感覚の喪失であった。[102]読者感覚の喪失は、日々同じ取材対象と接し続けるなかで生じた。

九七年一二月、日本新聞協会編集委員会は、記者クラブの取材拠点としての性格を、一部認める見解を公表した。二〇〇二年と二〇〇三年、駐日欧州委員会代表部が「日本の規制改革に関するEU優先提案」を提出した。[103]同案では、日本の記者クラブ制度を廃止し、外国人特派員に対して、日本の記者と同様のアクセスを保証することが要求された。一種の外圧であったが、これを機に日本の新聞業界は、記者クラブをめぐって態度を硬化させた。

二〇〇四年、日本新聞協会記者クラブ問題検討小委員会は、記者クラブについて、「情報を隠蔽《いんぺい》したがる公的機関に対して、記者が集団で圧力をかけ、勝ち取ってきたもの」であり、記者クラブという存在を否定することは、「メディア本来の責務を放棄することにもつながりかねない」として、記者クラブの存在意義を強調した。[104]六〇年代以降、記者クラブは新聞業界全体でたびたび再検討された。時には廃止を含めて批判されてきた。しかしながら四〇年の時を経て、新聞業界にとって不可欠な存在と主張されるに至った。

第四節　抽出された要因と文脈

[一]　経済記者の歴史的変化の概略

一九五〇年代、経済記事は多くの新聞読者にとって難解であると考えられた。経済記事は専門性が高く、経済記者は専門的知識が必要とされた。経済記者の養成は、複数の記者クラブを短期間に持ち回ることによってなされた。

六〇年代に入ると、企業の広報が活発化した。それはパブリシティー、なかでも有料のペイド・パブリシティーの増加となって表れた。経済記者も、パブリシティーを基に記事を書くことが増えた。広報は広告と重複し、紙面における分離は不明確であった。

パブリシティーの増加によって、記者クラブの問題が前景化した。記者クラブは親睦団体であるとされたが、徐々に取材拠点としての意義が強調されるようになった。記者クラブは多くの問題を抱えていたが、なかでも問題なのは、記者の広報への依存であった。依存を回避する上でもっとも有効なのは、記者の高い専門性とされた。しかしながら、経済記者の昇進を考慮すれば、一つの記者クラブに在籍する期間は自ずと短くなり、専門性は限定的となった。

七〇年代、広報はさらに活発となり、レクチャーなどの新たな形式が生まれた。広報への依存が高まり、経済記者の批判性は低下した。記者クラブも依然として問題視された。なかでも問題となったのは、横並び体質であった。記者クラブの弊害は、記者個人の意識に回収されたが、そのひとつは現場主義であった。

一方で、部を越えた取材が増加し、経済記者が専らとした取材対象を、社会部記者が取材することが増えた。取材を受ける側は、社会部記者を警戒した。それによって官公庁や企業の広報体制は強化され、巧妙化していった。

経済記者と社会部記者の大きな違いは、ニュースソースとしての現場の有無にあった。経済記者の取材対象に、現場は含まれなかった。そのため経済記者は、人というニュースソースに依存した。記者クラブなどにおける他社の記者との関係は、社会部などに比べると競争性が低かった。経済記者は、記者クラブと親和性が高く、依存しやすい傾向にあった。

八〇年代、官公庁や企業の広報はさらに巧妙化した。同時期、新聞社内の人事交流が盛んになった。情報は増え続け、記者に余裕はなくなったが、経済記者のニュースソースは依然として人であり続けた。

バブル経済を経て日本経済は多様化し、結果的に、経済記事の専門性が高まった。再び経済記事の難解さが前景化し、経済デスクであっても理解することが困難な状況が生まれた。

メディアの多様化が進むなかで、新聞社にとっての記者クラブの重要性が高まった。二〇〇〇年代に入ると、記者クラブは確固たる「取材の場」として確定された。

〔三〕　四つの要因と文脈

戦後日本の経済記者は、前項のような変化を遂げたが、それらの変化から、以下の三つの支配的な要因と文脈が抽出できる。

読みやすさ

戦後の新聞社は、読者の最大化を目指した。読者を最大化するため、記事においては読みやすさが重視された。経済記事の専門性と読みやすさの両立は、六〇年代半ばからの総合編集の普及とともに達成されたが、その過程で、経済記者は社会部記者の影響を受けた。大新聞由来の経済記者に読みやすさを注入したのは、小新聞由来の社会部であった。読みやすさはニュースルームにおいて、常に規範として存在した。

いったんは読みやすくなった経済記事であったが、経済の複雑化によって、再び専門性が高くなるとともに難解となった。経済記事は、取材対象である経済の実態から、大きな影響を受け続けた。

広報と記者クラブ

経済記者に対する広報の影響は、極めて大きかった。影響を与えたのは、記者クラブという場であった。記者クラブ周辺ではパブリシティーが配布され、レクチャーや懇談が開かれた。

経済記者は、広報や記者クラブと親和性が高かった。親和性の高さは、広報や記者クラブあるいはパブリシティーへの依存となって表れた。

「頭で書く」という固有のエートス

経済記者は、「頭で書く」という固有のエートスを有した。エートスとは、職業上の規範や価値を意味する。経済記者は、「足で書く」ことが重視された他の記者と大きく異なった。このような違いは、経済記者が扱う情報の多くが、共有可能な二次情報であったことに由来した。

二次情報が中心であるため、部員間で議論が活発に行われるとともに、異なる社の経済記者とのコミュニケーションが、他の記者より活発であった。それらは、記者に対する教育機能を有した。

雇用形態と人事制度

日本の経済記者は、政治記者と同様に、社内における人事制度の影響を強く受けた。人事制度には、キャリア・パスなどの明文化されていない制度も含まれた。記者クラブと密接に結びついた経済記者にとって、記者クラブに在籍する年限は大きく影響した。

経済記者にとっての専門性は、一義的には記者クラブの在籍期間であり、記者クラブを設置した組織に対する理解を意味した。取材先に対する無理解は、経済記者にとって致命的であった。

第四章

写真記者——時代を最前線で目撃する

図4-1　第2次岸内閣発足　組閣を終えて居並ぶ閣僚にフラッシュを浴びせるカメラマン（1958年）　（毎日新聞社提供）

第一節　ニューメディア台頭下における職能の複数化（一九五〇年代〜六〇年代）

［一］　一九五〇年代の新聞記者の状況

積極的に導入されたテクノロジー

写真記者の歴史的叙述に入る前に、一九五〇年代のメディア状況を振り返っておこう。五二年、サンフランシスコ講和条約の発効によって占領が終わり、日本の新聞社は「自主独立」を取り戻した。[1]五一年には日本初の民間ラジオ放送が始まり、五三年には日本初のテレビ局が開局した。[2]当初は困難が予想されたテレビ放送事業は、予想に反して堅調な滑り出しを見せ、それを見た各社から免許申請が相次いだ。五〇年代末の第一次大量免許の発行によって、多くのテレビ局が開局した。五〇年代には週刊誌ブームも到来し、六〇年には映画がピークを迎えた。五〇年代、新聞社を取り巻くメディア状況は大きく変容し、新聞社は変化を余儀なくされた。

五〇年代半ば、戦後の紙不足がようやく改善し始めた。各社は新聞の頁数を増加させた。[3]労働強化に繋がる可能性のある頁数の増加に、新聞労連は長年にわたって反対の立場をとった。[4]

新聞社は、ファクシミリによる電送やオフセット方式による印刷など、新たなテクノロジーを次々に導入した。[5]設備投資の目的は、合理化であった。新たなテクノロジーや設備を導入することによって、新聞製作の各業務を効率化し、人件費を含む経営の合理化が目指された。合理化は業務の見直しを伴い、業務の見直しは雇用の見直しに繋がった。

五〇年代、新聞労連にとっての最大の課題は、「労働条件の改善」であった[6]。労働条件は、業務や部署によって異なった。例えば編集は「頭脳的業務」であり、印刷や発送は「肉体的業務」とされた[7]。しかし条件闘争においては、新聞産業の労働者が一体となる必要があった。職能ごとに給与水準が決まっていた米国と異なり、日本のニュースワーカーは、業務や部署によって差のない、同一の給与水準や労働条件の獲得を目指した。

五八年、皇太子(当時)の結婚が報じられると、メディア各社の報道が過熱した。宮内庁は記者クラブなどを通じて、報道の自粛を求めた。記者クラブの存在感が高まり[8]、取材の在り方が変化しつつあった。それとともに、専門性の向上が主張されるようになる[9]。

新聞社は専門記者を、どのようにして養成しようとしたのか。主な養成の場は、記者クラブであった。前章で言及したように、五〇年代後半の新聞社では、同じ記者クラブに三年ほど在籍させた[10]。戦間期の約半分の期間での養成であった。

入社後の養成期間が短ければ、自ずと入社前の高等教育における専門的な学びが重要となる。科学記者の養成について共同通信社・科学班の岸本康は、「学校で教わった専門が直接仕事に役立つことはまずない」として、大学における専門教育の必要性を否定した[11]。その上で岸本は、「すべては仕事をしながら、たゆまなく学ぶほかにない」と主張した。現に日本の記者養成は、常にＯＪＴが主であった。

新聞社に入社する以前の学校教育に期待されたのは、教養教育であった。新聞業界は、大学における専門教育に懐疑的であったが、なかでもジャーナリストを養成するジャーナリズム教育は忌避された。朝日新聞・常務取締役の矢島八州夫は、「ともかく新聞志望者は基礎をしっかり作っておいてもらいたい」と述べ、「広い常識」を身につける重要性を強調した。[12]

「人海戦術」で作られる日本の新聞

日本の新聞社は、現場に多くの人を投入する傾向にあった。[13] 朝日新聞東京本社・論説副主幹の森恭三は、日本の新聞は「人海戦術」で作られていると述べた。[14] AP通信社・東京支局長のJ・ランドルフも、日本の新聞社は米に比べて社員が多過ぎると指摘した。ランドルフによれば、記者の少ない米では、「少なくとも三分の二、おそらくは四分の三以上が電話取材」であった。[15] 国土が広大な米国では、現地に足を運ばずに済む方法が採られた。

電話取材が多いとはいえ、米国においても一定程度は、現場で取材が行われた。その場合においても、出先の記者(レッグマンやリポーター)は編集局のデスクなどに、電話で記事や情報を送った。時事新報社の内藤勇は、米国の新聞記者は足で書くよりも「耳」で書いていると表現した。[16] 編集局には、それらを統合して記事化するライターやリライターがいた。ニュースワーカーらの週給は、職種ごとに定められていた。[17] 米国の労働組合は、職能で結びつくギルド的な性格を持っており、待遇の改善は職能ごとになされた。

戦後日本の新聞社では、記者の経済的な待遇の改善は画一的になされた。職能ごとの差異は小さくなり、労働組合は全社員の同一な待遇を目指した。日本の新聞記者はサラリーマンであり、したがってサラリーマンとしての職階の階梯を登ることが、昇給に直結した。[18]米国では、記者としての経験を積み重ね、専門性を高めて転職することが可能であった。それに対して日本の新聞記者は、組織において業務を遂行する「正社員」であり、年次を重ねて管理職となることが期待された。

日本の新聞記者の専門性は限定的であったが、[19]写真記者は例外的に、高い専門性を有した。撮影機材は誰にでも扱えるわけではなく、長年にわたる実地での技術の習得が必要であった。撮影だけでなく、暗室における現像や機材保守の技能も、数年にわたって実地で身につけねばならなかった。[20]

次項から写真記者の歴史的分析に入るが、写真記者の特殊性あるいは専門性を鑑み、写真記者以外の記者を一般記者と呼ぶ。

[二] 写真記者の養成とニューメディアへの対抗

「取材各部の出先の職人」

写真記者は伝統的に、新聞社内において劣位にあった。[21]京都新聞社・編集局長の藤岡謙六によれば、写真記者は「取材各部の出先の職人」という扱いであった。[22]中日新聞名古屋本社・写真部長の山口登によれば、かつてカメラマンの独立した部署は存在せず、昭和初期になってようやく独立した写真部がみられるようになった。[23]第一章で述べたように、写真課や写真係は、社会部にあった。新聞社という組織では、伝統的に「部」が大きな意味をもっていた。独立した部を持つことは、ニュースルームで力を有している証拠であった。経済記者が、かつて政治部に内包されたように、カメラマンは社会部に内包されたが、それはカメラマンの劣位性の表れだった。

カメラマンの養成は、旧態依然としたものであった。かつては、新聞社内で雑用を担当する「こどもさん」を写真記者の見習いとして採用し、徒弟制度的な教育がなされた。[24]「こどもさん」の学歴は低く、一般教養も乏しかった。

徒弟制度的な教育の象徴は、暗室であった。各社の新人は必ず、暗室の掃除などの下積みを経験した。[25]写真記者はこの時期を「暗室三年」と呼んだ。[26]

暗室は単に、現像やプリントを行うだけでなかった。写真記者にとって、技術を伝授する重要な教育の場であった。[27]北海道新聞社・北見支社報道部の諸橋弘平は、次のように述べた。

図4-2　昭和電工事件　東京地検の屋根に上がったカメラマン（1948年）　（毎日新聞社提供）

暗室では、先輩の手によって同じネガから自分とは全く違う写真が生まれるのを目の当たりにしました。大胆なトリミング、撮影の失敗を救う技術（略）人の撮影したネガからも多くを教わったものです。[28]

昭和に入ると新聞社は、カメラマンの候補者として「旧制高校卒業の、いわゆる学校出」を採用するようになる。[29]五〇年代には、写真科の出身者など、高等教育で写真技術の専門教育を受けた者を中心に採用した。

読者の関心が高いオリンピックは、新聞社にとって大きなイベントであった。自国での開催ならば、なおさらである。スポーツのダイナミックな描写に、写真は欠かせなかった。新聞各社は一九六四年の東京オリンピックを前に、写真記者の採用を急増させた。結果的に写真部は、「編集局内に独立の部として二〇〜四〇名の部員」を擁するほどに拡大した。[30]カメラマンのニュースルームにおける存在感は、急速に高まった。

六〇年代後半になると、写真記者の採用が変化した。撮影の専門技術を学んだ学生の採用が減少し、一般の大卒の採用が増加した。大きな要因は、テクノロジーの進展であった。カメラの進歩により、「経験の積み重ね」である専門的な撮影技術が不要となり、一般記者とほぼ同様の採用となった。[31]写真技術を専門的に学んだ者の採用期間は、結果的に短かった。

テレビと比較される写真記者

六〇年代、採用の変化と並行して、ニューメディアが台頭した。著しい成長を遂げたテレビが、写真記者に大きな影響を与え始めた。[32]ニュースルームにテレビ受像機が置かれ、テレビ中継の映像と写真記者の写真が比較された。「テレビでみていたらもっとすごかったぞ。なんだこの写真は？・」と叱られることも少なくなかった。[33]

五〇年代には週刊誌が興隆し、六〇年代に入っても創刊が相次いだ。『ライフ』をはじめとした写真誌も売り上げを伸ばした。[34]新聞は、何らかの対応を迫られた。なかでも視覚的な対抗手段が求められた。

対抗手段のひとつは写真であった。[35] 新聞紙面において視覚的に訴求する形式は、見出しや図表などを除けば、写真のみであった。写真に対する期待は、写真記者に対する期待となって表れた。

〔三〕カメラマン化と一般記者化

「書ける」写真記者

増頁と設備投資、さらに大量の社員という高コスト状況のもと、社員をいかに遇するのか。経営者が選択したのは、管理強化であった。[36] 管理強化の一環は、社員の再教育であった。

再教育の大きな目的は、一人の記者が複数の職能を持つことであった。ゼネラリスト化、後にいうマルチスキル化である。一般記者は原稿の執筆に加えて、写真の撮影が求められるようになった。[37] 以前ならば記者は、カメラマンを帯同して任に当たらせた。しかし複数の職能が求められるようになると一転して、一般記者は単独で現場に赴き、自ら写真を撮るようになった。

一方のカメラマンに対しては、原稿の執筆が求められた。初めは、写真に付加するキャプションを書くだけであったが、次第に記事を執筆するようになり、最後には企画を立て始めた。[38] これらの「記事を書くための努力」によって、カメラマンは「ニュースを深く理解」するようになった。[39]

カメラマンが撮った写真と、一般記者が書いた記事は、互いに隣接して紙面に掲載された。写真と記事は、一致しないことが少なくなかった。写真と記事の不一致は、ニュースルームで長く問題となっていた。しかしながらカメラマンが記事を書けば、記事と写真はおのずと一致した。記事を書くことで、「カメラマンの弱点」とされた一般教養が向上した。[40] 六〇年代末、「カメラマンがより以上に新聞記者的にならなければならない時期がすでにきている」などと、写真記者に対する一般記者化の圧力がより高まった。[41]

読売新聞社では七〇年時点において、写真記者として採用した新人を他の記者と同じように地方支局に転出させ、写真取材だけでなく「電話とりからサツ回り」を担当させた。同社の写真部長・宮崎泰昌は、「新聞カメラマン養成の第一歩はまず新聞記者にすること」と述べた。[42] 単に「書ける」だけでなく、「記者センス・教養」までもがカメラマンに求められた。

宮崎が『新聞経営』に寄せた論考のタイトルは「〝写真部〟員からの脱却」であった。写真部員を脱却して、何者になるのか。宮崎の理想は「どこの部にも通用する写真記者」であった。[43] 宮崎は、「写真部員から社会部員に移った例」を挙げた。「どこの部にも通用する写真記者」は、一種のゼネラリストであり、配置転換は自在であった。

七〇年、『新聞経営』誌上の座談会において日本経済新聞社・専務取締役の大軒順三は、読売新聞社・代表取締役副社長の小林與三次の言を受けて、「スペシャリスト、スペシャリストというが、小林さんのおっしゃる通り、まったくのスペシャリストというものは、新聞にとっては若干片輪」と述べた。[44] 京都新聞社・専務取締役の安岡哲三も二人に同意した上で、「電気関係、印刷関係」については専門教育を受けた人間を採用する必要があるが、それ以外の記者や営業は、常識さえあれば、後はOJTで育成可能だとした。[45] 経営者らは共通して、写真に関する高等教育の必要性に言及していない。

七〇年を境に、カメラマンに対する「写真記者」の呼称が業界内で増加した。「写真記者」という語そのものは一九一〇年代から見られ、戦後においては「カメラマン」も併用された。しかし、カメラマンが原稿を書くようになったのと並行して、写真記者という呼称が業界内で普及した(図4―3)。

写真記者のサラリーマン化

「写真記者」という呼称が増加する一方で、「カメラマン」という呼称も継続して用いられた。しかしながら『新聞研究』誌上を見る限り、「カメラマン」が指し示す対象が、次の二つへと変化した。第一に、新聞において撮影を担当するが新聞社の社員ではなくフリーランスなどの者、第二に、新聞ではなくテレビの撮影を担当する者である。六〇年代にはベトナム戦争や国内の公害問題などの報道が興隆し、フリーランスのカメラマンの活躍が目立つようになった。また、六〇年代にテレビは目覚ましい伸びを示し、テレビ・カメラマンの存在感が増した。

一方で、新聞社や通信社などに属する正社員であって、なおかつ撮影を担当する者を指す言葉として「写真記者」が定着する。[46]五〇年代以前の新聞業界においても写真記者という語は見られたが、

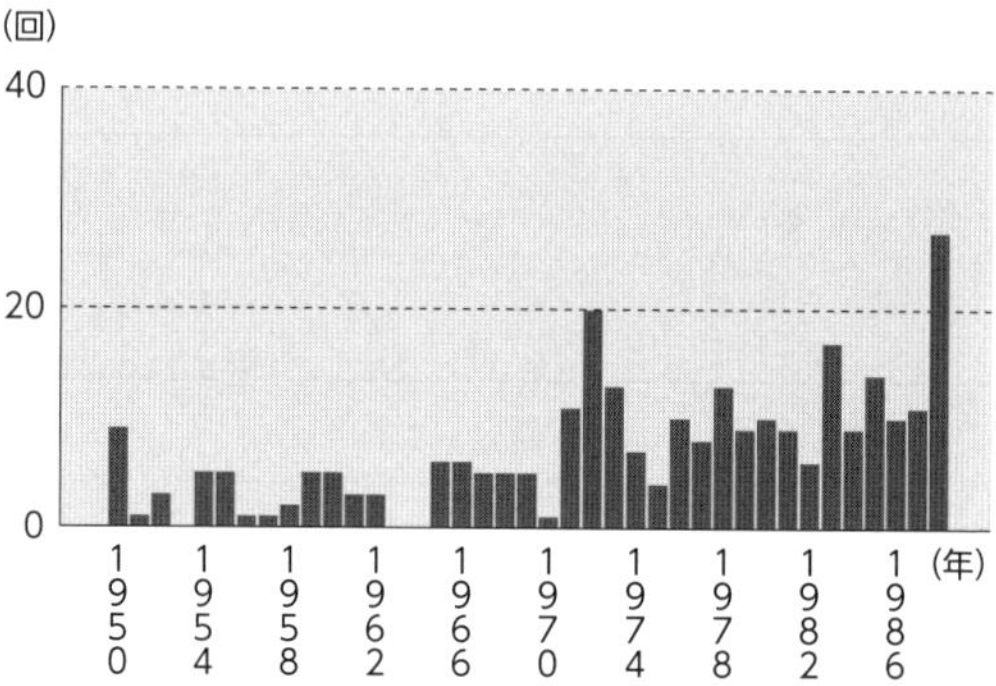

図4-3　『新聞研究』誌上における「写真記者」の出現回数

より一般化したのは六〇年代以降である。呼称の変化は、学歴や一般教養、あるいはニュースに対する理解が一般記者に近づいたことの表れであり、カメラマンにとっては何より、劣位性解消の表れであった。劣位性の解消には、新聞社のカメラマンが、一般記者と同じように記事を書くようになったことが大きく作用した。カメラマンは記事を「書く」ことで、ようやく「記者」になった。

一般記者のカメラマン化とカメラマンの記者化は、ほぼ同時並行で進んだが、どちらかといえば、一般記者のカメラマン化の方が早かった。主な要因は、テクノロジーの進展であった。カメラの扱いが、それまで以上に容易となった。朝日新聞大阪本社では、「写せる」記者の重要性から、写真部が中心となって、撮影の解説本を独自に作ったという。[47]テクノロジーだけでなく、スキルの面でも、一般記者のカメラマン化は容易となった。

地方の新聞社はカメラマンが不足していたため、大都市以上に一般記者のカメラマン化が急がれた。地方紙では、「記者にいかにカメラマン的センスを植えつけるかということにきゅうきゅう」とするほどであった。[48]

『新聞労連』紙上では六〇年代半ばから、職務別の給与体系である「職務給」や「職分制」が問題視された。[49]経営者の側は、日本が諸外国と異なり、記者と記者以外が「同じワク内で待遇されている」ことを問題視した。[50]記者と職工を区別するとともに、記者のなかに待遇差を設けることを経営側は企図した。コストとパフォーマンスを考えれば、一部の「少数精鋭」だけを厚く遇するのが最善と考えていた。

しかしながら、組合員全員に対して平等な待遇を求めた労働組合にとって、職種ごとに給与格差を設ける制度は受け入れ難かった。労働組合は職能給に長く抵抗した。一方で経営者の側も、「異動がきかなくなる」などの職能給のデメリットを認識していた。[51]

職能給を導入すれば、人件費は抑えられる一方で、異動は難しくなる。職能給を導入しなければ、異動は容易であるが、人件費はかさむ。経営側のメリットとデメリットは相半ばした。

それは労働組合も同じであった。職能給を拒否すれば、待遇は維持できるものの、配置転換が増えてしまう。職能給が導入されれば、工務部門などを中心に待遇は悪化する。メリットとデメリットを天秤に掛ければ、経営者は職能給の導入に傾き、労働組合は拒否に傾いた。歴史的にみれば職能給は拒否され、[52] 経営者の側のメリットとして配置転換の容易さが残った。

六〇年代には、写真記者だけでなく、すべての記者のサラリーマン化が進んだ。「記者として一人前になったころは取材第一線を離れて、デスクなどの社内行政職につくか、地方支局や傍系会社の行政職に転勤」するのが一般的となった。[53] 新聞社という会社組織に属する限り、給与などの向上を欲するのであれば、写真記者としての専門性を高めるのではなく、サラリーマンとしての階梯を登る必要があった。

サラリーマン化は、専門性の向上に逆行した。一般記者と写真記者は、職能の上で急激に接近した。六〇年代の経営者、記者、労働組合の姿勢はいずれも、専門性の向上ではなく、専門性の低下と親和性が高かった。

第二節｜差異の低下と劣位性の解消（一九七〇年代～八〇年代半ば）

［一］一般教養の重視

写真記者の高学歴化

一九六〇年代末、カラーテレビが急速に普及し始める。テレビに対抗するため、新聞各社はカラー化を推進した。新聞のカラー化は、広告主からの要望でもあった。[54]

同時期、写真記者の採用において、写真専門の学校からの採用が減り、一般の大学からの採用が定着した。写真記者の劣位性は、学歴においてなくなった。朝日新聞東京本社・写真部次長の望月照正によれば、学歴が同等となったことでコンプレックスがなくなった。さらに「一般の教養」を身につけたことで、一般記者に対して「対等にものをいえるようになった」という。[55]

一方で、写真記者の志向も変化した。背景に、数年前からの採用の変化があった。以前の写真記者は「写真が好きで学生時代から勉強してきた人」がほとんどであったが、七〇年代半ばを過ぎると「写真が好きで学生時代から勉強してきた人」だけではなくなった。[56]大学で一般教養を身につけた新入社員の多くは、写真志向ではなかった。少なくとも、学生時代から写真を学んではいなかった。写真記者と一般記者の差異は、職能と志向の両面において小さくなった。

七三年の『新聞経営』に、新聞経営者に対するアンケート結果が掲載されている。「当面の取材対策の重点」という質問項目の第二位は「オールラウンド記者の養成」（二三％）であった。第三位は「専門記者の養成」（二一％）であった。[57]専門性が希求される一方で、徐々にオールラウンド志向へと変化しつつあった。

撮影技術の平易化以前は、撮影能力こそが評価された。そのような志向をサンケイ新聞東京本社・写真部長の川島吉雄は、「技術主義偏重」と批判した。[58]技術主義偏重とは、「何を写すか」よりも、「どう写すか」を重視する傾向を指した。以前の写真記者は、一般記者の取材に同行し、一般記者の指示のもとで撮影した。したがって「何を写すか」は一般記者が決定し、写真記者の裁量は「どう写すか」のみであった。

しかし、写真記者の地位が向上した七〇年代半ばになると、写真記者は一定程度、「何を写すか」を自律的に決定できるようになった。

自律性の向上と劣位性の解消

七〇年代半ば、写真記者は、さらなる自律性の向上を目指した。自律性の向上によって、劣位性の解消を企図した。[59]自律性向上のための試行は、写真を中心としたグラフ面で行われた。[60]特に写真部が活躍したのは公害報道であった。一枚の写真で「一目りょう然に」恐ろしさが伝わる公害報道は、各社の写真部が活躍した「もっとも大きな例」であり、写真記者にとっては「エポック」であった。[61]

写真記者はグラフ面などの取材において、社会部などの情報をあてにせず、「必死になってといってもよいくらい」独自にニュースを探した。写真記者が探したのは、単なる被写体ではなく、ニュースそのものであった。「何を写すか」を自律的に決定することは、何をニュースとするかを決定することであった。「記者」にとっての自律性は、ニュース価値の判断を意味した。写真記者は、ニュース価値の理解ではなく、ニュース価値の判断を希求した。

写真記者は「日常生活の中からいろんな問題を写真部独自に」掘り起こそうと試みた[62]。そのため写真記者は、「日ごろから報道すべき事件や事実の本質を正確に」理解していなければ、仕事をすることが困難になった[63]。何がニュースであるか見定めるには、問題の本質を理解する必要があった。本質を理解するには一般教養が必要だと、川島は考えていた。

写真記者は、「カメラマン」ではなくなった。あくまで記者であり、一般記者に劣らない一般教養が必要とされた。一般教養は、すでに写真記者の採用時に重視されていたが、加えて日々の業務においても重視されるようになり、写真記者と一般記者の差異はより小さくなった。

七〇年代半ば、職種ごとに待遇の異なる「職分制」が、労働組合の長期にわたる反対によってようやく廃止された[64]。職分制の廃止によって、新聞社の社員らは一定程度の平等な待遇を手に入れた。一方で、職種間の差異の低下は、配置転換を容易にした。八〇年代前後には大量の配置転換が実施された[65]。写真記者と一般記者との人事交流も増加した。

写真や写真記者の劣位性は一定程度解消されたかにみえたが、それは表面的な変化であった。朝日新聞東京本社・写真部の中井征勝は、次のように述べた。

> 新聞そのものにおける写真の立場は、十年間まったく変わっていないと言っていい。（略）依然

として、正確さと客観性の証明のための写真であればいいという考え方が、新聞社の上層部にも、整理部の人にも、支配的です。[66]

写真記者は、一般記者と同じように記事を書き、さらには自ら企画を立てるようになった。学歴や教養の向上などにより、社内での地位は向上したかにみえた。しかしながら写真の扱いに大きな変化はなく、七〇年代末になっても写真記者の劣位性は残った。

拍車をかけたのは、一般記者のカメラマン化であった。七九年、カラー化を推進した山形新聞社では、「カメラマンの増員」が問題となった。同社は、カメラマンを増員せず、一般記者が撮影を兼務することで乗り切った。山形新聞社・取締役編集局長の田中良一は、「編集者の立場」から、次のように述べた。

器材や感光材質がここまで進歩した今日、専門職でなければ撮れないということがあるはずはあるまい。――幸いわが社の外勤記者には〝書けて、撮れて、運転できて一人前〟という不文律がある。そこで、支社支局を含めた全記者に、三五ミリのカラーフィルムを常に持ち歩かせることにした。あらかじめ予定されるもの、特殊な撮影技術を必要とするもの以外は、すべて一般記者が責任をもって撮影・出稿するのである。(略)本社からカメラマンを走らせたのではとうてい間に合わぬ〝ナマ・カラー〟が続々と登場した。もし、カラー写真は専門職まかせ――というシステムであったら、こうした首尾は収められなかったであろう。[67]

モノクロからカラーへの移行は、専門職としてのカメラマンにとって、劣位解消の好機と考えられた。しかし現実には、その効果は限定的であり、写真記者は劣位に留まった。

[二] 残された差異――広範な取材対象とニュースソースの不在

「すべて」が対象

写真記者と一般記者の差異は、採用や志向や日常業務の、すべての水準で縮小した。では写真記者は、一般記者と何が異なるのか。差異として残ったのは二つであった。ひとつは取材対象の限定の有無、もうひとつはニュースソースの有無であった。ともに、写真記者は「無」であった。

第一の取材対象については、政治記者や経済記者などの一般記者の取材対象が限定されていたのに対し、写真記者の取材対象は、極めて広範であった。毎日新聞東京本社・写真部の鈴木久俊は、一般記者の取材対象が「非常に細かく」分かれているのに対し、写真記者は「すべて」が対象だと述べた[68]。第二章でみたように、政治記者の担当は、特定の派閥や政治家であった。総理番の日々の取材対象は、首相のみであった。それに対して写真記者の取材対象は無限定であった。

取材対象は、記者クラブの有無と重なり合った。記者クラブは官庁や団体に設置された。当該の組織が扱う領域や対象は限定され、記者クラブも必然的に、何らかの領域や対象ごとに設置された。政治記者であれば国会や首相官邸、経済記者であれば大蔵省（現・財務省）や日本銀行などである。これに対して写真記者は、固有の記者クラブを有していなかった。

一般記者の多くは、一つもしくは複数の記者クラブに所属した。記者クラブに属する記者は、「クラブにいないと細かい情報が手に入りにくい」と認識していた[69]。言い換えると、クラブにいさえすれば、一定程度の情報が入手できた。しかしながら記者クラブに属していない写真記者は、基本的には記者クラブを通じて情報を入手することができなかった。

記者クラブに属した一般記者は、現場に行くことなく、発表資料を基に記事を書くことが可能であった。撮影しなければならない写真記者は、被写体を求めて現場に行かなければならず、発表資料への依存は、基本的に不可能であった[70]。

固有の取材対象がないことは、記者クラブの有無だけでなく、写真記者の取材活動そのものに大きな影響を与えた。毎日新聞東京本社・写真部の三浦拓也は「毎日、写真を撮っていて感じることなんですが、われわれは写真を撮る対象物をあまりにも知らな過ぎるのではないか」と述べた[71]。写真記者は「すべて」を取材対象とするため、特定の取材対象についての深い知識を有することが極めて困難であった。写真記者はニュースを求めるとともに、「ニュース」の本質を理解しようとしたが、取材対象が無限定であったがゆえに、理解は限定的であった。

固有のニュースソースの不在

第二のニュースソースについて述べる。ニュースソースについても、写真記者は一般記者と異なった。固有の取材対象を有した一般記者の多くは、独自のニュースソースを有していた。写真記者が独自のニュースソースを有することは稀であった。固有の取材対象の有無は、所属する記者クラブの有無に通じるとともに、独自のニュースソースの有無に通じた。

前項で述べたように、七〇年代には「何を写すか」が重視されるようになった。「いかに写すか」においては、平凡な種であっても、撮影法（how）によって差異化が可能であった。しかしながら「何を写すか」が重視されれば、「何」（what）そのものが重要となる。[72]独自のニュースソースの有無が、競争において決定的に重要となった。

既述のように、写真記者は独自のニュースソースを有しておらず、写真記者は種をめぐって他の記者と競合した。他社の記者だけでなく、時には同じ社の記者と競合した。総合編集は、競争に拍車をかけた。独自のニュースソースを持たない写真記者は、競争において極めて不利であった。

[三] PRの興隆とグラフ面による主体性の回復

受け身と言い訳

八〇年代、カメラマンが記事を書くようになって、すでに二〇年以上が経過した。はたして、写真記者の主体性は高まったのか。信濃毎日新聞社・写真部長の麻場栄一郎は、写真記者の「自省しなければいけない体質」として「受け身と言い訳」を挙げた。[73]写真は「記事の補完」にすぎないという「風潮」が、新聞業界に依然として残っていた。「はじめに記事があってそれに合う写真」が求められるのが、従来からの変わらぬ実態であった。それによって、「いわれたことを無難にこなせばいい」といった「受け身の発想」や、「あの状況下ではこんな撮りかたしかなかった」といった「言い訳」が散見された。様々な試行を経ても、写真記者の主体性には限界があった。

高度経済成長期に興隆した官庁や企業の広報活動（以下ＰＲ）は、八〇年代に入って、より活発化、あるいは巧妙化した。ＰＲの興隆は、一般記者に影響を及ぼした。代表取材の増加である。代表取材とは、取材先の許諾を得た単独、あるいは一部の記者が代表として取材し、取材内容を各社と共有するものであった。代表取材は、取材規制に繋がる可能性があり、取材する側にとって好ましいものではなかった。

東京新聞・写真部次長の大高進二は、ＰＲは写真記者にとって「非常に重要な問題」と述べた。[74]ＰＲの興隆は、写真記者にも影響を及ぼした。代表撮影の増加である。各社の写真記者が個別に撮影するのではなく、特定の写真記者が代表として撮影し、各社に写真を配信する方式であった。代表撮影は、「非常に写真が弱くなる」との見方もあった。

各社は、代表撮影を問題視した。[75]代表撮影について、読売新聞社・写真部長の田中秀男は、「写真記者の個性が全く発揮」されず、写真の「画一化」に繋がると指摘した。[76]各社への配信を前提とした撮影では、誰もが撮るであろう最大公約数的な写真を撮りがちであった。写真記者は、主体性を回復する何らかの手立てを必要とした。

信濃毎日新聞社における主体性回復の試み

信濃毎日の麻場が写真記者の主体性を回復するために取り組んだのは、過去の試行と同様の「写真グラフ」であった。[77] 写真が中心のグラフ面によって、写真記者の主体性を回復しようと試みた。麻場によれば、グラフ関連の取材でもっとも苦労したのは「情報集め」であった。[78] 情報を集めるため、麻場は写真記者の「専門記者」化を試みた。「ハイテクはあいつに聞け」「自然は彼」など、それぞれの写真記者に、特定の対象や領域を担当させることで「知識の蓄積」を狙った。同時に、特定の対象や領域の取材対象者と「大切な人間関係」を築くことを推奨し、写真記者が固有のニュースソースを持つことを企図した。[79]

麻場が企図した専門性は、以下の二つに由来した。第一に、取材の対象や領域を限定すること、第二に、固有のニュースソースを持つことである。しかしながら、すでにみてきたように、前者は後者の前提であった。固有のニュースソースを持つには、対象や領域の限定が必要であった。すなわち、写真記者が一般の記者と伍するには、まずもって対象を限定する必要があった。

麻場による試みの影響は、次節以降でみていくように、新聞業界全体をみれば限定的であった。しかしここで重要なのは、試みの成否ではなく、写真記者の主体性回復の要因として検討されたのが、撮影技術そのものではなく、対象や領域、あるいはニュースソースであったことだ。固有の取材対象や領域を持たなければ、記者の専門性は限定的とならざるを得なかった。専門性を高めるには、取材の対象や領域を限定しなければならなかった。そうでなければ、独自のニュースソースを保有することはできなかった。歴史的にみれば、写真記者はその後も、両者を独自に保有することはなかった。

第三節　専門性のさらなる低下と組織への適応（一九八〇年代半ば～二〇〇〇年代）

〔一〕 電送の普及とシステム化

カラー化するニューメディア

一九七〇年代、テレビと映画が急速にカラー化した。新聞をはじめとした印刷メディアも、カラー化で対抗した。八〇年代に入ってその傾向は強まり、紙面のカラー化が急速に進んだ。印刷後の発色に気を配ることが常態化し、八〇年代半ばになると、「写真の絵柄より色が先行している」と言われるほどであった。[80] 写真と写真記者に対するニュースルームの期待は大きかった。

背景にはテクノロジー、なかでも写真電送の発達があった。日本における最初の写真電送は、一九二〇年代末に試みられた。[81] 当初の電送機は大きく、台数も限られていた。[82] 安定した電送には専用線が必要であったため、使用は大きなイベントに限られた。[83]

写真電送に関わる技術は三つに大別される。第一にカメラ、第二に電送機、第三に回線（伝送路）である。広く普及するには、すべてが高度に発達する必要があった。五〇年代までに、相対的に発達が早かったのは電送機であり、ボトルネックは回線であった。[84]

六〇年代半ば、カメラの小型化が急速に進む。[85] 小型化したとはいえ、フィルム・カメラは現像を必要とした。現像が不要な電子カメラは、八〇年代半ばから現場に投入され始める。電子カメラの登場によって、写真記者は現像から解放された。同時に、写真記者は「いかに早く送るか」が問われるようになる。[86]

電子カメラの登場とシステム化

九〇年代に入ってもテクノロジーの進歩は続いた。九〇年代半ばの新聞業界では、電子カメラが急速に普及した。[87]八〇年代末にＩＳＤＮが登場したことで、九〇年代に入ると回線状況は全国的に改善した。[88]九〇年代半ばをすぎると、インターネットと携帯電話が普及し、特別な電送機は不要となった。[89]電子カメラと携帯電話の高度な普及によって、撮影した写真は撮影と同時に本社へ伝送されるようになった。

取材現場の変化と並行し、九〇年代半ばになると、新聞社のニュースルーム全体が高度にシステム化され始める。[90]電送技術は長年、いかに早く高画質の画像を送るかが問われ続けた。しかしシステム化以降は、システムを中心とした「トータルな思想」が求められた。[91]写真記者は、単に撮影して編集局に送るだけでなく、その後の編集作業を視野に入れなければならなくなった。言い換えると、写真撮影という職務が、編集工程の一部に包含された。

システム化は、写真の共有を可能にした。具体的には、「デスクの眼前のブラウン管に絵が出てきて、それでネガを見る」状況が現出した。[92]かつて、撮影した画像は、現像することなしに他者は視認できなかった。しかしシステム化されると、撮影と同時に本社などで見ることができるようになった。現像が不要であれば、暗室も不要である。暗室における先輩と後輩のコミュニケーションは減少した。[93]

システム化によって、現場から送られてくる写真がニュースルームで広く閲覧可能な状況は、写真部にとって「都合の悪い」ことであった。[94] 写真という成果物の確認は、かつて写真記者の特権であった。ファインダーを覗き、フレームを決めるのはカメラマンである。撮影された写真は、現像しなければ視認できない。現像した後のトリミングも、基本的にはカメラマンが行った。[95] 成果物は各プロセスで変化したが、確認は写真記者のみに許された。しかし写真の共有が可能になると、成果物の確認という写真記者の特権は消滅した。

既述のように、ニュースルームにはテレビ受像機が設置され、大事件発生時はテレビ中継が視聴された。テレビ中継を通じて現場の映像を見た他の部署の記者たちは、「この辺のシーンはあるのではないかと勝手に」予想するようになった。[96]

テレビを介したイメージの共有は、ニュースルームだけでなく、全国の家庭でなされた。かつて現場には記者しかいなかったが、今や読者はテレビを通じて、記者と同時に「現場」を見ていた。[97] 毎日新聞東京本社・写真部長の三浦拓也によれば、「特にテレビ映像がリアルタイムでニュースを送り込むようになってから読者の目が非常に肥えてきた」という。[98] ニュースルームのスタッフは、紙面に掲載される写真を読者が予想可能だと認識した上で、編集するようになった。

[二] 組織のなかで低下する専門性

離職者の証言

『新聞研究』九〇年六月号から、ジャーナリストの斎藤茂男による連載「ジャーナリズムの現場」が始まった。全一六回の連載では、大手新聞社の離職者が少なからず取り上げられた。離職者には写真記者も含まれた。彼ら彼女らの多くは、その後も写真や撮影の仕事に就いていた。離職者は、かつて所属した写真部や同僚を、どのように回顧したのか。

九一年一〇月号では、「全国紙の写真部員」であったH（男性）が、写真記者を取り巻く現況を過去と比較し、次のように述べた。

六〇年代から七〇年代へかけての日本には、明暗くっきりとその時代を表す被写体がたくさんあったように思う。（略）時代を物語るこの一枚って調子で、パチっと決まる被写体があって。でも、いまはなかなかむつかしいんじゃないですか。[99]

既述のように、六〇年代から七〇年代は公害報道が多くみられた時期である。[100] 六〇年代から七〇年代に比べると、八〇年代以降は、写真でストレートに表現できるニュースが乏しいと、Hは認識していた。

九一年一一月号では、やはり全国紙の写真部にいたY（女性）が取り上げられた。高校時代から写真をやっていたというYは、大学でも写真を専攻したという。[101] 写真部に配属されたYの感想は、次のようなものであった。

どっちかというと普通の、いわばサラリーマンという感じの人が多いのは意外でした。（略）写真のことを知らない人が割合多いんですね。写真そのものにはそれほど興味がないというか、知らなくても務まるということなんでしょうが。[102]

Yによれば、新聞では「まずわかりやすい」ことが第一に求められた。良い写真とは「読者を戸まどわせない、考えさせない写真」であったという。

同月号には、「経験二十年を超すベテラン」写真記者I（男性）のインタビューが掲載された。[103] かつて劣位に置かれた写真部であったが、Iは「実態はあのころと何も変わりません」と述べた。Iによれば、写真部や写真記者の仕事に取り組む姿勢は、「相変わらずお呼びがかかるのを待つ」受け身であった。[104] Iは、日本の写真記者を取り巻く状況について、「反射的に手が動いてシャッターを押す……。それで十分通用してしまうわけです。基本的にはだれでも見てわかる写真であればいい」と述べている。独創性が発揮できない、あるいは、独創性は必要ないという指摘は、前出のYと共通した。離職した写真記者の認識は、撮影対象が抽象度の高いものへと変化するなかで、写真記者がサラリーマン化し、依然として受け身の姿勢が目立つといったものであった。

ラインとしての出世か、それとも専門記者か

サラリーマン化は、待遇の向上と並行して生じた。写真記者は一定程度の経験を積むと、写真部[illegible]た。デスクは通常、次長が務めた。デスクを務めることは次長への昇進とほぼ同義で[illegible]次長は部長の直下の職階であり、サラリーマンの階梯は、上に向かって、デスク（次長あるいは副部長）、部長、局次長、局長と続いた。一般記者には、出世を目指す道とは別に、「編集委員」などの専門記者の道があったが、写真記者が務めることは稀であった。[105]

写真記者は現場で撮影したが、内勤である写真部デスクは編集局に残り、他のデスクと紙面の編集に携わった。写真部のデスクは、他部のデスクと交渉しつつ、部下が撮影した写真について紙面掲載まで責任を負った。一方で、撮影や写真そのものについては、現場の写真記者に委ねるしかなかった。

写真部のデスクは編集に携わるとはいえ、最終的に紙面に掲載する写真の決定については、整理部が大きな権限を有した。共同通信社・写真部長の野口功は、「ビジュアル化だなんだといっても、整理がそれに食らいついてくるだけの度量があるかどうかについては、非常に疑問を持っています」と述べた。[106] 写真記者が独創性を発揮したとしても、それが紙面に反映されるには、整理記者の姿勢が大きく影響した。読売新聞社・写真部長の古川洋は、「整理部のサイドに安定感を志向するというか、旧来の紙面づくりを踏襲しやすい体質があるんじゃないか」と指摘した。[107] 整理記者や整理部デスクが「わかりやすさ」を重視したり、従来のような「記事の説明のための写真」を求めたりすれば、写真記者の独創性が紙面に発揮されることは少なかった。すでに紙面編集は、多くのデスクの協働でなさ

れるようになっていた。組織は複雑化し、写真記者が単独で独創性を発揮するのは困難であった。写真記者は徐々に、写真やその表現方法から疎外され、「オールラウンドに何でもやっている」状況となった。[108]背景には、労務費削減の圧力があった。バブル期を経た九〇年代末には、経営側からリストラ案が相次いで提案された。[109]長引く景気低迷により、さらなる合理化が必要となっていた。

〔三〕 システムへの適応

フリーランスの台頭

ここまでみてきたように、六〇年代以降、新聞社に属する写真記者は一般記者に近づいた。一方で、フォト・ジャーナリズムの興隆により、フリーランスのカメラマンが国内外で多数活躍するようになった。自社に属する写真記者を使うのか、それとも外部のフリーのカメラマンを使うのか。九〇年代のニュースルームでは、フリーランスの扱いが大きな課題となった。

撮影技術そのものに着目すれば、往々にして、フリーランスのカメラマンの方が専門性が高かった。毎日新聞社の三浦によれば、「フリーの記者の方がはるかに鋭い切り口で対象に肉薄」しており、フリーランスは総じて能力が高かった。[110]

一方でフリーランスは、成果物を他社に提供するなどの懸念がつきまとった。[111]共同通信社でも「ストリンガー(フリーランス)をもっと採用するべきかどうか」が話題となり、担当者は判断に「非常に悩んでいる」と述べている。[112]朝日新聞東京本社・写真部次長の星野忠彦は、フリーランスの高い専門性は魅力であるが、一方で「彼らを信頼できるかどうか、その問題が出てくる」と指摘した。[113]

写真記者の専門性の低下に伴って、九〇年代、写真記者を志望する学生の志向は二極化した。写真志向と記事志向である。東京新聞・写真部長の宇田稔は、次のように述べた。文中の「出稿部」とは、記事を執筆・提出する部署のことである。

> 写真をしたくて入った人の方が、確かに写真そのものは上手です（略）けれども出稿部としての役目を負わされた場合、新聞という仕事を目指して来た人の方がよく新聞を読んでいて、ニュースを自分で探し出そうという姿勢は強い。[114]

フリーランスのカメラマンと伍していくのであれば、「写真をしたくて入った人」が適していた。しかし社内の一般記者とのせめぎ合いには、「新聞という仕事を目指して来た人」の方が適した。写真か記事か。撮影か執筆か。写真記者をカメラマンとして重視するか、それとも記者として重視するのか。

バブル期を経て九〇年代に入ると、『新聞労連』紙上では「ゆとりある労働環境」が求められた。[115] 社員である写真記者の労働量を考慮すれば、外部のフリーランスの活用は合理的であった。

「シャッターマン」化

二〇〇〇年代後半になると、世界的に回線状況が向上し、取材現場からの電送も格段に高速化した。本社の編集局を中核に、現場を含め、さらに高度にシステム化されるようになった。写真は、「テレビ中継をウオッチしている専門の受けデスク」が選ぶようになり、写真記者は「ひたすらシャッターを押しまくく」る状況となった。[116]読売新聞東京本社・写真部の鈴木竜三は、そのような写真記者を「シャッターマン」と呼び、「現場の空気をまったく反映していない紙面作りに加担することになりかねない」と危惧した。[117]「シャッターマン」という姿は、取材対象を深く理解しようとした、かつての態度と真反対であった。

写真記者の専門性の低下は、ゼネラリスト化と同義であった。毎日新聞東京本社・写真部長の佐藤泰則は、写真記者に対するシステムの影響について、「エディターの要素を含めてトータルの力を求める傾向が非常に強くなってきた」と述べた。[118]読売新聞東京本社・写真部長の池田正一も、「以前はベストショットを撮ることに力を注いできましたが、今や写真も撮れる、基本的な取材もできる、原稿も書けるという資質が写真記者に要求されています」と同意した。[119]写真記者と一般記者との差異はさらに小さくなり、写真記者は限りなく一般記者に近づいた。

一般記者との差異が極小化すると、相互の入れ替え、すなわち配置転換が容易となる。西日本新聞社・写真部の吉良治は、「人事面で一般取材セクションとの交流は頻繁に行われている」と述べた。[120]朝日新聞や毎日新聞も同様であった。[121]雇用を継続した上で、社員や労働力を各所に効率的に配分するには、配置転換は必須であった。写真記者のゼネラリスト化は、経営上の合理化と一致した。

第四節　抽出された要因と文脈

［一］写真記者の歴史的変化の概略

一九五〇年代、写真記者の技術的な専門性は高かったものの、ニュースルームにおいては劣位にあった。大きな要因は、写真記者の低い学歴や教養にあった。

六〇年代から七〇年代にかけて、写真記者は高学歴化した。高学歴化の背景には、テクノロジーの進展による撮影技術の平易化があった。撮影技術の平易化によって、一般の記者と写真記者の差異は低下した。撮影技術の平易化と並行して、写真記者に原稿の執筆が求められるようになった。労働組合は、職能ごとの格差を許容せず、写真記者の専門性は高まらなかった。写真記者の志向も一般の記者に近づいた。写真記者が一般記者と大きく異なったのは、特定の取材領域とニュースソースの不在であった。

八〇年代、カメラマンが記事を書くようになって二〇年以上が経過したが、依然として写真記者には受け身の姿勢が見られた。ＰＲの興隆は、新聞社の写真記者にとって逆風であった。主体性の回復も試みられたが、効果は限定的であった。紙面のカラー化が進むとともに、写真電送の技術が発達した。写真と写真記者に対する期待は大きかった。

九〇年代、写真記者を取り巻くテクノロジーの進展は続き、九〇年代半ば、撮影すると直ちに、編集局に写真が届くようになった。さらに、高度にシステム化されたことによって、写真はニュースルームで共有されるようになった。写真記者が有した成果物選択の特権はなくなった。二〇〇〇年代後半になると、世界的に回線状況が向上し、写真記者の専門性はさらに低下した。

長期的にみれば、ニューメディアの台頭を背景に写真記者に対する期待は高かったが、テクノロジーの進展をはじめとした要因によって、写真記者の専門性は低下し続けた。写真記者の地位は向上したが、それは写真撮影の専門家としてではなく、一般記者化することによってもたらされた。

［二］ 五つの要因と文脈

学歴

ニュースルームで劣位にあった日本の写真記者は、一定程度の上昇移動を果たした。要因のひとつは、高等教育であった。

写真に関する専門教育が影響を与えた期間は短かった。置き換わったのは、一般教養としての高等教育であった。日本の写真記者の専門性は低下し、写真記者は一般の記者に近づいた。大きな要因は、テクノロジーによる職務の平易化であった。

テクノロジー

九〇年代の日本では、①電子カメラの普及、②電送技術の平易化、③ニュースルームのシステム化の三つが同時に生じた。それらによって、ニュースルームにおける写真記者の地位の向上は限定的となった。

撮影と同時に写真がニュースルームで共有可能となったことで、成果物選択の独占性が剥奪され、劣位性の解消は限定された。

労働組合

日本の労働組合はニュースルームにおける同一の待遇を目指した。待遇は平等となったが、意図せざる結果として、記者の専門化を抑制した。

長期的にみれば、ほぼ一貫してゼネラリスト化は進んだ。経営側が進めた合理化や機械化と、労働組合が求めた平等な待遇が均衡した結果がゼネラリスト化であった。

固有の取材対象とニュースソース

日本の写真記者をみる限り、固有の取材対象とニュースソースを持たないことは、ニュースルームにおける地位に大きな影響を与えた。固有の取材対象を持たないことが、ニュースソースの不在に繋がった。言い換えれば、ニュースソースを持つには、それに先んじて、固有の取材対象を持つ必要があった。

記者とは「書く者」

日本の新聞記者に共通のレーゾンデートル（存在理由）は、原稿を「書く」ことであった。写真記者の地位の向上をもたらしたのも、原稿を書くことであった。専門性が低くなったとしても、「書く」という行為によって、ニュースルームにおける劣位性は解消された。言い換えれば、日本の新聞記者は職務上において、原稿の執筆を最重要視し、専門性は二の次であった。

第五章

整理記者
――ニュースルームの「最後の砦」

図5-1　毎日新聞東京本社整理部　パレスサイドビルへ社屋移転後の風景（1966年）（毎日新聞社提供）

第一節　高まる整理記者の権限（一九五〇年代末～六〇年代前半）

［一］　ニュースの価値判断

整理部周辺の業務

整理記者は取材しない。政治部や社会部などの出稿部から提出された記事を整理、あるいは編集するのが、整理記者の主たる職務である。本章が扱う整理記者以外にも、校閲記者（校正記者）などは取材を行わない。

整理とは主に、集まった原稿に優先順位を付け、原稿の内容を確認するとともに、見出しを検討することをいう。優先順位とは、記事の採用・不採用だけでなく、どの面の、どの位置に、どのくらいの大きさで掲載するのかを含む。優先順位の高いものほど大きく扱われる。

編集とは、整理済みの記事原稿と広告などを統合し、紙面を構成することをいう。見出しも付加される。編集は、紙やVDTなどのモニターの上でなされる。川下の組版ほどにはハードウエアを用いない。

組版とは、編集済みの紙面を、活字を組んで印刷可能なものにすることをいう。編集が決定したレイアウトを基に、実際に印刷される一面分の紙面を作る。組版は、印刷工程の直前に位置し、記者が関わる最後の工程である。整理記者の立ち会いのもと、専門の職工が作業する。編集がソフトウエア的になされるのに対し、組版はハードウエア的になされた。

整理部が有した大きな権限

大正期から、整理部はニュースルームで大きな権限を有した。一九五二年に占領が解け、新聞業界は自主性を回復した。各面の編集は「すべて整理部の仕事」とされ、整理部の権限は、それ以前よりも大きくなった。[1]

専門性の高いスポーツ面などは、整理部の担当外の場合が多かった。そのような場合においても、紙面全体の質を考慮すれば、編集は整理部が担当するのが理想とされた。[2] 五〇年代半ば、新聞労連では紙面の増加と、それに伴う労働強化が大きな問題となった。[3] 増頁によって、整理記者の職務は増加した。

出稿部と整理部は、組織上は同格であった。編集局長や編集局次長などの上長が編集方針を示す場合もあったが、実際の紙面制作は、各部のデスクが協働して担った。

紙面に関する最終決定権は、整理部が有した。紙面の質や統一性を考えれば、各出稿部は整理部に「直属」させた方がよいという見方さえあった。[4] 各出稿部は、整理部の権限の肥大化を忌避した。原稿の生殺与奪の権を有する整理部が、今以上に力を持つのは都合が悪かった。出稿部と非出稿部である整理部の関係は、後々まで検討される。

この時期の整理部の実務は、どのようなものであったか。東京新聞・記事審査委員長の児島宋吉によれば、日本の整理記者は、米国における「ニュース・エディター」と「メーキャップ」の双方を担ったという。[5]前者は、ニュースの選択や重み付けをし、後者は、見出しやレイアウトなど、紙面上の見せ方を担当した。米国のニュースルームでは職務は分けられたが、日本のニュースルームでは双方ともに整理記者が行った。日本の整理記者について児島は、「むしろニュース・エディターの仕事をしている」と述べた。[6]日本の整理記者は、編集と見せ方の双方を担当しつつ、軸足は見せ方よりも編集にあった。

ニュースの価値判断に求められる客観性

整理記者に求められる最重要な責務は、ニュースについての「正しい価値判断」であった。価値判断は、「広い知識」に基づいてなされるべきだとされた。[7]整理記者は、各出稿部から出稿された記事を「トップ、三段、ボツ(没)と認定」した。[8]既述のように、整理記者は編集と見せ方の双方を担ったが、さらに細分化すれば、編集のなかに整理という職務があった。整理を除いた編集を狭義の編集とすれば、作業の川上から順に、整理→編集→見せ方の順となった。[9]

このうち、価値判断は主に整理においてなされた。各記事がどれほどのニュース・バリューを持っているのか。つまり掲載するのか、しないのか。掲載するとすれば、どの面に、どの程度の大きさで掲載するのか。これらを整理記者は迅速に判断した。整理記者の職務は整理だけに終わらず、後述の組版についても、朝夕刊の締め切りに追われながら遂行しなければならなかった。

ニュースの価値判断では、主観と客観が問題となった。主観と客観は、整理部員にとって「古くてつねに新しい問題」であった。[10]朝日新聞東京本社・整理部長の沢山勇三は、次のように述べた。

「私の価値判断は正しい」などと言ってのける整理部員があったとすればどうかしている。（略）お前は何を基準にしてそれをやるのかと開き直られると、私は頭が重くなる。カゲの声が〝実はカンでやってます〟と白状しろと言う。（略）私としてはカンでやっているなどとは口がさけても言いたくない。カンとは由来直感的つまり多分に主観的なものであろう。整理部員がやるのは客観的な価値判断のはずだという自尊心が許さない。[11]

ニュースの価値判断は、主観ではなく、客観に基づいてなされるべきだと主張された。各部が出稿した記事が、整理記者の主観で判断されては、出稿記者は堪《たま》らない。「不偏不党」を標榜する新聞社にあって、一人の主観に基づいた判断はあり得ない。もし主観に基づいて判断されるのならば、当日の担当によって、紙面の編集が大きく変わる。少なくとも建前上は、何らかの統一的な客観性があり、その客観性に基づ

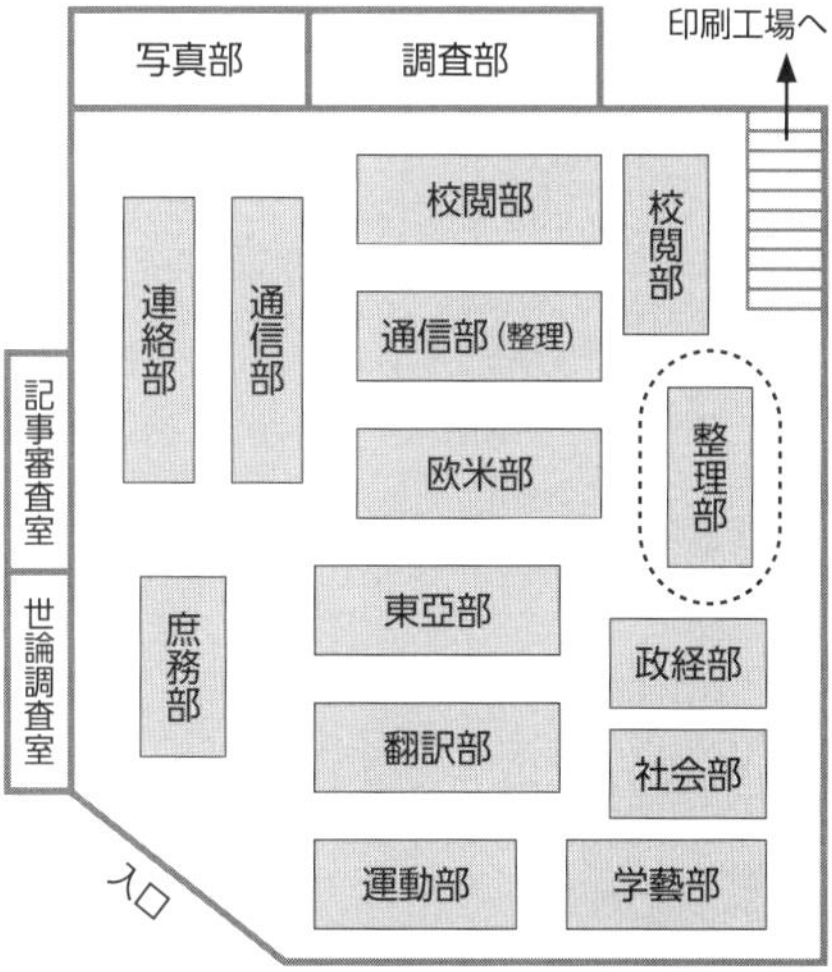

図5-2 編集局内部の部署の配置
各出稿部は整理部を中心とした扇状に配置され、整理部は印刷工場への階段にもっとも近い。整理部の周囲には、政経部などの重視された出稿部が位置するとともに、協働が必要となる校閲部や通信部の整理記者が配された。反対に、運動部や学芸部や写真部は遠かった。
（出典：茂木政『新聞（社会科文庫）』三省堂出版、1949年、44頁より筆者作成。破線は筆者付加）

いて判断が下されることになっていた。しかしながら先の沢山の言は、その客観性の存在が怪しく、またあったとしても、その客観性は整理記者に内面化されており、実際上は直感的に下されるものであるとの吐露であった。締め切りに追われるなかで、正確かつ迅速な判断を下さなければならない整理記者にとって、ニュースの客観的な価値判断は、極めて困難であった。

事実確認という最終チェック

判断のミスは、時に誤報に繋がった。誤報は、新聞社の信用を大きく傷つけた。誤報を未然に防ぐため、実際上の作業の「重要部分」を占めたのは、「事実の確認」であった[12]。整理記者には、「ニュースに書かれている事実を確かめる」ことが常に求められた[13]。

五〇年代は、まだ新聞の頁数は少なかった。五〇年代末においてさえ、朝夕刊合わせて一〇頁程度であった(九〇頁の図2－2)。少ない頁数は、掲載する記事が少ないことを意味した。

少数の記事であれば、記事を厳しく精査することは容易であった。「事実の確認」がとれない場合、記事の全体あるいは一部を掲載しなければ、誤報は発生しなかった。整理記者は誤報を防ぐため、厳しくゲートキーピングを行った。整理記者はゲートキーパーとして、ニュースルームで重要な位置を占めた。

重視された整理部であったが、一方で、不要論も存在した。整理部が不要であるとする理由のひとつは、総合編集の機運の高まりであった。五〇年代、新聞は急速に近代化し、政治部や社会部が連携した総合的な編集が必要となっていた。毎日新聞社の浦上五六は、同社の古谷綱正の著書を引きながら、「整理部を廃止して、編集長システムをとるべきだ」と主張した。[14]古谷と浦上は、ともに整理部不要論者であった。[15]

既述のように、整理部と出稿部は組織上において同格であったが、古谷と浦上は、整理部が出稿部と対等な立場で編集するのではなく、出稿部よりも上の立場から編集を行う必要があると主張した。言い換えれば、編集という職務は、出稿部と同格では十分に実践することができないと主張した。整理部は大きな権限を有したが、その権限をより大きくする必要があり、その部署の呼称は「整理部」ではないとの主張であった。整理部不要論は、編集不要論ではなく、むしろ編集という職務を極めて重視する考え方であった。

整理部不要論者は少数であり、決して支配的ではなかった。少数ではあったが、新聞社内に確実に存在した。整理部の存在に懐疑的な者は、少なからず経営に近い立場にあった。経営者は「編集部門の人数が相当多い」と認識していた。[16]

表5−1は、六二(昭和三七)年における、朝日・毎日・読売の東京本社の記者数である。[17]各社ともに、社会部と地方部を除くと、整理部が最多であった。表には「記者」のみを示したが、この他に「編集庶務」が、各社ともに一〇〜二〇人ほどいた。

表5-1 全国紙・東京本社の編集局内の記者数(1962年)

	整理	政治	経済	社会	地方	学芸	写真	外信
朝日(東京)	46	38	37	81	64	46	29	42
毎日(東京)	78	37	37	86	67	31	47	39
読売(東京)	62	36	31	101	87	40	37	32

(出典:『新聞労務資料　第11集』より筆者作成)

「オーバースタッフ」の解消は、経営上において大きな問題となっていた。五〇年代末には、「産経残酷物語」と呼ばれる、水野成夫による経営強化がなされた。三井三池争議や安保闘争など、六〇年前後の労働組合の対決姿勢は強硬であった。[18]

[二] 重視される工程管理——朝日の大整理部と送稿部

整理部の拡大

六〇年五月、朝日新聞社は整理部の大幅な改組を行った。「大整理部」の誕生である。大整理部と「整理」の名は残されたものの、実態は整理という職務の拡大ではなく、編集の拡大であった。整理不要論とは編集の重視であり、大整理部という改組は編集機能の拡大であった。

大整理部には一八人が所属することになった。構成の内訳は「整理の経験のある部長クラス」一二人と、整理部の次長やデスク経験者六人という、極めて重量級の人事であった。[19] 大整理部は、その名に「部」がつくものの、部長クラス一二名が所属することからみて、部よりも上の組織であった。

部長クラスが担った業務は、どのようなものであったか。日常の業務として、「整理の経験のある部長クラス」が各面の整理を担当した。政治面や社会面など、各面の担当は「面担当」などと呼ばれるが、面担当の整理を部長クラスが務めるのは異例であり、各面の整理を、強いリーダーシップの下で行うという決意の表れであった。

大正期の政治部や社会部のような有力な部は、専属の編集助手を有し、部長の指揮の下、自らの部内で編集を行った。大整理部の面担当は、その要素を取り入れたともいえる。しかしながら大きく異なるのは、面担当の編集者が、同じ部に所属していないという点である。「部長の指揮の下」ではなく、あくまで独立した大整理部の編集者、すなわち整理記者として整理に当たった。

一方、大整理部のデスクは、形式上において存在せず、編集長がその名の通り、編集の長として主導した。大整理部の部員は「編集委員」と呼ばれ、編集局長に直属した。[20] 大正期には、編集長や編集総務などが編集の実務を取り仕切ったが、その形式を模したといえた。ニュースルームが大規模でなかった時期の編集長が主導する組織構造を、大規模となった六〇年前後のニュースルームに適用した。[21]

整理記者が担当した編集に関わる全般の仕事を、大整理部では編集委員が行った。職務上は編集委員でありながらも、職階上は「部長クラス」が中心であり、見方を変えれば、編集者の地位が向上した。

大整理部が新設された大きな目的は、ニュースルームにおける編集機能の強化だけではなかった。編集機能の統合が目指された。新聞業界では、四つの本社を総称して、四本社などと呼ぶ。関東圏をカバーする東京、近畿圏をカバーする大阪、中部圏をカバーする中部、九州をカバーする西部である。以上四本社は、それぞれ自前の編集組織を持ち、独自に紙面編集を行っていた。大整理部の大きな目的は、この四本社に分散していた編集機能を、「全体として東京中心の編集」に移行することであった。[22] 端的にいえば、編集機能の東京への一極集中が目指された。

第一章でみたように、明治末期から大正期にかけての中新聞化は、大正期の全国紙化へと続いた。

戦後、朝日・毎日・読売などの大新聞社はさらなる全国紙化を目指すが、大きな転機となったのは、首都・東京における中央集権的な編集であった。

送稿部の発足

大整理部の発足とともに、朝日新聞はもうひとつの部署を新設した。「送稿部」である。送稿部とは名の通り、原稿を送る部署であった。送稿部が設置されたのは東京本社であった。送る先は大阪、中部、西部の各本社であった。送稿部は、整理という職務と「非常に密着した」部署とされた。[23] 送稿部は朝日内部で、「新しい体制の役割」を担うことが期待された。[24]

改組の背景には、技術革新があった。漢字テレタイプ（以下、漢テレ）の導入である。漢テレとは、電信などを用いて日本語を遠方に送るシステムであった。コンピューターやネットワークが普及する以前においては、画期的なシステムであった。

漢テレ以前のモノタイプを含め、機械化の大きな目的は、活版周辺の自動化や省力化であった。[25] 新聞労連は漢テレの導入に対し、「過当競争を激化し、大資本の独占化を強化する」として反対し続けた。[26]

送稿部が新設された大きな目的は、漢テレの「コントロールタワー」の役割を担うことであった。[27] 東京の送稿部が「コントロールタワー」となり、整理された原稿は各本社に漢テレで送られた。以前のように整理されていない原稿が送られてきた場合、東京以外の本社の整理部は原稿の整理や校正をする必要がある。漢テレは受信に、かなりの時間を要した。[28] 整理されていなければ、締め切り時間に間に合わない。整理されていれば、受信に時間を要するものの、整理や校正の手間は省ける。漢テレの導入は、東京における一元的な整理を前提とした。

朝日新聞社の場合、漢テレが導入される以前は、東京、大阪、中部、西部の各整理部は、いずれも整理、編集、組版を担当し、見方によっては、各本社で同じ職務を重複して行っていた。しかし漢テレの導入によって、東京以外の整理部の必要性は大幅に低下した。すでに東京で整理された原稿は、各本社で整理する必要がないからである。[29]東京以外の整理部の重要性が低下した半面、東京の整理部の重要性が高まった。[30]

工程管理される原稿と記事

漢テレをはじめとした機械化は、大きな設備投資を伴った。畢竟、効率性が重視された。整理記者の座談会で朝日新聞東京本社・整理部長の宮本英夫は、変革を迎えた整理部でもっとも重要なのは「機械にのるようなもっていき方」と述べた。[31]同座談会の司会を務めた『新聞研究』

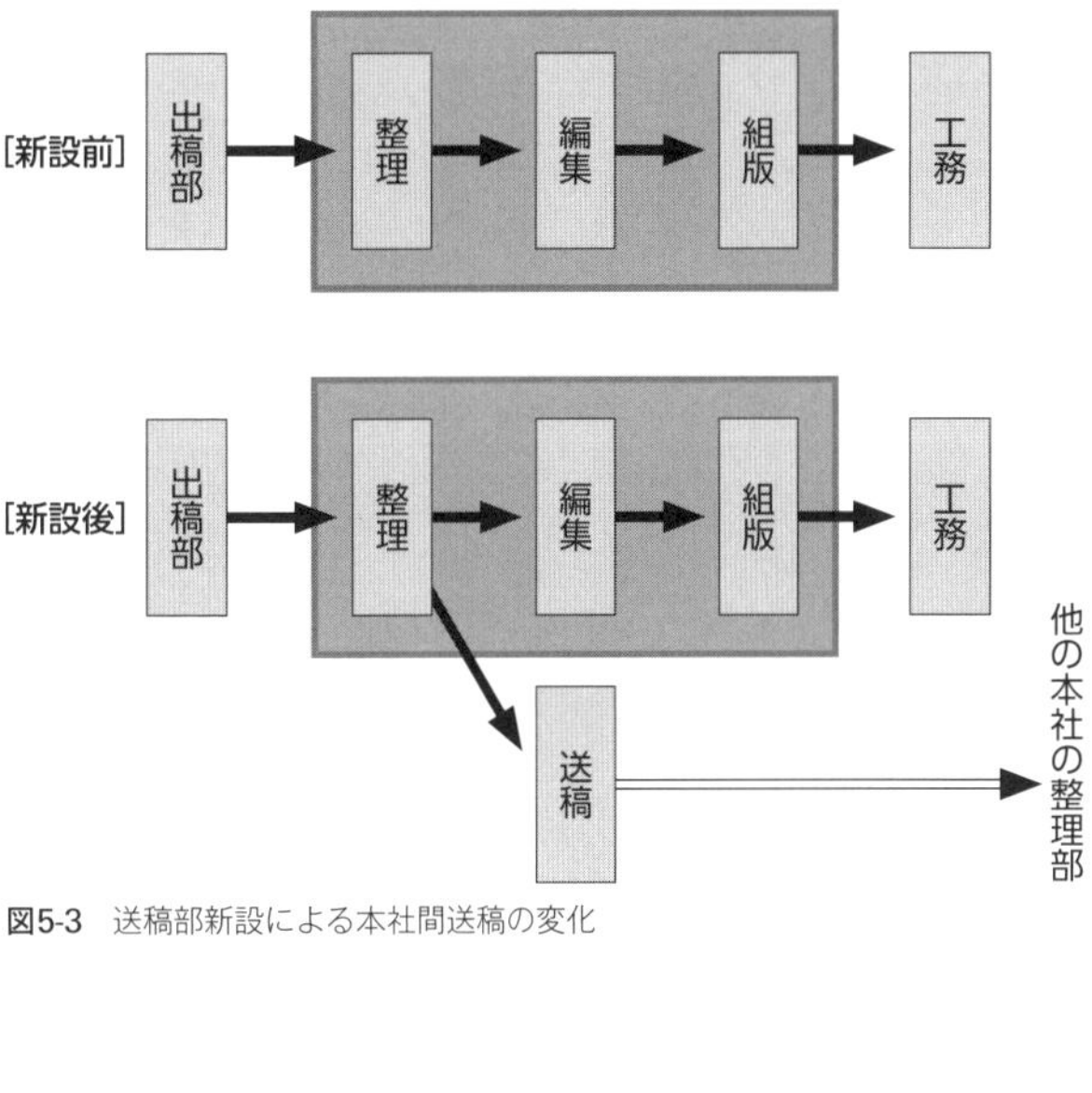

図5-3　送稿部新設による本社間送稿の変化

誌の広報課長らは、整理部をめぐる変化を次のように語った。

現在の機械化は、新聞を作っていくメカニズム全体を基本的に変革していかなければならないという性格が強いのではないでしょうか。いままでのように、原稿がデスクにはいり、デスク（出稿部）から整理部に、整理部から工場へと、いったん止まっては動き止まっては動きするという方法ではなくて、機械にのって一本でとおっていってしまう。それをどこでチェックするか……。（略）現在の整理部の暗中模索というのは、どこかにその突破口をさがし出し、新しいシステムを作りあげようとして起こっているものだと思います。[32]

現状の整理を取り巻く大きな問題は、各部や各作業工程で原稿や記事が滞留し、処理待ちの状態が複数存在することだと認識されていた。既述のように、送稿部新設の目的は「コントロールタワー」の役割を担うことであったが、「コントロール」とは、原稿や記事の滞留を除去し、それらの流れをスムーズにすることであった。

滞留を除くには、何をコントロールすればよいのか。毎日新聞東京本社・印刷局長の長谷川勝三郎は、「作業管理」と明快に答えた。[33] 作業管理の徹底によって「工場をできるだけ高能率で使う」必要があると、長谷川は強調した。作業管理の要諦について朝日新聞東京本社の宮本は、「記事の流れ」と「機械との結びつき」を、より「円滑」にすることだと述べた。[34]

東京の送稿部が作業管理を徹底し、四本社全体の原稿の流れを円滑にすることで、効率の向上が目指された。記事と機械との結び付きの強化とは、原稿や記事を、制作工程や製造工程の上で把握することであった。

編集に軸足を移す整理部

送稿部の新設は、整理部の職務分掌にどのような影響を与えたのか。宮本は、整理部の職務について、次のように述べた。

従来の整理部の仕事を大きくわけると、整理という仕事と編集という仕事の二つにわけられる。このうち編集という仕事は整理部で全部やる。しかし原稿の整理そのものはほとんど送稿部でやってしまわないと機械がムダに動くことになる。[35]

宮本は整理の仕事を、整理と編集に二分した。原稿の前処理を整理、整理された原稿を用いて紙面をつくっていく作業を編集とした。宮本のいう編集には、組版が含まれる点には注意が必要である。つまり、東京の送稿部が主に整理を担当し、各本社の整理部は、組版を含めた編集に軸足を移すことになった。

それによって、東京本社における呼称と職務に、捻れが生じた。東京の送稿部は、整理を担当するにもかかわらず、整理部ではなく、送稿部と称された。東京以外の整理部は、主に編集を担当するにもかかわらず、従来通り、整理部と称された。

編集を主に担当するのであれば、編集部が相応である。しかしながら宮本は、「記事をいじくったり、見出しをつけたり、大組みをしたり」という広義の「編集」を、あくまで整理部の「固有の仕事」とした。[36] 一方で、実態と呼称の乖離《かいり》に言及する整理記者もいた。後年、毎日新聞東京本社・編集局次長兼整理本部長を務めた早川仁朗は、「なぜ先人は、この部を「編集局編集部」とでも命名してくれなかったか」（強調筆者）と嘆いた。[37]

機械効率を高めるため、厳しく作業管理を行った送稿部であったが、送稿部と密接に関係した整理部においても、機械効率が重視された。つまり、整理部が新たに注力することになった編集と組版においても、機械効率が重視された。宮本は「将来の行き方としては、整理部員があまり質的な考慮をして、機械を阻害することがないようになっていかなければいけない」と述べた。[38]

機械効率を阻害するとされた整理記者の「質的な考慮」とは何なのか。次項でみていくことになるが、それは職務に対する整理記者の頑《かたく》なな姿勢であり、周囲から「職人気質」と評された。

［三］ 出稿記者に求められた変容

適応できない整理記者

朝日新聞が試みた大整理部という組織改革は、一年が経過しても、まだ途上であった。朝日新聞東京本社の宮本は、六一年一月の『新聞研究』誌上の座談会で、「まだ〝整理部のやり方は、とくに変化した〟とはいえない状態」と述べている。[39] 印刷工場の設備や機械は新しくなり、工務部などの川下の業務は刷新された。一方で、工務部よりも川上、つまり出稿部に近い整理部は、「どちらかというと機械化に追いまくられて右往左往している状態」であった。[40] 原稿の執筆という極めて人間的な作業と、機械化が比較的容易な工務との間にあって、整理部は機械化に適応できずにいた。

日本語の文章を遠方に送る漢テレは、活字鋳造と組み合わされ、自動活字鋳植機として導入されていた。[41] 六〇年代には、より高速な写植機の導入が検討され、それによって整理記者は「もっともっと機械化に制約された整理技術」が求められるようになった。[42]

整理記者の記事や編集に対する態度は、従来から変わっておらず、「職人気質」などと批判された。整理記者の職人気質は、機械化の障害とされた。宮本は、次のように述べた。

> 機械化に対して、編集人が追いつけないわけです。（略）悪くいえば職人気質的な、伝統の方針でやっているわけです。だからこの旧式なやり方を機械に合わしてやっていくよう変えなければ、結局、混乱のタネになると思う。[43]

整理部の従来の仕事のやり方は否定され、あくまで機械中心への変更が求められた。五〇年代末から新聞労連は、漢テレの導入に反対し続けたが、[44] 機械化とそれに伴う改組によって、より多くの「不当配転」が生じた。[45]

朝日新聞社における整理部の大規模な改組を、他社はどのようにみていたのか。読売新聞社・編集総務の白神勤は、「読売も同じような状態」と述べ、同社も整理部を改組する必要性があるとした。

白神は自社のニュースルームについて、「従来からの、編集とか整理の仕事のやり方、しくみというものは、ぜんぜん再編成されず、旧態依然に近い」と批判した。[46]

整理部批判の背景には、機械化だけでなく、編集方針の変更があった。いわゆる総合編集である。総合編集は一九二〇年代から主張されたが、戦間期には鳴りを潜めた。戦後、柔軟に紙面展開する頁上の余裕が生まれたことで、再び総合編集の機運が高まった。しかし従来の整理部では、戦後の総合編集に対応することは難しくなっていた。各社は、総合編集をどのような組織で行うかに頭を悩ませた。総合編集の導入とともに新設された整理部が、総合編集の本格化によって見直されるのは皮肉であった。

機械化に対する不安

整理記者は、機械化に不安を持っていた。愛媛の地方紙の整理記者は、「機械化によって整理部の仕事というようなものがある程度制約されるというか、ワクみたいなものがだんだんできつつある」と吐露した。[47] その上で、「画一的な紙面づくりというものを整理部が迎えつつあるのではないか」と、先行きを不安視した。北海道の整理記者も、「機械化が進むにしたがって同一紙面の作成というものが、強く要望されてくるのではないか」と、同様の所感を述べた。機械化によって整理記者の自由度が低下し、独創性を発揮しにくくなっていた。紙面の画一化への帰結を、整理記者は強く危惧した。

朝日新聞東京本社に話を戻すと、整理部と出稿部との間に送稿部が介在するようになったことで、整理記者と出稿記者とのコミュニケーションは減少した。それによって、整理記者が出稿記者に与える影響が低下した。第一四回新聞大会の座談会において、東洋大学・教授の千葉雄次郎は、「整理部は、個々の新聞のカラーと方針をいちばんよく知っていて、編集方針を統一する役目を果たしていた」と述べた。[48]整理記者は出稿記者に対して、一定の教育的機能を有した。千葉は、「そういう教育を、いったい出先記者に徹底して行ないうるかどうか」と述べ、整理記者の出稿記者に対する教育機能の低下に危機感を示した。「個々の新聞のカラーと方針」が継承されなければ、各紙の特徴が薄れ、結果的に記事や紙面は画一化する。この時期の新聞労連は、配置転換の増加を問題視した。配置転換の頻発によって、業務の継承が困難になった。

機械の効率を優先する傾向は、整理記者だけでなく、出稿部の記者にも影響を与えた。宮本は、記者は押しなべて「機械とはそういうものだ」と認識する必要があると主張した。機械化は不可避であり、出稿部の記者は「記事が一日中平均して出ていく」よう留意することが求められた。[49]

効率の追求は終わらなかった。効率をより高めるため、原稿のストックが検討された。出稿部の記者は「早く書けるものは早く書いて流していく」べきであり、むしろ「そこから出発して考えなくてはならない」とされた。[50]原稿の執筆において第一に考えるべきは、機械効率だと主張された。五〇年代末からの機械化は、整理記者だけでなく、出稿記者に対しても機械効率を最優先することを求めた。

五〇年代末、北海道をはじめ、ファクシミリによる紙面電送が開始された。紙面電送は、電送先の整理記者の仕事を大きく低減させた。この時期のファクシミリによる紙面電送は低画質であり、少なからず問題があった。しかし歴史的にみれば、ファクシミリによる紙面電送は、後のコンピューター化への布石となった。ファクシミリによる電送は、六四年の東京オリンピックの報道でも活用された。新聞における写真技術の革新は、オリンピックの開催のたびに生じた。[51]

新聞労連は、ファクシミリ電送の普及によって、整理記者の仕事が締め切り間際に集中し、さらなる労働強化に繋がると懸念した。[52] 新聞労連が右記の指摘をした五九年、新聞労連は、朝日新聞の整理記者の急死を伝えた。当該の整理記者はファクシミリ電送の開始に伴い、北海道と東京本社を頻繁に往復していた。[53]

第二節　完全原稿という理想（一九六〇年代半ば〜七〇年代）

〔一〕　工務部門からの要請

制作から製作へ

一九五〇年代半ばからの高度経済成長によって広告費が増大し、新聞業界は積極的に設備投資を行うようになった。背景には、新興メディアであるテレビの成長があった。

設備投資は、組織の見直しを伴った。朝日新聞社が五〇年代末に試みたニュースルームの改組は、六〇年代半ばになると全国的な広がりをみせる。毎日新聞西部本社・編集局長の田中菊次郎は、「信濃毎日新聞をはじめ神戸新聞などでも、編集局と印刷局のこれまでの区分けを、取材局、製作局、印刷局というふうに機構改革する傾向が目立ってきた」と述べた。[54] 各社は整理記者だけでなく、編集局全体を見直し始めた。

取材局には、政治部や社会部などの出稿記者が配属された。一方で整理記者は、主に製作局に配属された。新聞業界に「せいさく」は、二つあった。制作と製作である。区別は時に不明瞭、不明確であったが、大きな傾向として、製作はハードを伴い、制作は伴わなかった。英語でいえば、制作はcreation (create)、製作はproduction (produce) である。ハードを伴う製作は、多くの設備を要した。一方の制作は、製作ほどの設備を要さなかった。製作の中心は印刷工場であり、制作の中心は編集局であった。製作は比較的重労働であったのに対し、制作は頭脳労働が多かった。

整理記者は、編集局のなかでもっとも川下に位置する記者であり、製作を部分的に担当した。[55] 整理記者は、製作との橋渡し役であり、大組みに立ち会った。

編集局の改組は、どのような影響を与えたのか。従来の編集局には、原稿を書く記者と、書かない記者が混在した。書く記者は出稿記者であり、書かない記者は整理記者や校閲記者などであった。

しかしながら出稿部が局として独立すると、局内は原稿を書く出稿部の記者だけになり、記事を書かない記者、すなわち整理記者は不在となった。製作との橋渡し役であった整理記者がいなくなったことで、取材関係者の機械に対する理解不足と、印刷関係者の出稿記者に対する理解不足が同時に生じた。機械の有無で部署を明確に分けたことで、双方に対する無理解が生じ、それによって「絶えずトラブルを生じがち」な状況となった。[56]

立ち現れた「完全原稿」という思想

六〇年代初頭、機械効率を最重要視した原稿執筆が主張されたが、六〇年代半ばになると「完全原稿」という「思想」が立ち現れた。[57] 整理記者周辺の状況は急速に変化する。

日本新聞協会・製作技術課長の由利和久によれば、この時期の完全原稿という言葉の「出所」は、工務部門であった。[58] 完全原稿という考え方は以前から存在したが、六〇年代半ばの新聞業界において再び前景化した。ポイントは完全原稿という思想が、制作ではなく、製作の側から提起されたことだ。提起の背景には、「活版作業の機械化」があった。完全原稿について由利は次のように述べた。

> 工務の立ち場から極端ないいかたをするなら、整理部の仕事が完全に終わっていなくても、いったん出稿された原稿が、組み版段階で修正さえしなければ、それだけで〝完全原稿〟といってもよい。[59]（強調筆者）

製作を担当する工務にとっての一番の問題は、修正の有無であった。ハードを伴わない制作の修正は、鉛筆ひとつで済むことが多かった。それに対してハードを伴う製作の修正は、時に紙型や鉛版の再製作などが必要となり、コストの増大に直結した。大組み完了→最終校閲→赤字差し替えが終わると、「降版」と呼ばれ、「いっさい手入れ、手直しができない」のが原則であった。[60]「非常」の場合は、紙型に「削り」を入れたが、本来は許されないことであった。

最悪の場合、つまり印刷した紙を廃棄するような間違いは、[61] コスト上において大きな問題であった。機械効率、すなわちコストのみを考えれば、誤報を含めて記事の質は問われず、修正さえなければ、当該の原稿は完全なる原稿であった。

完全原稿であれば、もはや整理部がチェックする必要はない。岐阜日日新聞社では、完全原稿を実現するため、各出稿部のデスクと整理記者が、取材原稿に「加筆・訂正・削除」することを原則禁じた。[62] 同社の経営方針を、同社社長の山田丈夫は「少数精鋭主義」と称した。出稿記者が「精鋭」であれば完全原稿が実現され、記者は少数で済むという「主義」であった。

完全原稿という思想は、整理部の仕事の軽視に繋がった。[63] 六〇年代半ば、毎日新聞東京本社・整理部の仕事は、出稿された原稿の管理、すなわち「送稿管理」が主となった。[64]

五〇年代から六〇年代にかけて、各紙は紙面の頁数を増やし続けたが、紙面の増加は、記事や原稿の増加を意味した。整理し、編集する原稿は増え続け、送稿も増大した。既述のように、新聞労連は五〇年代前半から、労働強化に繋がる増頁に一貫して反対した。[65]

完全原稿が達成されたとしても、チェック作業そのものがなくなるはずはなかった。整理記者が担当していたチェック作業は、完全原稿になって以降、原稿を提出する出稿部の記者が行うことになった。完全原稿とは、出稿記者が整理記者の職務の一部を兼務することであり、言い換えれば「オールラウンド記者」を目指したものであった。[66]

六〇年代以前のニュースルームでは、取材を知らない整理記者はダメだというのが通説であった。整理という職務を全うするには、原稿を提出する出稿記者の職務を知る必要があり、出稿記者の職務を知らなければ、彼ら彼女らの執筆した原稿を整理することはできないという思想であった。

しかし六〇年代中頃になると、反対に、「整理を知らない新聞記者はだめだ」と主張されるようになる。[67] 六〇年代中頃を境に、主体と客体が入れ替わり、整理が出稿を知るのではなく、出稿が整理を知るべきだとされる転回が生じた。

整理を知るとは、自らの原稿や記事が、提出後どのように扱われるかを知ることであった。転回の前後で異なったのは、転回前は、他者が行う業務を知ることであったが、転回後は自らが経験したことであった。整理記者は伝聞などによって出稿記者の職務を学んだが、出稿記者は自らの職務として知った。

六〇年代は、組織の改組や職務の見直しが続いたが、それは記者の分化や再定義でもあった。経営側は「職務給」や「職分制」の導入を何度か試みたが、[68] 既述のように、新聞労連はそれらの導入に反対し続けた。[69] 一九五〇年代から二〇〇〇年頃まで、新聞労連は一貫して職能間の格差を否定し、社員や組合員の平等な待遇を要求した。

七〇年代半ば、ようやく職分制は廃止された。[70] 平等な待遇の獲得は、労働組合にとって悲願であったが、見方を変えれば、記者のゼネラリスト化の追い風となった。

〔二〕　合理化の追求と編集に特化する整理記者

機械化の圧力

ここまでみてきたように、整理部周辺の改組や職務の見直しの根底には、常に効率化や合理化があった。整理記者に対する効率化や合理化の圧力は、他の記者に対するよりも、はるかに強かった。毎日新聞社の中谷は、「すべての製作合理化がコストダウンにつながらねばならない」と述べた。[71]中谷の合理化の主張は、製作に関してであった。整理記者は編集局にあってもっとも川下であり、自らは制作を担ったものの、直後の製作と極めて緊密であった。製作に対する合理化の圧力を編集局内でもっとも強く受けたのは、製作に近接した整理記者であった。

中谷によれば、合理化は「至上命令」であった。[72]合理化の障壁は、以前から指摘された整理記者の職人気質であった。紙面は「複雑」で、編集が「過剰」であると、経営者は認識していた。[73]例えば、読売新聞社・取締役工務局長の長倉栄は「地紋つき見出し」について、「こんなことは雑誌にまかせて、やめていい」と述べた。地紋とは、見出しなどの背景に模様を入れることを指し、基本的には整理記者が判断した。神戸新聞社・代表取締役社長の田中寛次も、「読者だって喜んでいない」と長倉に同意した。このような整理記者の拘《こだわ》りは、経営者にムダと映った。

一方で、整理記者は「だんだん変わってきている」と指摘された。[74]整理記者が変化した最大の要因は、「昨今の技術の著しい革新」であった。五〇年代末から機械化の圧力に晒された整理記者は、六〜七年程度の短い期間に、職人気質を大きく「後退」させた。[75]

五〇年代末から六〇年代半ばにかけて急速に進んだ機械化は、負の側面を有していた。例えば、取材記者のモチベーションの低下が指摘された。新聞取材研究会「取材の研究」第一三回のテーマは「機械化と取材」であった。同会は『新聞研究』誌上で、次のように述べた。

> 機械化の促進によって、取材記者は、かえって窮屈になった。取材意欲をそがれるようになった。この気持が取材記者たちに機械化そのものに反発心、不信感を持たせる結果になっている。[76]

機械化によって、出稿記者には多くの職務が求められるようになった。例えば完全原稿が求められたことで、出稿部内でチェックを行わなければならなくなった。取材や執筆だけでは許されず、後の業務を意識するとともに、一部を担った。ほとんどが文系出身の記者にとって、機械化そのものが馴染みのないものであった。職務の増加と機械化への適応によって、出稿記者は疲弊した。

六八年、『新聞労連』は、執筆した記事の行数を測りノルマ化する業界紙の例を伝えた。[77]当該の業界紙は、記事の質ではなく、量的なノルマ

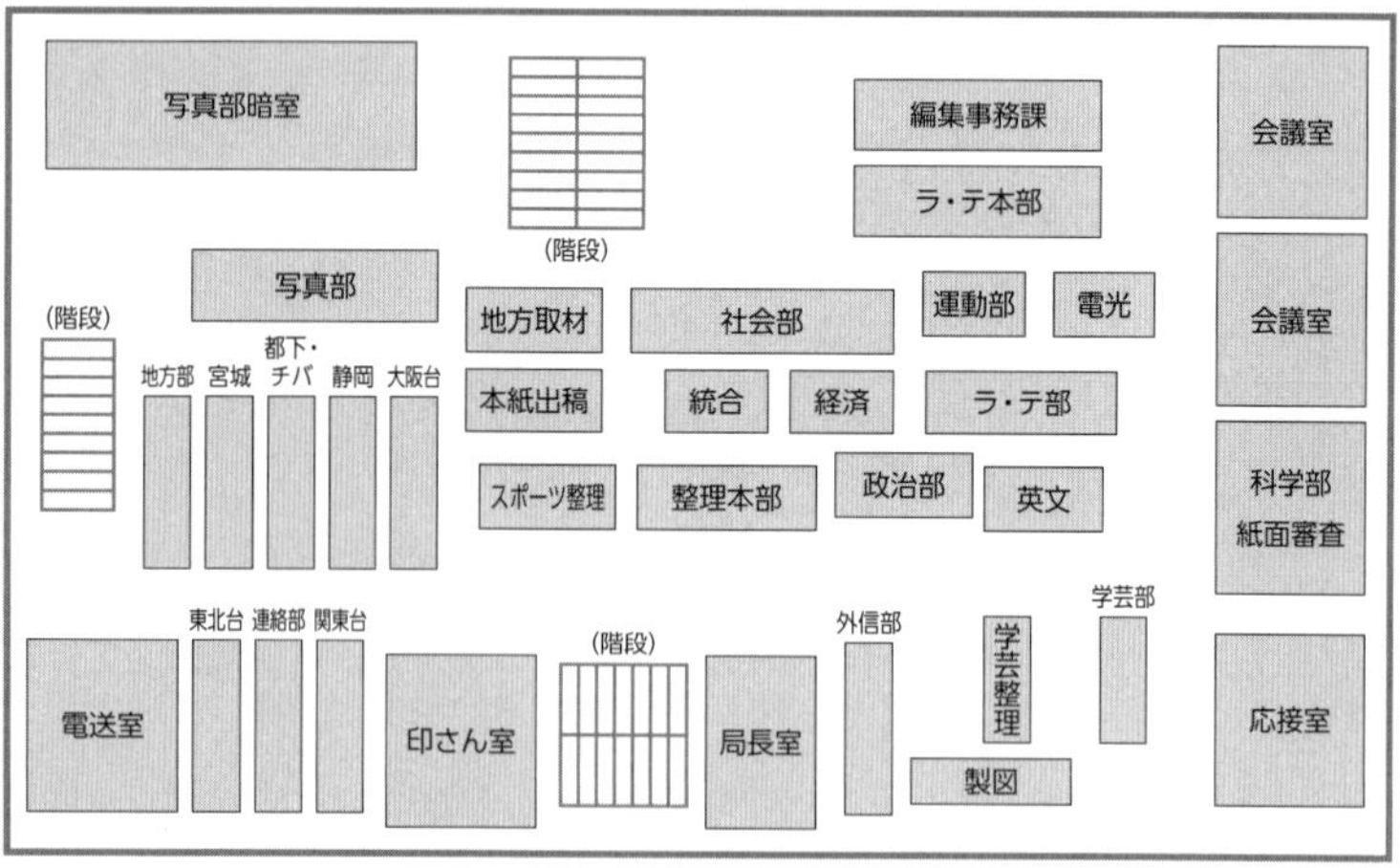

図5-4　1961年頃の毎日新聞東京本社の編集フロア
（出典：「編集局（東京）の配置がえ」『毎日新聞社報』［1961年5月12日、528号、1頁］より筆者作成）

を課した。量は把握が容易であり、極めて管理しやすかった。同時期の『新聞労連』は、新聞業界における「大量解雇」を伝えている。[78] 業界全体で、管理強化の傾向がみられた。

原価意識が「徹底」された工務部門は、合理化を主導するのに好適と、経営者は認識していた。[79] 出稿記者に対する完全原稿の要求も、既述のように、主に工務部門から行われた。

出稿記者に対する製作工程部門からの「突き上げ」は厳しかったが、その「防壁」となったのは整理記者であった。[80] 機械化を推進する工務部門と、機械化に対して抵抗感を示す出稿部との間にあって、整理記者は緩衝役として機能していた。

ファクシミリによる紙面電送

七〇年代、ニュースルームに、ファクシミリが導入された。ここでいうファクシミリとは、後に普及した家庭用ではなく、業界向けの専用機である。当時としては高画質な電送を実現し、記事や紙面の電送が可能となった。

ファクシミリによる紙面電送は、ひとつの画期となった。四本社体制によって、全国紙態勢はほぼ成立していた。四本社は、それぞれ紙面を編集し、現地で印刷を行った。しかしながら本社が存在しない北海道だけは、現地での印刷がなされていなかった。新聞社にとって、現地印刷は大きな意味を有していた。新聞社にとっての新聞発行とは、一義的には当地における印刷を意味した。

真の全国紙成立を目指す各社にとって、北海道での現地印刷は悲願となっていた。本来であれば北海道に本社を置き、北海道で編集するのが理想であったが、市場規模を勘案すれば、本社の設置は困難であった。本社を置くことなしに、いかにして現地印刷を可能とするか。そこに登場したのが、ファクシミリによる紙面電送であった。本州からの紙面電送が可能となったことで、北海道における印刷が可能となった。朝日を皮切りに、毎日、読売の各社は、続々と現地印刷に踏み切った。[81]

ファクシミリ化によって、全国的な紙面の同一化が進んだ。ファクシミリで紙面そのものを送るのであるから当然であった。それに伴って整理記者は、「紙面を受ける側との情報送受のパイプ役」を務めるようになる。[82] 送稿とは記事を送ることであったが、今度は、紙面全体を送ることになった。記事と紙面の違いはあったが、コンテンツを送るという点では、送稿の拡大といえた。六〇年代、整理部周辺の改組の動きは他社に広がった。[83] 七〇年代に入ると、記事や紙面の送受が増加し、より多くの情報交換が必要となった。五〇年代から二〇〇〇年にかけて、各社は紙面の頁数を増やし続け、必然的に記事や紙面の送受が増加した。結果的に、整理部や送稿部は、多大な情報を扱うようになった。

改組によって、整理部が担当する職務は減少した。一般に、職務と権限は比例する。だとすれば、職務の減少によって整理部の権限は小さくなるはずである。しかしながら、編集に特化した整理部においては、編集に関する権限が大きくなった。七五年、第七六回の新聞講座の座談会には、次のような発言がある。

漢テレを初めとして、これまでもいくどとなく技術革新の波が整理部を襲った。だがいずれも整理部の持っている機能と能力を奪うようなものではなかった。むしろ結果的には、その職能を飛躍的に高めた。[84]

歴史的にみれば、CTSなどのシステム化によって、整理記者の職能は低下する。CTSはCold Type Systemの略であり、活字や鉛版を使わない製作システムを指す。ColdはComputerizedに変わり、CTSはコンピューター化されたシステムを意味するようになる。

CTS化への抵抗

七〇年代、整理記者のCTS本格導入への抵抗は、極めて大きかった。七五年の第二八回新聞大会・研究座談会において、サンケイ新聞社・専務取締役大阪本社駐在の永田照海は、新聞協会の編集部からのレポートを読んだ感想を述べた。レポートによれば、整理記者は技術革新を「自分たちを困らせるもの」と捉えており、レポートの最後には「くたばれCTS」との記述があったという。永田は「恐るべきアレルギー症状」と驚きを口にしつつ、「どこの社でも現実ではなかろうか」と推察した。[85]整理記者の職人気質は極めて強固であった。

七四年、石油ショックの影響により、新聞社は減頁と広告収入減に見舞われた。[86]広告に対する期待が萎むとともに、[87]編集に対する合理化の圧力が高まった。[88]

七六年、日本経済新聞社は、工務との調整機能を強化するため、整理本部を新設した。[89]整理記者の機能が高まったとはいえ、それは出稿された記事の編集そのものではなく、編集に付随した職務、つまり連絡や調整や送稿の増加であった。

七〇年代に入ると、新聞各社はコンピューター化を強力に推進する。コンピューター化は、職能の見直しを余儀なくした。コンピューター化について経営者は、「技術的にすばらしいということよりも、むしろ省力効果に重点がある」と考えていた。[90] 日本経済新聞社・社長の大軒順三は、同社はコンピューター化によって「鉛版の人員」が八五人から三五人となり、六割近い減員を実現したと報告した。[91] 大軒によれば、印刷においても一八名の減員が達せられた。[92] 七五年から四年連続で新聞業界全体の従業員数は減少し、新聞労連は「人減らし」や合理化を批判した。[93]

七〇年代末になっても経営者は、新聞社の人員は余剰だと考えていた。徳島新聞社の理事・社長の森田茂は、「どこの新聞社でも人手不足という事情はなく、どちらかといえば人が余っている」と述べた。[94] 鹿内信隆が社長復帰したサンケイ新聞では、「本紙要員を半分に減員」するなどの大規模な合理化策が打ち出された。[95] 新聞労連は、鹿内の「路線」に強く反対した。[96]

西日本新聞社・専務取締役の井手純二は、「人手ほど、高くつくものはないという考え方に徹して、省力化をするという一語につきる」と述べた。[97] 印刷部門では、朝夕刊のピークの合間に商業印刷を請け負うことが増えた。[98]

一方で、七五年の『新聞経営』に掲載されたアンケートによると、回答した社の約四〇%が「経営規模を拡大する」と答えている。[99]「現状維持に徹する」は約二六%、「経営規模を縮小する」は、わずかに約三%であった。同アンケートの「経営施策の重点課題」の第二位は、「取材紙面対策」であった。[100] 規模を拡大しつつ省力化するには、最新の設備を導入するしかなかったが、それは取材紙面対策、すなわち編集周辺に絞られた。

合理化が困難な編集

経営者は、編集周辺の合理化が遅れているとしながらも、合理化が最も困難なのが編集だと認識していた。[101]経営者は取材における合理化として、通信社の活用を検討していた。[102]一方で、やはり編集そのものの合理化が必要だと考えていた。

合理化は、機械化と省力化に大別された。機械化は手段であり、省力化は目的であったが、双方は大きく関連した。大幅な省力化は、機械化によって初めて可能となった。機械化の前提は省力化であり、省力化に繋がらない機械化はあり得なかった。機械化と省力化に手段と目的の別はなく、ともに目的であり同義であった。

経営者は、編集の合理化は必要だと一様に考えていたが、編集の機械化については、意見が分かれた。七八年時点において、河北新報社社主・社長の一力一夫は、「編集と販売の機械化は無理だ」と述べた。[103]岐阜日日新聞社・社長の杉山幹夫も一力に同意した。しかしながら八〇年になると、機械化に対する経営者の見方が変わる。日本経済新聞社・代表取締役専務の森田康は、次のように述べた。

> 編集と販売の段階で、とにかくとてつもない人間が地べた這うようにして動いているわけですね。編集のほうは、取材の特殊性がある。(略)機械化は絶対できないんだとみんな言ってきたわけですが(略)入力の段階で飛躍的に新技術が導入される可能性があるということは、もう、ここへきて考えなきゃいかん。編集の面でも人員の合理化は可能だと思います。[104]

七九年ごろを転機に、大半の新聞経営者は、編集における機械化への見方を変えた。同年、熊本日日新聞社のＣＴＳ化部会が、米国のニュースルームを視察した。同社の電算編制局長・神山宗興は「カルチャーショック」を受けたという。[105]神山によれば、「アメリカでは日本のように手書きの原稿などというのはほとんどなくて、記者がタイプライターで打って集まった原稿を編集者が管理」していた。早晩、日本にも米国式の製作方式が導入されると考えた神山は、帰国から二年後の八一年、新入社員に対する「フルキーボードの研修」を初めて取り入れたという。

七九年、新聞労連は北海道新聞における「ＣＴＳ五〇％確定要員交渉」を伝えた。[106]同社では、従来からの自動写植システム「サプトン」とＣＴＳが、半々の稼働率となっていた。全国紙は、いち早くＣＴＳ化に取り組んだが、地方紙はサプトンなどの写植を経て徐々にＣＴＳ化された。新聞労連によれば、現場は混乱していた。

五〇年代末から七〇年代にかけての整理記者は、機械化や合理化の大きな波を受けた。職務の見直しが続き、整理部の担当する職務は減少したが、編集における権限は増大した。続くコンピューター化やシステム化は、整理部にどのような影響を与えるのか。

結論を急げば、次節でみるように、整理記者の機能や権限は大きく縮小する。八〇年代半ば、毎日新聞・整理本部長の早川は、整理部は「社内でも人気薄」と述べた。[107]整理部がいつから不人気なのかは不明であるが、少なくともコンピューター化が進んだ八〇年代に、そのような認識が共有されていた。

第三節　システム化による権限の縮小（一九八〇年代〜九〇年代）

［一］コンピューター化が生んだ大量の配置転換

「電算編集時代」の到来

一九八三年、『新聞印刷技術』は「ＣＴＳフルページネーション」を特集した。新聞協会加盟社のうち、すでに六〇社がＣＴＳに全面移行していた。

フルページネーションとは、写真や広告を含め、すべての画面出力をＣＴＳで行う「トータルシステム」であった。[108] フルページネーションでなければ、図版などは別画面で確認せねばならず、作業は難しかった。フルページネーションの実現とは、すなわち作業の平準化を意味した。フルページネーションが本格的に導入されるのは九〇年代に入ってからであり、さらに一〇年近くの年月を要する。

八〇年代末になると、編集のコンピューター化がより進展し、「電算編集時代」が到来した。[109] ＣＴＳ（Computerized Typesetting System）などと呼ばれるコンピューター化である。ＣＴＳの「Ｃ」は、元はColdであったが、既述のように、コンピューター化の進展によってComputerizedへと変化した。[110]

Coldは Hotの対義語である。[111] Hotは加熱を伴った活字の鋳造などに由来した。Computerized印刷工場は、実際の温度が高いだけでなく、ニュースワーカーの熱気に溢《あふ》れた場所であった。それに対してColdは、加熱の必要のない設備を意味した。当初は、写真植字（写植）である。文選などと呼ばれ、かつては職人が活字を手で拾ったが、写植においては不要である。コンピューター化されると、自動化は格段に進んだ。

八八年、CTS化、すなわち電算編集時代の到来とともに、新聞業界の技術研究誌『新聞印刷技術』は、その名から「印刷」の語をなくし、『新聞技術』へと名称変更した。[112] 新聞業界において「技術」といえば印刷であり、工務や製作がイメージされた。しかし八〇年代末になると、「技術」にコンピューターやシステムが含まれるようになる。職務でいえば、以前は製作や工務が中心であったが、そこに制作や編集、さらには出稿まで含まれるようになった。

機械化が遅れたニュースルームは、技術者からみれば、開発や改善の余地が大きく残された沃野であった。

変化への抵抗

CTS以前の紙面制作は、オペレーターと整理記者の共同作業であった。整理記者がオペレーターに指示を与え、専門的な職能を身につけたオペレーターが端末を操作した。しかしCTS化の進展によって、将来的には「整理記者が直接キーをたたいて大組みする時代になる」と予測された。[113] 工務部門などの技術者は、「オペレーターとしての力量」が今後の記者には不可欠だと主張した。[114]「非常にプライドが高い」整理記者は、職務の変化に抵抗した。[115]

一方で、出稿記者が端末を操作し、記事を入力するようになる。以前は、手書きの原稿を校正記者や校閲記者がチェックし、オペレーター（組版のオペレーターとは別）がテレタイプ用に入力した。電子データは存在せず、記事データは「さん孔テープ」と呼ばれる紙テープに物理的に記憶された。しかし出稿記者が端末から入力するようになると、原稿や記事は電子的に記憶されるようになった。[116]
端末を操作した出稿記者は、基本的には内勤の記者であった。外勤の記者は、依然として手書きを基本とした。出稿記者自らによる端末操作は、出稿記者全体からみれば少数であった。しかしながら後の歴史的変化、例えばワープロが比較的スムーズに導入されたことをみると、部分的とはいえ、出稿記者が自ら端末を操作した意味は大きかった。自ら端末を操作することに抵抗感を示した整理記者にも、影響を及ぼしたと思われる。非オペレーターである出稿記者が端末を操作するのであれば、同じ非オペレーターである整理記者も、端末を操作しないわけにはいかない。
CTSすなわちコンピューター化によって、記事の入力から紙面の製作までが統合的にシステム化された。コンピューター化されていない唯一の工程は、原稿の執筆であった。静岡新聞社・第三整理部長の上野英房は『新聞研究』に、「編集部門にハイテクの波」を寄稿した。上野は、「どこをどうショートカットすれば新聞製作が一段と速く進むか」との問いに対し、記事の入力を「記者自身が直接行えば、製作のスピードは増します」と自答した。[117]従来の手書きを排し、記者が端末から直接記事を入力すれば、真の統合的なシステムが完成した。すなわち、すべてが電子的なデータで一貫することができた。手書きというアナログな工程が、コンピューター化と親和性が低いのは自明であった。

ワープロ化

ほぼ同時期、出稿記者にワープロが支給され始める。[118]ワープロはシステムの端末に比べ、はるかに普遍性が高かった。内勤から外勤へと、ワープロは出稿記者の間で急速に普及した。[119]

それによって「ワープロ出稿」が急増した。[120]『新聞労連』は、「紙面」や「健康」への影響を懸念した。[121]ワープロ出稿によって校閲部が廃止された事例が、第一〇〇回新聞講座のパネルディスカッションで紹介された。[122]当該の事例では、原稿に関する責任は「すべて」出稿部が持つようになった。出稿記者は今まで以上にゼネラリストであることが求められ、それは経営者の要求でもあった。[123]

ワープロ導入の目的のひとつは省人化であった。産経新聞東京本社・製作局長の橋本暁一によれば、同社の入力部には八五名のオペレーターが在籍したが、記者のワープロ入力が一〇%上がるごとに、六名減員できたという。[124]読売新聞社・編集局整理部長の柏木勇一によれば、ワープロ化とCTS化の双方の効果により、最高で四三〇名いた「入力組み版要員」を二六〇名に減員できた。[125]

ワープロの導入にあたっては、入力機能に加え、通信機能が重視された。[126]それによって、支局や現場からの記事の送信が容易となった。ニュースルームが拡大するとともに、コミュニケーションが高速化した。朝日新聞社内では、ワープロ化は「出稿革命」、システム化は「編集者革命」と言われた。[127]

出稿部におけるCTS化とワープロ化が進むのと並行して、整理記者は、単独で組版を行うようになった。[128]組版に、オペレーターは不要となった。[129]オペレーターは、組版機の操作が困難ゆえに必要であったが、平易化すれば、他者が兼務可能であった。

八九年、信濃毎日新聞社・編集局整理部次長の三沢寛は、同社が「一〇〇%ワープロ化」を実現したと述べた。[130]朝日新聞東京本社・制作局次長の中條宗彦によると、「一〇〇%ワープロ化」によって、完全原稿は「かなり徹底」されたという。ワープロ化とCTS化に共通した目標のひとつは、完全原稿であった。

機械化のたびに職務や業務は見直されたが、それまでの見直しが限定的であったのに対し、CTS化では極めて広範に見直された。原稿の執筆というボトルネックは、ワープロの普及によって解消された。完全原稿という「理想」の達成は、三〇年を要した。

〔二〕紙面のビジュアル化

オフセット輪転機の導入とカラー化

八〇年代後半、それまでの活版輪転機に代わって、オフセット輪転機が急速に普及した[131]（図5－5）。活字を使わないオフセット輪転機は、コンピューター化と親和性が高かった。『新聞労連』は、自動化によって労働者の「やりがい」が低下することを危惧した[132]。

オフセット輪転機の導入によって、新聞各社は相次いで紙面のカラー化を図った[133]。カラー化によって、紙面における写真表現が格段に向上し、写真の重要性が高まった。写真の掲載に関

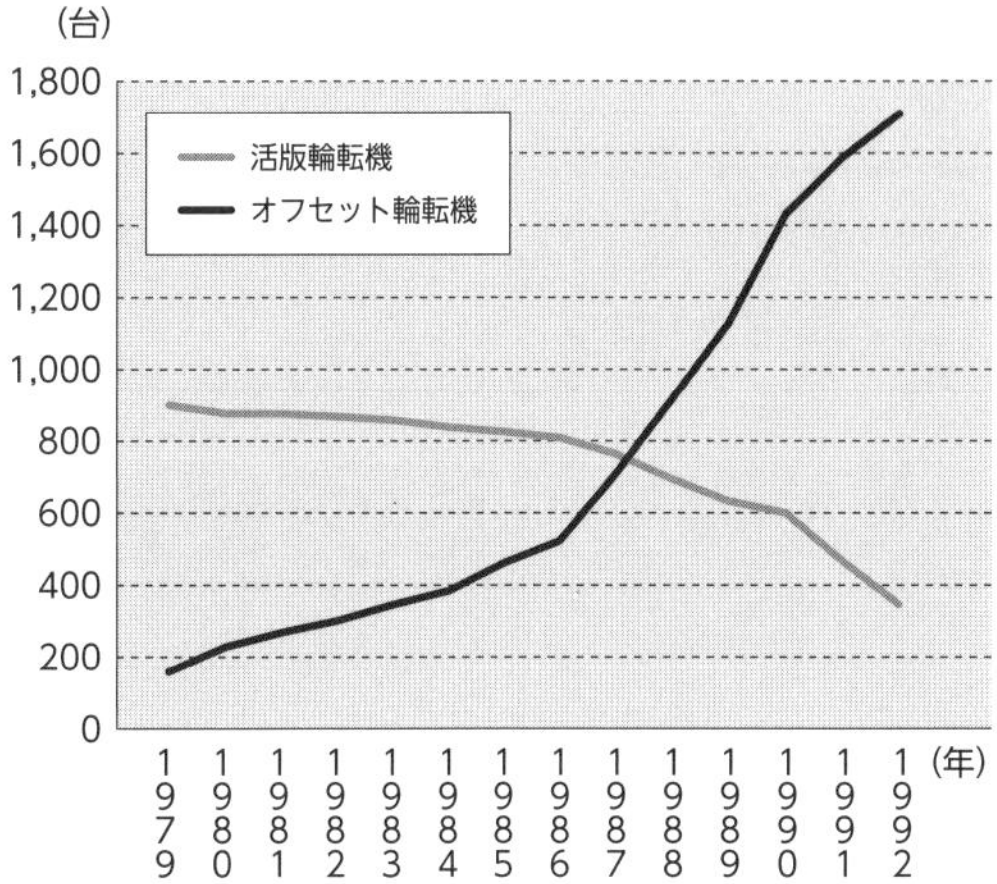

図5-5　活版輪転機とオフセット輪転機の台数の推移
（出典：『新聞経営』1993年、123号、89頁）

する「最終判断」は、整理部が行った。整理記者は「いい写真を求めて、写真部へでかけてネガまで見せてもらう」こともあった。[134]

さらに、パーソナル・コンピューターのマッキントッシュ（以下マック）の導入によって、紙面のビジュアル化が進んだ。図版やカット類の主流は、「手書きから一変してコンピューター・グラフィックス（CG）」となった。日本新聞協会・新聞編集整理研究会は、マックの普及によって「カットの出来栄え」が格段に向上したと述べた。[135] マックは、CTSやデジタルカメラと連動していく。

マックが導入された意味は、ビジュアル化だけではなかった。CTSのフルページジネーション化が進んだ。[136] マックは、CTSの中心的なコンピューターではなく、あくまでグラフィックスなどを扱う周辺のマシンであった。マックは周辺的ではありながらも、フルページジネーションを前進させ、それによって整理記者による組版が可能となった。その意味でマックは、本格的なCTS時代の到来に大きく貢献した。

一連のコンピューター化やCTS化は、記者教育に影響を与えた。かつての新聞社における職能の伝授は、整理部を含め、いずれの部署においても徒弟制度的であった。朝日新聞東京本社・整理部部長代理の安藤徹によれば、同社の整理部では「手とり足とり教えてくれるようなことはなくて（略）先輩のやり方を盗み見て覚えていくような職人気質」が残っていた。[137] OJTの実際は、ともかく「経験を積ませるしかない」といったものであった。[138]

しかしCTS時代になると、「単純に紙面をつくること自体は、むしろ若い人のほうが覚えが早い」といった状況が現出した。[139] 安藤は要因のひとつに、CTSになったことで「組み版が裏返しではなくなって、見たままでつくれば新聞になる」ことを挙げた。CTS以前の組版では、文字だけでなく、レイアウトも左右逆であった。CTS時代になると「見たままで」作ることができ、新人にとって容易となった。

ニュースルームが高度にシステム化されたことで、記事や紙面が各所でモニター可能となった。産経新聞東京本社・整理部次長の山本泰夫は、次のように述べた。

　昔と違って、いま、例えば社会部へ行くと、ワープロ画面の原稿が読めます。僕は、机に座っていないで、出稿段階で記者が書いてるものを見ることもありますし、デスクが直そうと考えているものを見ることもあります。[140]

各所でモニター可能であれば、自らの仕事も各所でモニターされる。記者は一様に、他者の「まなざし」を意識するようになる。

整理記者と出稿記者の相互監視

整理記者が、執筆段階の記事を見ることができるようになったことで、出稿記者は執筆時から、整理記者などに見られていることを意識するようになった。一方で出稿部も、整理記者の作業をモニターできた。CTS化によって、出稿と編集は相互に監視可能となった。

それによって整理記者は、独創性の発揮が難しくなる。朝日新聞社の安藤は、「昔は、独断で新聞をつくっても許された時代だったかもしれませんが、いまは、そんな新聞をつくったら、厳しく批判される」と述べた。[141] 読売新聞社・整理部次長の仙頭幹夫は、「翌朝、他紙と見比べて、全然違うつくりの紙面があると、ああ、そんなに僕は間違っていたのか、と思ってしまう」と吐露した。[142] 西日本新聞社・整理部の妹尾克彦も、他紙が「そろって」自らの判断と異なる扱いをした際の「ゾッとした」経験を述べた。[143] 整理記者は今まで以上に、他紙を意識するようになった。紙面の編集は、CTS化によって画一化した。

CTS化によって整理記者が考える時間が減少したことも、画一化の要因であった。以前であればオペレーターが入力する間に、整理記者は考えることができた。しかしシステム化されると、入稿と同時に組版しなければならず、考える時間は限られた。[144] 特に、ニュースの価値判断に費やす時間が減少した。一方で、レイアウトなどを検討する時間は増加した。[145]

紙面の画一化を促したもうひとつの要因は、整理記者の経験年数の減少であった。整理記者となるハードルが低くなったことで、出稿部などとの人事交流が容易となり、整理部の在籍年数が短くなった。[146] 経験不足は、紙面の画一化を助長した。

[三]　CTSの根底にある合理化

「いつになったら一人で大組みできるようになるんだい」

朝日新聞におけるCTSシステムは、NELSON(New Editing and Layout System Of Newspapers)[147]と命名

された。七一年から段階的に導入され、八〇年、築地への社屋移転を機に、全面的に移行した。[148] 朝日新聞東京本社の安藤は、NELSON導入時を振り返り、次のように述べた。

ネルソンに代わったときに、ある偉い人に、「いつになったら一人で大組みできるようになるんだい」と、こればっかり言われました(笑)。オペレーターなしに組めるようになるには、どうやったらできるか。基本的には会社側の考えているところはその辺にあると思いますね。[149]

北國新聞社・編集局編集副主査の鹿野幸男によれば、同社は編集部と制作部を統合し、九〇年時点において「編集出身者が全紙面の大体八割」を組んだという。[150]「旧制作の部員」つまりオペレーターは二割に留まり、経営者が渇望した「一人で」組版を行う状況が、実現しつつあった。

整理記者を取り巻く機械化やイノベーションの根底には、常に合理化があった。九三年、『新聞経営』は「新聞経営の課題と見通しに関するアンケート」を実施した。「経営を圧迫するコスト要因」の一位は「人件費の膨張」であった。[151] 新聞社の合理化において編集局は長く聖域であったが、バブル経済崩壊を受け、九〇年代に入ると合理化の圧力が高まった。

機械化やコンピューター化によって、整理記者に求められる職能は平易となった。紙面作成の自由度が高まる一方で、[152] 整理記者の権限は低下した。整理記者の間には、「だれにでも使える機械ができるなら整理はいらない。出稿記者自らやればいい」という意見もあった。[153] 同時期、記事に対する整理部の責任は縮小した。日本経済新聞社・校閲部長の徳永正裕は、「これまでと大きく違うのは、記事のすべてを出稿部が責任を持つという原則を作ったこと」と述べた。[154] 権限と責任は表裏一体である。責任は整理部から出稿側へ移譲され、結果的に、整理記者の権限は縮小した。

権限の縮小は、職務の縮小である。整理記者は、すでに編集という職務に特化していたが、その編集という職務も縮小した。

編集は出稿部へ移された。朝日新聞では、記者自らが編集することを「記者編集」と呼んだ。[155] 朝日新聞社・編集システム化本部長の富永久雄は、次のように述べた。


記者と制作局のオペレーターが分業してきた紙面作りが、記者だけでもできるようになった。この結果、記者が取材から組み版までやり遂げるという、新聞製作史上画期的な時代が到来しようとしている。[156]

出稿部は、原稿の執筆から印刷工程直前の組版までを一貫して行うようになった。朝日新聞東京本社・制作局次長の中條宗彦は、「究極は新聞記事を取材した人が新聞を作るというのが、一つの夢でありロマンなのではないか」と述べた。[157] 中條自身は記者の経験はないが、そのような言をよく聞いたという。読売新聞社・編集局整理部次長の大井幸夫は、「記事の中身を一番よく知っているのは出稿部の記者です。したがって、その意思を紙面で反映させるのが出稿部大組み」と述べた。[158] 米国の映画業界や放送業界などにおいて、すべてのオペレーションを一人で行うことを「ワンマン・オペレーション」という。日本の新聞業界では、各記者が個人としてすべてを行ったわけではなかったが、ワンマン・オペレーションが「理想」とされ、出稿部に職務が集中した。記者編集によって、出稿記者のゼネラリスト化が進んだ。地方紙の若手技術者は、出稿記者と整理記者は今後、「入力・検索オペレーターとしての力量がなければ務まらない」と主張した[159]。内勤であろうと外勤であろうと、出稿記者であろうと整理記者であろうと、「記者」と名のつく者は総じて、マルチスキルが求められた。

朝日新聞東京本社・システム局開発部の鎌田壮介と石原克成は、記者編集を支える「組み版端末」は、それ以前よりも高い機能だけでなく、「習熟を要さない簡便さ」が求められると述べた[160]。マルチスキルの前提は、操作の平易性であった。ゼネラリストやオールラウンダー養成の前提は、機器操作の平易化や職務の平準化であり、それは結局、専門性の低下に繋がった。

九〇年代前半から全国の新聞社は「整理部」という呼称を「編集部」などへ変更していった[161]。九八年の「新聞・通信社の従業員数」は、ピークの七三年より約一五%減少した。長期的にみれば、新聞業界は省人化に成功した。

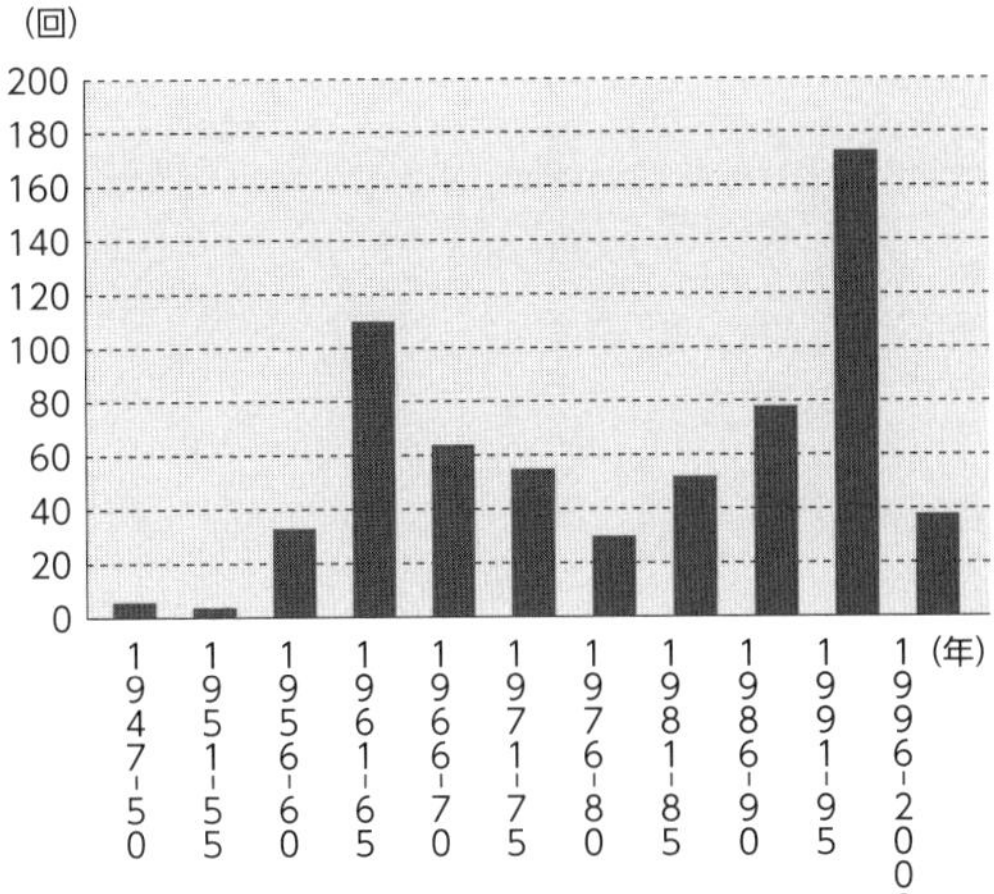

図5-6 『新聞研究』誌上における「整理記者」の出現回数

図5－6は、『新聞研究』誌上における「整理記者」の出現回数の変化を示したものである。図には二つの山がある。ひとつは六〇年代前半、もうひとつは九〇年代前半である。前者は、CTS化が議論された時期である。三〇年後の後者の山は、何を意味するのか。結論的にいえば、CTS化の完了と整理記者の権限の縮小であった。

〔四〕 出稿部大組みと記者教育

記者編集の推進

朝日新聞社をはじめ、記者編集が最初に導入されたのは、地方の支局であった。地方支局で記者編集が導入された理由として、朝日新聞社の富永は、新聞社の編集機能の「強化」を挙げた[162]。富永は次のように述べた。

> 支局での記者編集は多大の貢献をする。全国紙の新人記者はほとんど支局から記者生活を始める。その目の前で、組み版が進行し、降版される。若い記者たちは、新聞ができるまでの工程を居ながらにして目撃し、体験できる。自然に生理的センスが養われ、訓練することもできる。全国の支局は、そのまま新聞社の編集機能を高め、蓄積する宝庫となる[163]。

支局において記者編集に従事したのは、新人記者であった。人員の少ない支局では、一人の記者が多くを兼務しなければならず、様々な業務に接する機会は、本社などに比べてはるかに多かった。支局における記者編集の導入は、編集の修得を目的としていた。支局で新人時代を送った記者はいずれ本社に戻るが、戻った時には、すでに編集という職務を身につけている。地方支局における新人教育は、「整理を知る出稿記者」の養成に最適となった。支局における記者編集と新人教育は、ここに一体化した。

本社においても、記者編集は推進された。記者編集には、組版も含まれた。出稿部が組版を行うことで、より「合理的な紙面制作」が可能となった。[164]組版には、部分的な小組みと頁全体の大組みがある。大組みの方が難しく、かつては整理記者の指示の下、専門のオペレーターが作業した。ＣＴＳ時代になると一転して、出稿部による大組みが目指される。

読売新聞社・編集部次長の木暮美奈夫は、出稿部大組みのメリットについて、記者の「都合」による変更が可能となり「融通もきく」と述べた。[165]さらに「従来のやり方は、大組みというものが難しかったから、記者が編集したくとも出来なかっただけ」と述べ、「環境さえ許せば出稿部自体が編集大組みすることが理想」と主張した。木暮は出稿部への職務の集中、すなわち、出稿記者のさらなるゼネラリスト化を主張し、「出稿部にいく人間は整理を経験する」といった制度変更にも言及した。[166]整理部が担ってきた編集という職務は、よりいっそう出稿部へ移譲され、早い段階からの習熟が期待された。

職務が奪われることになった整理記者の態度は、どのようなものであったか。北海道新聞社・整理部の森川純は、「入社と同時に整理部に入った記者にとっては、支社や支局に出るチャンスだ」と述べた。[167] 多くの整理記者は入社時に出稿部への配属を希望しており、[168] 希望に沿った異動は歓迎された。人事異動は容易となり、ゼネラリスト化を助長した。短くなった整理部の在籍期間も、研修期間と考えれば適当であった。

オペレーターの不在と整理記者のオペレーター化

編集という職務は出稿部に集められた。出稿部で編集するのが難しい紙面を中心に、一部は整理記者が行った。それらは職務の平易化によって可能となったが、職務の平易化は同時に、オペレーターの排除を生んだ。

システム化が定着すると、今度は整理記者のオペレーター化が危惧された。南日本新聞社・編集部長の池田研一郎は、デスクやベテラン整理記者が最も憂慮しているのが、整理記者のオペレーター化だと述べた。[169] 組版を整理記者が単独で行うようになると、整理記者のオペレーター化と同時に、整理記者の「考える時間」が減少した。[170] 同年の『新聞労連』は、記者編集の導入による「過密労働」を批判した。[171]

最終的な紙面を決定する整理記者は、その拘りから「職人気質」などと揶揄され、時に障害とみなされた。一方で整理記者は、記事や紙面について出稿記者が相談できる相手でもあった。池田によると、かつてオペレーターとともに編集した時代について、ある出稿デスクは次のように述べたという。

大組みを始める時間がくるまで整理者とレイアウトや見出しの付け方など話ができた。現在は原稿を渡した時点から整理者はずっと大組みをしているようなもの。その間、整理者が何を考え、紙面づくりのどこで悩んでいるか分からない。[172]

整理記者は、出稿部のデスクなどと議論することが少なくなり、システムの端末に向かって黙々と作業するようになった。九九年、新聞労連は、毎日新聞の東京・大阪両本社における制作部の廃止を伝えた。[173] 制作部は、組版のオペレーターが所属する部であった。制作部の廃止は、出稿記者や整理記者による兼務、すなわちゼネラリスト化の帰結であった。編集の労働環境は、かつてのオペレーターの労働環境よりも「劣る」と、同年の『新聞労連』は指摘した。[174]

さらに時代が下った二〇一〇年、沖縄タイムス社・整理本部の具志堅学は、「組み屋になるな」と注意された経験を語った。[175]「組み屋」とは、[176] 自ら考えることを放棄し、他者から指示された通りに作業する行為を「いましめる言葉」であった。「フィーチャー面」などにおいては、「パターン組」と呼ばれる編集法が多くなった。パターン組とは、編集や組版の形式を固定化し、雛形を基に編集する方法である。そのような組み方において、整理記者は思考停止に陥りやすかった。オペレーター化は、思考停止と同義であった。

かつて整理記者は、記事や紙面の編集、なかでもニュースの価値判断に大きな権限を有した。整理記者は、ニュースルームにおける最大のゲートキーパーであった。しかしながら機械化や合理化、なかでもシステム化の影響によって、整理記者の影響力は限定的となった。

第四節　抽出された要因と文脈

〔一〕　整理記者の歴史的変化の概略

整理部は伝統的に、大きな権限を有した。一九五〇年代に入り、整理部の権限はより大きくなった。大きな権限を有するものの、組織上において整理部と出稿部は対等であった。整理記者にとって最重要な責務は、ニュースの価値判断であった。実際上の仕事においては、事実の確認が重視された。

大きな権限を有する一方で、経営側などには、整理部の不要論が存在した。六〇年頃に大新聞社は、整理部が担当していた整理を編集から分離し、送稿と名付けた。背景には、機械化があった。機械化によって、遠方への原稿や紙面の伝送が可能となった。整理部における職務は、編集に偏った。同時に、編集機能は東京に集中した。

機械化は大きな設備投資を伴い、ニュースルームにおける価値は、合理性や効率性に偏った。編集においては、整理記者による効率の低下が懸念された。機械化や合理化によって、編集作業や紙面は一定程度画一化した。機械の効率を優先する傾向は出稿部の記者にも影響を与え、原稿の執筆においても機械効率の重視が求められた。

六〇年代半ば、整理部周辺の改組は全国に広がった。整理記者と出稿記者は組織上分けられ、双方のコミュニケーションは減少した。改組が進むと、完全原稿が強く求められるようになり、工務を中心に、記事や紙面の質に対する意識が低下した。同時に、完全原稿の普及によって、整理部の重要性が低下した。送稿という職務が拡大する一方で、記事のチェックは、出稿記者が自ら行うようになった。さらに、出稿記者が整理を知ることの重要性が前景化した。

組織や職務の見直しは、記者の分化や再定義を伴った。経営側は、職務別の給与体系を試みた。労働組合は一貫して、職能間の格差を否定した。労働組合の姿勢は結果的に、記者のゼネラリスト化を後押しした。出稿記者には、より多くが求められるようになり、モチベーションは低下した。出稿記者に対する製作工程部門からの要求は高まったが、整理記者は要求を緩和した。

七〇年代のファクシミリ化によって全国的な紙面の同一化が進み、整理記者には、より多くの情報の媒介が求められるようになった。コンピューター化は、大量の配置転換を生んだ。

八〇年代に入ると、CTS化が進んだ。整理記者はシステムの端末に向かって組版を行い、出稿記者も端末に向かって記事を入力するようになった。同時期、ワープロ出稿が急速に普及した。CTS化によって、組版のオペレーターは不要となり、組版は整理記者が直接行うようになった。CTS化は大幅な職務の見直しを伴い、やはり大量の配置転換が生じた。

八〇年代後半に入ると、オフセット輪転機が普及し、新聞各社は相次いで紙面をカラー化した。写真の重要性が急速に高まったが、掲載写真の判断は整理部が行った。整理部における教育は、かつては徒弟制度的であり、実態はOJTであった。CTS時代になると、若年者の方が上達は早くなり、徒弟制度的な側面は影を潜め、整理記者となるハードルは低くなった。

システム化によって、記事や紙面が各所でモニター可能となり、整理記者は、執筆段階で記事を見ることが可能となった。同時に出稿記者も、整理や編集を作業段階で確認できるようになった。出稿記者と整理記者は、お互いに見られていることを意識するようになった。

職務の平易化と相互監視によって、整理記者の横並び意識が強くなり、紙面の画一化の傾向が強まった。同時に、整理記者の権限は低下した。

記者編集によって、出稿記者のゼネラリスト化はさらに進んだ。地方支局に記者編集が導入され、地方支局は、新人記者の教育機能を担った。整理部と出稿部の人事異動がより頻繁となり、両者のゼネラリスト化が進んだ。整理記者のオペレーター化が進み、出稿部とのコミュニケーションは低下した。整理記者は、かつてニュースルームのゲートキーピングに大きな影響力を有していたが、長期的にみれば、影響力は限定的となった。

以上のルーチンの変化をまとめたのが表5－2である。歴史的変化を、ニュースルームの職務ごとの変化として図化したのが図5－7である。歴史的には、第一段階から第三段階へと変化した。以下、職務ごとに変化をみていく。

出稿……出稿は、出稿記者が担い続けた。

入力……入力はもともと入力部などが行い、出稿記者は行わなかった。出稿記者が自らワープロ入力を行うようになったことで、入力という職務はなくなった。あるいは、出稿記者が入力という職務を行うようになったとみることもできる。

送稿……整理に特化した送稿という職務が一時的に興った。それ以前に、送稿という目立った職務はなかった。送稿が独立した職務として存在したのは一時的であり、七〇年前後になくなった。

整理……整理記者が専ら担当した整理という職務の大半は、送稿に移行した。第三段階になると、出稿した記者自身が、記事を整理するようになった。

表5-2 整理記者と関連部署のルーチンの変化

	整理部（送稿部を含む）	出稿部
1950年代	・記事の整理と編集 ・メーキャップと組版 ・ニュースの価値判断と事実確認	・取材と執筆
60年代	・軸足は編集や組版へ ・東京における整理の増大 （＝他地域の整理は縮小） ・東京からの送稿の増大	・完全原稿が求められる ・原稿がスムーズに流れるよう留意 ・確認やチェックを自ら行う
70年代	・情報送受の媒介の増加 ・編集に付随した連絡や調整 ・CTS化に対応 ・紙面の全国共通化による職務増	・CTS化に対応
80年代	・組版は整理記者が単独で行う （組版オペの排除） ・組版などの職務が平易化 ・入力された原稿が可視化	・自らの記事を端末に入力 （入力オペの排除） ・編集作業が可視化
90年代	・入稿と同時に整理や編集 ・整理記者のオペレーター化	・ワープロによる入力や出稿が一般化 ・記事に対する責任は出稿部が負う ・出稿部による記者編集が普及 ・支局の記者編集による記者教育 ・出稿部大組みの導入

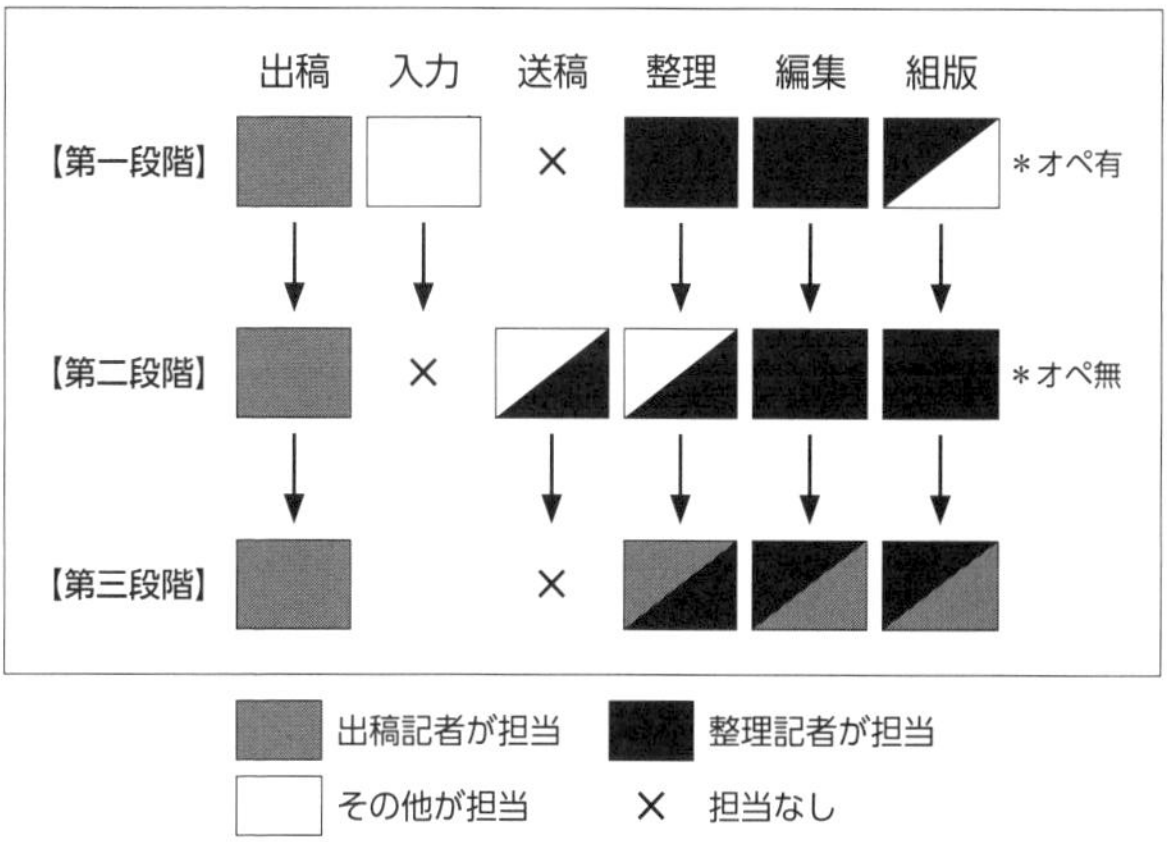

図5-7 ニュースルームの編集関連の職務の変化

編集……第二段階までの編集は、整理記者が専ら行った。第三段階になると、出稿記者自らが編集するようになった。

組版……第一段階の組版は、整理記者とオペレーターが共同で担った。第二段階になると、整理記者が単独で行うようになり、第三段階では、出稿記者自らが組版を行った。

以上をまとめると、整理記者の職務は減少するとともに、整理記者と出稿記者以外は排除された。職務の多くは出稿記者に集中し、出稿記者はすべての職務に関与するようになった。一方で、整理記者の職務は大きく縮小した。

〔二〕 三つの要因と文脈

合理化と機械化

テクノロジー導入の最大の要因は、常に合理化であった。合理化とは、省力化であり省人化であった。いかに人員を少なくするかに、経営側は腐心した。

合理化を最大化したのは機械化であった。省力化は、機械化の結果であるとともに目的であった。機械化の効率を最大化したのは、マルチスキル化であった。マルチスキルは、機械化のメリットを最大化するとともにデメリットを最小化した。マルチスキル化のなかで職務が淘汰《とうた》され、ニュースルームの職務は出稿記者に集中した。

全国化

合理化と並行したのは、全国化であった。具体的には、全国レベルで紙面が共通化された。全国化は規模拡大であるとともに、合理化であった。

戦前から一定程度の全国化を遂げていた日本の新聞社であったが、紙面レベルで全国紙となったのは戦後のCTS化以降である。それに伴ってゲートキーピングの機能は東京に偏った。

労働組合

写真記者の分析からもわかるように、職能ごとの待遇差を認めない日本の労働組合の姿勢は、職能の平準化とマルチスキル化に繋がった。

職能の平準化によって、整理記者のゲートキーピング機能は低下した。ニュースルームにおけるゲートキーピングの機能は、出稿記者と整理記者が二元的に担った。しかし合理化を経て、ゲートキーピングの機能は出稿記者に集中し、一元的となった。同時に、かつて整理記者が有した教育機能は低下した。

第六章

デスクと遊軍

――苦悩し疲弊するベテラン記者

図6-1　朝日新聞東京本社の報道・編成局のデスク会（2014年）（朝日新聞社提供）

本章では、主にデスクをみていく。デスクの機能と切り離せない遊軍と整理記者も、分析の対象とする。

戦後日本のニュースルームにおいて、デスクは実務上のトップであった。局長や局次長あるいは部長といった上長がおり、時に相談することもあったが、実質的に実務を取り仕切ったのはデスクである。

ここまでの各章は、記者と部が一致した。例えば、政治記者なら政治部、経済記者なら経済部である。しかしながらデスクは、あくまで職階であり、出稿部や整理部などに広く存在した。必然的に本章の分析においては、他の章と異なり、各部や各記者の言表が混在する。

デスクのルーチンは、歴史的にみれば、遊軍と整理記者に大きな影響を受けた。したがって本章では、各部のデスクを横断的にみていくとともに、既述のように遊軍と整理記者を比較参照する。遊軍は次章でも扱う。

整理記者との比較でいえば、デスクの分析は、整理記者を逆照射するものである。デスクと整理記者は、それほどまでに強く結びついていた。

第一節　重視され始めた編集会議（一九五〇年代～六〇年代）

［一］　一九五〇年代のプリミティブなデスク像

存在感の薄いデスク

一九五〇年代の『新聞研究』に、デスクに関する言及は少ない。この時期のデスクの機能が、少なくとも以降に比べて大きくなかったと推察される。

この時期の『新聞研究』にみられるデスクへの言及は、どのようなものであったか。ひとつは、米国を中心とした海外の事例紹介である。例えば米国のニュースルームにおいて、シティ・デスクやリライト・デスクがどのように機能しているかが紹介された。日本のデスクについては、日本経済新聞・論説委員の今村武雄が、経済記事の企画性が低いことの要因に「デスクの貧困」を挙げた。[1]今村は、デスクは本来、「一線記者の力量を本当に発揮」させる存在だと主張した。

本節では、資料上の制限を克服するため、四〇年代から五〇年代の出版物から論拠を渉猟する。それによって、プリミティブなデスク像を一定程度、明らかにしておく。その上で次項から、再び『新聞研究』を中心とした四誌の分析に戻る。

東京新聞社・社会部が編集した『新聞とその見方』（一九四九年）によれば、デスクという役職は、政治部だけでなく「他の取材部にも」設けられた。[2]同書はデスクの機能について、次のように述べた。

ある時には指令を出したり、ある時にはその報告に基づいて別の取材活動を起したり、また、その部の部員の記事は必ずその部のデスクに届けられるが、不完全なものは完全なものとして整理部へ、すなわち一切の記事を整理案配して新聞の原型を作り出す整理部へ出すなど、「中心」ともなり「本部」ともいうべき機能を受け持つ者をデスクと呼んでいる。[3]

四〇年代末、現在に続くデスクの機能は、ほぼ確立していた。デスクは後年と同じように、部長に次ぐ次長が務めた。

整理部は大きな権限を有したが、非出稿部であり、自ら原稿を書くことはなかった。整理記者は、ニュースルームにおける最大のゲートキーパーであったが、取材や執筆に関して直接的に指示することはなかった。[4]整理部からみれば、出稿部のデスクは原稿の執筆や取材に直結するゲートキーパーであり、自らを除いては最大のゲートキーパーであった。

デスクを補佐する遊軍とキャップ

同書は社会部デスクにも言及している。社会部のデスク周辺には「遊軍」がいた。

遊軍とは、名の示すように特に持場がないという意味で、デスクと共に社内に詰めている者をいうが、しかし全く担当する取材面がないというわけではない。(略)さらに突発的に起る事件や問題に出勤するため社内に待機している場合が多い。人数から言っても、出さき、つまり外勤に匹敵する程度であることが常だ。[5]

政治部や経済部と異なり、社会部は突発的な事件や事故への対応が多かった。大きな事件や事故の対応は、デスクだけでは手に余った。そのような時に、右腕となってデスクを助けたのが遊軍であった。

未分化の時代には、学芸記者や文芸記者は、社会部に属した。時には、漫画記者なども社会部に含まれた。社会部の対象は相対的に無限定であり、結果的に、社会部の対象は広大であった。取材対象が広大な社会部に、遊軍の存在は不可欠であった。

この時期、読者からの投稿は社会面に掲載された。読者からの「投書を受け付け、取捨する」のは、社会部の職務とされた。突発的な事件に対応する遊軍は、普段は時間的余裕があった。読者からの投稿の選別は、デスク周辺にいる遊軍が行うことが多かったと推察される。

遊軍といえば社会部であったが、だからといって、他の出稿部に遊軍がいないわけではなかった。読売新聞・政治部長の愛川重義は、政治部の遊軍に言及した。愛川によれば、社会部の遊軍は「デスクにおって事件があったら飛び出してゆく」が、政治部や経済部の遊軍は「一定の省なり政党なりの責任を持たないで自由に」取材した。[6]

社会部の場合、記者クラブを担当すれば遊軍とはいえなかったが、政治部や経済部では、そうではなかった。政治部や経済部では、遊軍が記者クラブをカバーすることがあった。政治部や経済部における遊軍の特徴は、特定の組織や個人を固定的な取材対象としない点にあった。

五〇年、三一書房編集部編『新聞記者の告白――捏造された記事』に、「キャップ」への言及がある。キャップとは、デスクの直下に位置し、例えば政治部であれば、官邸などの特定の出先を統括する「責任者」であった。[7]

これらの記述を併せると、すでに四〇年代後半に、後の原型が見られる。すなわち、デスクの下にキャップがおり、さらに内勤や外勤の穴を埋めるために一定数の遊軍が配置された。社会部では遊軍の存在が大きく、他部よりも人数が多かった。社会部における遊軍は、事件発生などがない限りは内勤であり、政治部などの遊軍は外勤であった。

次項から六〇年代のデスクのルーチンをみていくが、その前に、五〇年代末の原稿の流れを簡単にみておこう。朝日新聞東京本社・整理部出身の永島寛一は、以下のようにまとめた。

> 取材部門の記者は自分の取材したニュースを記事に書く時、カーボン紙を原稿用紙にはさんで、同じ原稿を二通書いて、その部のデスクに提出します。デスクの人は、これに目を通してから、一通は整理部へ、他の一通は連絡部へ廻します。連絡部ではこの原稿を受け取ると直ちに他の本社の連絡部を呼び出して読み上げます。これを相手方の本社では、やはり連絡部の速記者が速記し、終ると速記を普通の原稿に訳し直して、整理部の方に廻すという方法によっています。[8]

連絡や送稿には、電話だけでなく、電信も用いられた。原稿や写真などは電送された。ただし、第四章の写真記者の分析でみたように、通信技術が大きく発達したのは、六〇年代以降であった。コミュニケーション手段の発達は、デスクにどのような影響を与えたのか。まずは六〇年代の編集会議からみていこう。

[二]　デスクと編集会議の重視（一九六〇年代）

読売新聞の「編集デスク会議」

アジア太平洋戦争以前の編集会議は、開催の頻度は低かった。編集会議では、一週間程度の方針が示された。六〇年代に入ると、編集会議が重視され始める。重視されるとともに、開催の頻度が高まった。朝刊について日に二回、夕刊について日に一回と、戦前に比べてはるかに高い頻度で開かれるようになった。一日に三回という頻度は、現在まで続く。

編集会議の中心をなしたのは、デスクであった。六〇年代半ば、読売新聞は「編集デスク会議」を開くようになった[9]。読売新聞社・編集総務の渡辺文太郎によれば、「編集デスク会議」は古くからあったものではなく、六〇年頃から始まったという[10]。

読売の「編集デスク会議」は、どのようなものであったか。渡辺によれば「予定されるニュースの報告があり、きょうは、トップは、第一面は何、社会面は何というふうに、だいたい見当」をつけるものであった[11]。「それ以上につっこんだ研究、討論」は行われず、「毎日顔を合わせておれば、おのずから意思も疎通する」といった程度であった。ニュースの選定や扱いなどの具体的方針を決めるのではなく、心理学の単純接触効果（ザイオンス効果）を狙ったかのように、主たる目的は集団の和を図ることであった。

デスクが勢揃いする「編集デスク会議」の参加人数は多かった。「紙面の順を追って、政治、外報、経済、社会、地方、連絡（大阪、北海道、高岡）、写真、運動」のデスクと、それに加えて「整理、機報、校閲、英字、それに編集工務連絡デスク」が参加した。主宰者を加えると、一五名ほどが参加したようだ。「編集デスク会議」の名目上の主宰者は、編集局長であった。しかし実際は「編集局長に代わって、編集総務が主催する」ことが多かった。[12] 部長の直下のデスクが編集の実務を担い、局長の直下の編集総務や編集局次長が編集会議を取り仕切った。

ラインとしての職務が大きくなると、紙面編集への関与は疎《おろそ》かになる。ラインである局長や部長を排して、直下の者が編集の実際にあたるのは従来からみられた。

「編集デスク会議」の開催によって、最も大きな恩恵を受けたのは整理部であった。[13] 地方版を担当する連絡部も同様であった。編集会議の開催によって、両部はその日に出稿される記事を把握し、どの種をどの程度の扱いにすればよいかを早めに検討できた。

六〇年代半ば、経営者の間でデスクの能力不足が話題にあがっている。六四年、『新聞経営』誌上の座談会で司会を務めた日本新聞協会・事務局次長の江尻進は、「最近中堅くらいのデスクが、出先記者を指揮する能力が、昔ほどでなくなった、そこに大きな問題がある」という業界内の声を紹介した。[14] 江尻の発言には、デスクに求められる機能の高まりと、経営者の期待が反映されていた。

背景にあるセクショナリズム

「編集デスク会議」が開かれた大きな目的は、ニュースワーカーの和を図ることであった。裏返せば、現場でセクショナリズムが問題となっていた。六〇年代、各紙は総合編集を採用していた。総合編集とは、一面から三面などを「総合面」とし、読者の興味関心を惹《ひ》く記事を優先的に掲載する編集方針である。一方で、各部は自らの面、例えば政治部ならば政治面、社会部ならば社会面を独自に有し、良い記事が総合面に出るのを渋った。良い記事が総合面に掲載されると、各部の独自面から良い記事がなくなるからである。自らの部の誌面のみを考えれば、総合編集に非協力的となった。自らが所属する部の面を優先するセクショナリズムは「トラブルのタネ」であり、「難渋するのは、きまって整理」であった。[15] セクショナリズムが強ければ強いほど、整理記者は調整に苦労した。読売新聞社の渡辺文太郎は、整理記者の苦労を次のように述べた。

> 総合編集の過程で、整理部がたえず不当な苦境に立たされることは、おおかたの経験するところであろう。（略）最近では、機械の進出、組織の拡大に伴って、整理の負担は著しく重課されてきた。（略）送稿時間上、また本来の技術上に複雑微妙な連携を必要とする。（略）総合編集を円滑にし、縦（工務、発送）横（支社・支局）の連絡を密にするために、なんらかの機関が必要となっていた。[16]

右記の問題の解消法として読売新聞社で新たに開かれたのが「編集デスク会議」であった。従来よりも格段に頻度が高くなり、参加人数も増えた。既述のように、「ニュースの事前報告」の最大の恩恵を受けたのは整理部であった。事前に予想が可能となったことで、整理記者は「メーキャップに専念」できた。[17]メーキャップとは、紙面のレイアウトなどを考案することである。

編集会議の大型化は、地方紙にもみられた。北日本新聞社では、編集会議の拡大とともに「総合デスク」を中心とした紙面編集の体制がとられた。大きな目的は、紙面製作における原稿の流れを円滑化し、「他局との連絡調整」を容易にすることであった。[18]「総合デスク」に求められたのは、「コントロール・タワー」としての機能であった。CTS化における「コントロール・タワー」は送稿部であったが、編集における「コントロール・タワー」は総合デスクであった。総合デスクは、後に統括デスクとも呼ばれる。

総合デスクは五〇年代から一部の新聞社でみられたが、六〇年代に入っても、それほど一般的とならなかった。六〇年代半ばの読売新聞社においても、「総合的なデスク」を設置するのは、大災害などの対応時に限られた。設置の目的は「事件全体を見落とさないように」することであった。[19]言い換えれば、全体を見渡すには総合デスクが必要であった。総合デスクが一般的となるのは、八〇年代に入ってからである。

編集の統合と機械化

北日本新聞社は「総合デスク」の導入にあたって、整理部のデスクを廃止した。[20]「総合デスク」八人のうち、一人は整理部長であった。北日本新聞社・編集局長の若林東治は総合デスクについて、「整理部と直結」と表現した。同社における総合デスクの設置は、朝日新聞・東京本社における大整理部と同様に、整理部の拡大といえた。

北日本新聞社の総合デスク八人の職階は、局次長二名、部長四名、次長二名であり、平均すれば部長級であった。整理部の一部を組織上において拡大と同時に格上げし、「総合デスク」と改名された。総合デスクの中心的職務は、いうまでもなく編集であった。

北日本新聞社は総合デスクの導入に併せて、整理部デスクだけでなく、各出稿部のデスクも廃止した。総合デスクの「総合」で目指されたのは、出稿部と整理部の統合であった。ひとつは、デスクという職階における統合、もうひとつは、編集という職務における統合であった。

背景には、機械化があった。福井新聞社・主筆の青園謙三郎は、次のように述べた。文中の「キャスター」は、全自動モノタイプを指す。漢テレと組み合わされることが多く、受信側で「さん孔テープ」をキャスターにかけると、自動的に活字が出てきた。

機械化が進んできてから、デスクの性格は大きく変容した。漢テレ、つまりキーボードやキャスターがはいってきた数年前からは、デスクの重要な任務に「ニュースの流量をコントロールする」新しい分野が加わってきた。締め切り時間ギリギリになって、原稿が集中豪雨のように殺到するのでは、パンチャー、キャスターの能力が追いつかない。(略)科学的なコントロール・マネジャの一面がデスクに要求されてきた。とくに機械化開発の一時期においては、ニュースの質の問題より、むしろ流量の調節のほうがデスクの大きな任務であったこともある。[21]

多大なコストを必要とする機械化においては、各章でみたように、機械効率の最大化が強く求められた。デスクに対しても同様であった。

北日本新聞社に話を戻せば、総合デスクへデスク機能を統合した目的は、「紙面づくりの指導体制」をより明確にするためであった。[22] 新聞制作が複雑化するなか、六〇年代半ばの新聞経営者の間では、出先記者を指揮するデスクの力量が「昔ほどでなくなった」と認識されていた。[23] 総合デスクの導入においては、機械効率の最大化だけでなく、デスクの教育機能の回復も目指された。総合デスクがデスク機能を担うことで、各部の次長をデスク業務から開放する。それによって出稿部の次長は、一線の記者の指導にあたる余裕が生まれると期待された。[24]

前章でみたように、出先の記者に対しての「指導」は、かつては出稿部だけでなく、整理記者も関与した。しかし総合デスクの新設後、出先の記者に対する整理記者の教育機能は低下した。

また、同じく前章でみたように、編集について大きな権限を有した整理記者は、六〇年代後半から八〇年代にかけて権限が縮小した。毎日新聞大阪本社・第一整理部長の大西仁は、「記事の価値判断と、紙面へのわりふりを、編集のトップで決定するという機構ができつつある」と述べた。[25] 整理が有した編集に関する権限は「編集のトップ」に移りつつあった。編集のトップとは、具体的には編集総務などであり、局次長が務めることが多かった。編集に関する権限が明確になったことで、出稿各部の独立性が高まった。それ以前は、編集と出稿との境界が曖昧であったが、独立性が高まったことで、取材部デスクの価値判断や意向が重視されるようになった。

六〇年代半ば、各社で生じたデスク周辺の改組によって、整理記者は大きな「恩恵」を受ける一方で、少なくない権限を手放した。編集は整理部が行うのではなく、多くのデスクが協働で担うようになった。

［三］疲弊するデスク

職務上において重複するデスクと整理記者

前項でみたように、デスクと整理記者は職務上において隣接し、また重複する関係にあった。整理の業務は、デスクへの移行が可能であり、その逆も可能であった。執筆された記事の整理、管理、送稿、編集、さらには出先の記者の教育などは、デスクと整理記者のいずれが担うべきなのか。歴史的にみれば、それらの職務や機能は、徐々に出稿部へ、なかでもデスクへシフトした。

デスクに職務が集まり出した六〇年代半ば、デスクは「万能選手」と評されるようになる。[26] デスク着任前は優秀な記者であり、記者としての能力を背景に部下の記者に指示を与え、他のデスクと交渉しつつ紙面の編集に当たった。出稿部の最終段において、完全原稿であることを担保するのがデスクであった。時に企画を立てるだけでなく、部下のフォローや予算管理などの管理職としての能力も求められた。

結果として、ニュースルームにおけるデスクの重要性は高まったが、一方でデスクは、重責と過重な職務によって疲弊した。新聞取材研究会は、次のようなエピソードを紹介した。

ある部長が、ある若い、といっても十数年の記者歴を持つ優秀な記者をデスクに抜てきしようとした。すると、その記者は真剣な表情で部長に「なんで私だけがデスクにならなければいけないのですか。ほかの同期の連中は外で仕事をしているのに、私だけが犠牲になるのは、かんべんしてください」（略）新聞記者になった以上は、外勤記者として、わずらわしさから解放されて、生活をエンジョイしたいと願う。[27]

出稿記者にとっては、出先における取材や原稿の執筆こそが魅力であった。内勤のデスクは、魅力的ではなかった。「わずらわしさ」からの解放が外勤の魅力であり、裏返せば、内勤のデスクは煩わしい仕事であった。既述のように、整理記者は忌避される傾向にあったが、整理記者も内勤であった。「新聞記者」と呼ばれる人たちは、おしなべて外で働くことを望んだ。

書けなくなるデスク

デスクが忌避された要因は、内勤だけではなかった。六〇年代のデスクの状況を、新聞取材研究会は「デスク残酷物語り」と呼んだ。同研究会によれば、デスクを経験すると記事が書けなくなる記者が多かった。書くことが好きで記者になり、書く技術を十数年以上にわたって身につけてきた新聞記者にとって、書けなくなるのは耐え難いことだった。新聞取材研究会は、次のように表現した。

デスクは、考えようでは、ずいぶん損な役回りである。（略）デスクを長年やるとひからびてくる、という証拠は、第一線時代に、あんなにもなめらかだった筆のはこびが、遅遅として進まなくなる（略）デスクには、むろん〝デスク技術〟というものがある。たとえば人の書いた原稿をうまく書き直す技術だ。だが、人の原稿はうまく直せても、自分で原稿は書けない。これはふしぎなほどである。[28]

同会は、デスク経験者が書けなくなる要因として、次の三つをあげた。

第一に、原稿は、いつも書いていないと書けなくなる（略）第二には、原稿を書く作業は、書き直す作業よりも、はるかに大きなエネルギーを必要とする。そのエネルギーの負担にたえられない。第三には、デスクの立ち場からの抵抗である。（略）「記事を書くより恥をかく」ことになると、みな敬遠したからだ。「恥をかきたくない」という気持ちがあって、原稿は書けるものではない。[29]

原稿を修正するばかりで「書く」習慣から離れると、再び書こうという気力が湧かないという。デスクは、出先の記者を指導するとともに、彼ら彼女らの原稿を修正した。原稿の修正に、遠慮は不要であった。だからこそ、当のデスクが記事を書くことになれば、出先の記者が「お手並み拝見」となるのは容易に想像される。出先の記者とデスクの違いは、単に外勤か内勤かというよりも、書くか書かないかの方が大きかったのかもしれない。

デスクを務める期間は二年から四年程度であった。遊軍の年限は、デスクとほぼ同じであった。遊軍は外に出ることもあったが、多くは内勤であり、出先の記者の指導を行うとともに、記事の修正を行った。遊軍の職務内容は、デスクと似ていた。しかし遊軍はデスクと異なり、自ら記事を書いた。書くことの有無でいえば、記事を書かないデスクは、出稿記者のなかで特異な存在であった。

「貧乏」なデスク

新聞取材研究会によれば、デスクは「貧乏」であった。デスクの手当が低額である上に、出先の記者とのコミュニケーションを図る「酒席」の費用がかかった。[30] 出先の記者であれば、残業代をはじめとした手当が多く、取材費も有した。収入や経費が減るのを喜ぶ社員など、いるはずがない。

しかしながらデスクは、たとえ「貧乏」であっても「初級管理職」であった。記者である限り、部長以上の職階に就くにはデスクを経由する必要があった。デスクを拒否して専門記者の道を選ぶのか、[31] それともデスクを経由して上を目指すのか。デスクを経たからといって必ず上級の職階に就くとは限らない。しかしながら目指すのであれば、デスクを避けては通れなかった。

既述のように、デスクには「万能」が求められたが、新聞取材研究会は、そのようなデスク像に限界を感じ、「万能デスク」はいつまでも得られるものではないと結論づけた。その上で、デスクは将来「〝交通整理〟的な立ち場に立つ」と予測した。[32]

〔四〕 紙面の変化――総合編集

「編集至上主義」

六〇年代におけるデスク重視の傾向は、編集重視の姿勢と表裏一体であった。前章でみた、朝日の「大整理部」をはじめとして、六〇年代には整理部の見直しが相次いだ。整理部の改組は、職務としての編集の見直しであり、機能の強化であった。

六〇年代、整理記者の編集機能が高まった。デスクでいえば、整理デスクの権限が高まった。デスクは通常、次長が務めたが、「大整理部」における整理デスクは、整理部長であった。職階が上の部長が務めたのは、編集強化の表れであった。

強化が目指されたのは編集であり、整理ではなかった。編集という職務や部署は、原初においてはその名の通り「編集」と呼ばれた。しかしながら中新聞になる過程で、「整理」と呼ばれるようになった。「大整理部」をはじめとした整理部の改組は、部署や職務上において編集を「整理」と呼ぶ捻じれを解消し、編集を「編集」と呼ぶ本来の姿に戻す動きでもあった。言い換えれば、整理という名を削除する過程において、一時的に「大」を付加して格上げした。

新聞社には根強く「編集至上主義」[33]「編集中心主義」[34]といった価値や思想が存在した。明治期には長く「編集中心主義」の時代が続いた[35]。日清戦争後「営業中心主義」[36]に転じ、アジア太平洋戦争後、再び「編集至上主義」となった。ただし、明治期の「編集至上主義」と戦後の「編集至上主義」は、同質ではない。アジア太平洋戦争後の「編集至上主義」の根底には、読者獲得という目的が明確に存在し、新聞紙面の頁数の増加と、部数の拡大が目指された。その意味で、政治的な主義の主張が主であった明治期の「編集至上主義」は、異質かつ異例であったというべきだろう。

六〇年代における編集重視の姿勢は、前章で言及した「総合編集」という方針となって表れた。第一章で述べたように、日本の新聞業界において総合編集という語が最初にみられたのは、大正一〇（一九二一）年ごろである。以降、総合編集は何度か試みられた。アジア太平洋戦争を経た五〇年代半ばの読売新聞は、総合編集を「率先してやっている」と指摘された[37]。

しかし六〇年代の総合編集は、以前と規模が異なった。ここまで何度か言及したように、戦後、新聞紙面の頁数は大きく増加し、六〇年前後になると、建て頁は朝夕刊合わせて三〇頁近くとなっていた。

六〇年代には、高度経済成長を背景に、日本の社会問題は複雑化した。それによって多角的な取材や原稿の執筆が求められるようになった。ニュースの量的拡大と多様化によって、デスクに求められる機能や職責は、おのずと大きくなった。

第二節　CTS時代の到来――コンピューター化とシステム化（一九七〇年代）

［一］　CTS時代の到来とデスク

デスクへの職務と権限の集中

前節でみたように、デスクの職務は、整理記者の職務と密接に関係した。整理記者は機械化やコンピューター化の影響を強く受けたが、デスクも同様であった。

一九七〇年を過ぎると、デスクはCTS化の影響を受け始める。七一年一一月、毎日新聞東京本社・取締役編集局長の中谷不二男は「CTS化とデスク機能の変容」という論考を『新聞研究』に寄稿した。CTSの導入によって、デスクの職務は変化すべきだと中谷は主張した。

デスクは（略）さらに一層厳密な計算が要求されるようになります。（略）同時にオペレーターの役もはたさなければならなくなるでしょう。ある面の担当デスクは即原稿を出稿する者であり、同時に大組み者であるというように、作業は共同ではなくなってくる。ただ、ひとりの人間の能力には限界がありますから、一つの面を担当するデスクが複数になる可能性があります。したがって、現在整理部といわれているものは、全てデスクになる。（略）ニュースの選択は、あるデスクのグループあるいは部長のグループというようなものが協議し決定する。[38]（強調筆者）

中谷の主張によれば、デスクはオペレーターの役目を果たさなければならなかった。整理記者と同じであった。さらに、そのオペレーションは大組みを含んだ。大組みは高い専門性を必要とし、デスクとの兼務は、大きな負担となる可能性があった。負荷を軽減するには、機械化するほかなかった。さらに、中谷は「整理部」と呼ばれるものが「全て」デスクになるとし、ニュースの選択は、複数のデスクや部長が協議して行うようになると予測した。

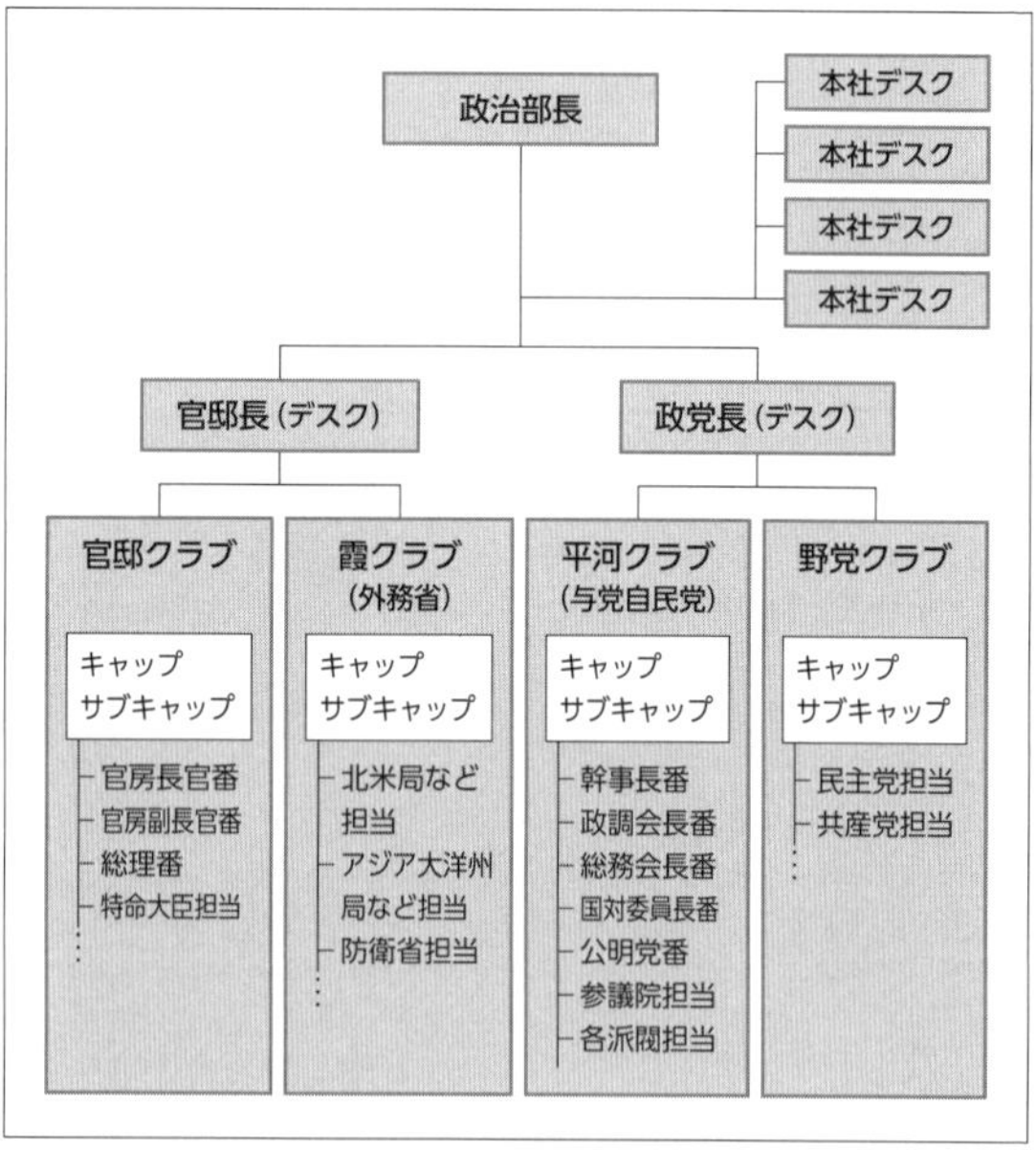

図6-2　朝日新聞政治部・組織図
(出典:鮫島浩『朝日新聞政治部』講談社、2022年)

同月号の『新聞研究』には、各紙のデスクによる座談会「デスク〝デスク〟を語る」が掲載された。サンケイ新聞東京本社・経済部次長の五十畑隆は、「デスクといわれる人がやっている仕事は、現実には、よほど大きな事件を除けば(略)エディターの機能を果たしていることは間違いない」と述べた。[39] 読売新聞社・整理部次長の中名生正昭は、「デスクは編集者だと解釈しています」と同意した。[40] 七〇年代に入ると、編集は実態として、デスクが担当していると認識されていた。

七〇年代におけるデスクの変容は、政治部でも生じていた。七〇年代に入ると、政治部でも「出先にデスクが行く」ようになった。理由のひとつは「整理部との調整を円滑にするため」であった。[41]整理部は、ニュースルームにおけるゲートキーパーとして、事実確認を重視した。新聞業界内では裏付けを取ることを「裏取り」というが、裏は取れているか、事実誤認はないのかを最終的に確認するのは整理記者であった。ニュースルームの「最後の砦」である整理部を通過してしまえば、誤報が紙面に掲載される。整理記者は誤報を強く恐れた。

政治部における整理部とのコミュニケーションは、従来は、内勤のデスクが担当した。一転して出先にデスクが行くようになると、外勤のデスクが、出先でニュースの「前処理」をした。それによって、内勤デスクの負担は小さくなると同時に、整理記者の負担も減少した。[42]

外勤のデスクは、「官邸長や平河のキャップ」であった。呼称の上でキャップと呼称される場合もあったが、実態としては「デスクが行っているケース」が非常に多かった。デスクによる編集の協働は、名目以上に拡大していた。

出先の記者とのコミュニケーションの減少

外勤のデスクが置かれた目的は「整理部との調整を円滑にするため」であったが、それによって整理記者とのコミュニケーションは減り、記事や執筆をめぐるコミュニケーションは各出稿部で閉じたものとなった。出先の記者からみれば、整理記者は所属する部が異なり、心理的な距離があった。

反対に、同じ部のデスクは心理的に近かった。閉じたコミュニケーションは、出先の記者にとっては易《やす》いものであったが、一方で、整理部との易くないコミュニケーションは減少した。

閉じたコミュニケーションの増加によって、「組織の部隊をまとめていく、動かしていくうえでの気苦労」が、デスクに増えた。[43] 前節でみた、デスクの教育機能の回復の裏返しであった。しかし時代的には、先輩と後輩の濃厚なコミュニケーションは忌避されるようになっていた。デスククラスの中堅だけでなく、若手も職務に追われ、ともに時間的余裕を失っていた。[44]

デスクは、管理職として微妙な立場にあった。新聞社という組織においては伝統的に、部下の管理はさほど求められはしなかったが、それでもデスクは一定程度、出先の記者の管理者的側面を有した。各社ともに、部長が非組合員であったのに対し、デスクの多くは組合員であった。管理職でありながら組合員という矛盾した立場も、デスクを苦しめた。

デスクを経た後のキャリアは二分された。サラリーマンとしての階梯を登り部長などに昇進するのか、それとも遊軍や専門記者などの執筆する記者に戻るのか。デスクは管理職としてだけでなく、あらゆる面で微妙な立場にあり、それらは悩みとなっていた。

〔二〕 高まるデスクの負担 ——サポート役としての遊軍

機動性と自律性の高い遊軍

ここまでみてきたように、デスクに対して様々な機能が求められ、デスクの負担は増していった。

デスクを務めるのは二〜三年にすぎなかったが、その間に、デスクが疲弊するのは常であった。

本項では社会部に絞り、遊軍とデスクの関係をみていく。社会部は「よその部に属しないのはなんでも引き受ける、なんでも屋」であったが、なかでも「全部」を引き受ける遊軍は「ほんとになんでも屋」であった。[45]

サンケイ新聞社・社会部で遊軍を務めた藤村邦苗は、社会部の遊軍（以下、遊軍）について、「専門家であってはいけない、と同時に、専門家でなければならない」と述べた。[46]社会部は他部と異なり、どのような事件や事故が、いつ発生するかわからなかった。なかでも遊軍は、何事に対しても幅広く知っていなければならなかった。幅広い知識を身につけるため、藤村は先輩から「絶えず本を読め」と言われ続けたという。藤村は自らの体験を次のように回顧した。

> 通常、社会部には書庫みたいなものがあって、そこに本がいっぱいはいっていて、電話待ちしながら本を読んでいる。興に乗って読んでいても、電話が一ぺん鳴ったり、デスクから声がかかったらすぐ頭を切りかえろ――そういうような日常生活をやっているわけです。（略）遊軍記者のおもしろさというのは、警視庁と違って、各社と争って特ダネを抜いた、というおもしろさではなくて、自分だけが目をつけて、自分だけが取材して、それが記事になった――それが遊軍記者の喜びです。[47]（強調筆者）

「自分だけ」の種の見つけ方や取材の仕方は、今日「調査報道」と呼ばれるスタイルといえる。言い換えれば、遊軍以外の出稿記者は、他社の記者と同じニュースソースや種を追っていた。

デスクを補佐する遊軍

遊軍は、自らの意思で企画・取材を行いつつも、突発の事件・事故などに対応する必要があった。後者こそが本来の務めであった。朝日新聞東京本社・社会部長の高木四郎は、社会部の遊軍の「日常作業」を、次のように表現した。

> 遊軍はいつも本社のデスクまわりでたむろしている。デスクにとっては百万の味方であり、旗本である。遊軍席に人影がないときほど、デスクの心細いときはない。出先記者から送稿の電話とる（ママ）。外部の人たちからの電話の応対、面会人との応接などは遊軍の副次的な仕事である。そのうえ、雑多な記事のまとめや交通整理、早版、おそ版の書きかえなど、サブデスクの仕事もせねばならない。（略）遊軍は社会部から発生したが、社会部だけとは限らない。朝日の場合、首都部にもある。政治部、経済部にも兼務遊軍があり、学芸家庭部も科学部も内政部も、将来はゼヒ遊軍がほしいという。[48]

前項でみたように、七〇年前後には、デスクに職務が集中した。負荷の高いデスクにとって、負荷を軽減してくれる遊軍は欠かせなかった。

そのような状況を、朝日新聞東京本社・社会部次長の小松錬平は、「おい、知恵をかせ」という言葉の多用にみた。小松によれば、同社の社会部で「おい、知恵をかせ」という言葉がよく聞かれるようになったという。[49]小松によれば、かつて多く聞かれたのは「手をかせ」とか「からだがあいているか」であった。しかしながら、社会問題が複雑化するとともに総合編集が増加したことで、記事に企画性が求められるようになった。それによってデスクらは、より多くの「知恵」を必要とした。

社会やニュースソースが変容するなか、遊軍は極めて便利な存在であった。六〇年代の公害報道を担当したのは社会部の遊軍であったが、実態は「編集局遊軍」であった。七〇年春以降、紙面における公害キャンペーンが活発になった際、各社は部を超えた「横断的な公害班」をつくった。その公害班で活躍したのが社会部の遊軍であり、実態としての編集局遊軍であった。

遊軍の変容はそれだけに留まらなかった。読売新聞社・社会部長の牧野拓司は七〇年代初頭、「このごろの遊軍は何かの企画があると、単なる遊軍としてではなくて、クラブ記者的なこともやる」と述べた。[50]かつてのようにフリーであった遊軍と異なり、記者クラブを担当するなど、徐々に半固定化されるようになった。朝日新聞東京本社・社会部次長の伊藤邦男によれば、そのような遊軍の変化は、社会問題や紙面の変化による社会部への要請であった。サンケイ新聞大阪本社・編集局長の青木彰は、社会部は編集局全体の「調整役」の役目を負っていると指摘した。[51]青木は、社会部記者の「二つの傾向」を指摘した上で、デスクと遊軍の役割について次のように述べた。

一つは、明らかに因果関係の解明なり、理屈に先走って、現場を忘れている。あるいは情緒的な面が欠けている。他面では、情緒性がまさって問題の本質を忘れがちである。一人の記者にその両面の完全性を求めるということは、非常にむずかしい。両面の完全性を補うとすれば、それがデスクであり、あるいは遊軍の役割りなんですね。[52]

デスクと遊軍の変化は、社会問題だけでなく、ニュースルームの問題を反映していた。理性と感性のバランスをとるのは、出稿部の最終段であるデスクや遊軍の役目とされた。デスクが多様な職務を担うようになっていったのと並行して、遊軍も多様な職務を担うようになりつつあった。

〔三〕 膨張するニュースルームと遊軍

ニュースワーカーの増大

ニュースルームの拡大は、人的にみれば、ニュースワーカーの増大であった。元朝日新聞論説委員でTBS・ニュースキャスターの入江徳郎は、七二年一〇月号の『新聞研究』において、「どこの新聞でもそうだろうが編集局の人数が非常にふえた」と述べた。[53] 日本の社員の多さ、特に編集関連の人の多さは、経営側にとって大きな問題であった。日本新聞協会・事務局次長の江尻進は、六四年の『新聞経営』の座談会において「日本の場合は全国平均で新聞従業員の二六%ぐらいが編集部門に所属している。米国では平均して一〇%前後、多いところで一五%ぐらい」と指摘した。[54]

同座談会では、福井新聞の「大編集局制」が話題に上った。「大編集局制」とは、政治部や社会部などの部を解体して「報道部一本の取材体制」とし、「なんでも書ける」オールラウンドの記者を主体とする体制であった。[55] 過去と同様に、合理化の要請のたびに議論に上がるのは、オールラウンドの記者であった。

六〇年代半ばを過ぎると「部間」、七〇年代に入ると「部際」などの言葉が見られるようになる。社会問題が複雑化し、いずれの部が担当すべきかわからない、境界的な問題が多くなっていた。ニュースルームに外在する社会の問題ともいえたが、一方で、ニュースルームに内在する問題でもあった。端的にいえば、セクショナリズムの問題であった。

複雑化する社会問題に対して、ニュースルームはいかに変化すべきか。ひとつの答えは、総合編集であった。読売新聞社・編集局長の長谷川実雄は、「現在の編集局体制はタテ割りになっていますが(略)総合編集にふさわしい記者が、実はほしい」と吐露した。[56] 長谷川の指摘に対して、サンケイ新聞社・論説副主幹の喜多幡道夫は、次のように述べた。

政治、経済、社会各部の記者を三分の一ずつ入れ替えようじゃないか。何なら部長もデスクも入れ替えて、一年ぐらいは大変混乱するかもしれないが、そのへんから出発しないとダメかもしれんな(略)社会部から政治部へ若い記者がひとり、ふたり入ってきても、全部政治記者を見習って、せっかく社会部で持っていたよさまでなくなり、同化してしまう。[57]（強調筆者）

人事異動を増やすことで、総合編集に対応できる人材を育成しようとしたが、少数の異動であれば、多数派の規範や価値に同一化してしまった。大勢を異動させれば、そのような同一化の働きが低下するのではないかというのが、喜多幡の主張であった。

遊軍と部際

人事異動以外にも、部際的な問題に対して、社会部の側からアプローチする事例がみられた。遊軍による対応である。七二年一〇月、毎日新聞東京本社・社会部の愛波健は、新聞の増頁によって社会面が増えたが、「それに適応するかたちで」社会部記者の仕事が変化しつつあると述べた。[58] 各章でみてきたように、新聞における頁数の増減は、ニュースワーカーに極めて大きな変化を与えた。

愛波自身が社会部の遊軍であった。社会部の遊軍は、ニュースルームが拡大するなかで、様々な領域をカバーすることが求められた。社会部の遊軍の「任務」を愛波は以下の六つに大別した。[59]

①送られてくる原稿の補強や関連の取材をする。
②企画を立てて自分で取材したり、手配して集めた原稿をまとめる。
③遊軍以外のポストのビートにあてはまらないようなテーマを受け持つ。
④人手のかかる取材がある場合、クラブ記者などの応援に出る。
⑤いわゆる街ダネを書く。
⑥『続きもの』を書く。

③にある「ビート」とは、英語でいえばbeatであり、「出し抜き」などを意味する。[60] 新聞業界でbeat

は、警察や司法などの担当領域を指し、beatを担当する記者はbeat reporterなどと呼ばれる。記者クラブが発達した日本におけるbeat reporterは、記者クラブ詰めの記者である。したがって愛波のいう「ビート」にあてはまらないようなテーマ」とは、複数の記者クラブで等閑視されている問題、すなわち「クラブ際」などと呼ばれる問題を指した。遊軍記者は「クラブ際」や「部際」などの、境界的な問題への対応に適していると認識された。毎日新聞東京本社の愛波は、次のように述べた。

新しいページが、ストレート・ニュースではなく、話題ものの範ちゅうにはいる記事を主体に構成される〝変種〟の社会面である場合には、担当する記者は在来の観念からすれば毛色の変わった仕事をすることになる。（略）彼らもまた遊軍記者である。[61]

従来の記者では対応できない問題や形式に対処するのに、遊軍は極めて便利な存在であった。愛波によれば、新聞が「変質」するなかで生まれた「先端的な仕事」を受け持っているのが、遊軍記者であった。

既述のように、新たな紙面におけるもっとも大きな変化は総合編集であったが、毎日新聞社・整理本部副部長の松任谷彦四郎は、整理記者の立場から、社会部の総合編集への関わりを次のように記述した。

整理部から見た場合、これまで主として社会面と社会部との関係を考えていればよかったものが、現在のように多くの面に社会部記事が顔を出すようになると（略）一面と社会部、二面と社会部、三面と……いうように〝面との関係〟に置き換えねばならなくなった。（略）ニュースを各面に分散したあとには、整理部各面担当から社会部デスクに対して問い合わせが集まる。（略）一つの部として、いま社会部ほど活躍の舞台が広がったところはない。[62]

ニュースルームにおいて各部や各領域をくっつけるという意味で、松任谷は社会部を「アタッチメント」と称した。日々どのようなニュースが発生するかわからないなかで、総合編集をはじめとした新たな形式が試みられたが、それらに適合的なのは社会部記者であった。なかでも、豊富な経験と高い自由度を有する遊軍は、極めて高い適合性を有した。

第二章で政治記者を論じた際、政治記者と社会部記者の態度の差異に言及したが、そこで参照した新村正史『デスクmemo2（1971）』（一九七二年）には、当時の小林武治法相の放言の扱いについてのエピソードが紹介されている。政治部と社会部の対立には、両部のエートスの違いがよく表れている。

社会部は、これを社会面にも大きく扱いたいとし、政治部に協力を求めたが、政治部デスクは「汚職とは違うからねえ」と遠回しの拒否の返事。それでは、と外出中の政治部長に連絡をとったところこれまた「そう大きく扱わなくても、いいんじゃないですか」と気の乗らぬ答え。社会部はカンカンになって、じゃあ独力でやる、と遊軍を動員して紙面を作り上げた。[63]（強調筆者）

この言の主は不明である。職階も不明だ。しかしながら、いくつかの理由からデスクの言と推察される。デスクは通常、デスク間で連絡や調整を行う。最初に相談した相手は「政治部デスク」であるが、通常は同格の社会部デスクが相談する。「違うからねえ」という対等な物言いからも、同格のデスク間と推察される。政治部長の物言いは「いいんじゃないですか」であった。おそらく部署や職階が異なる者への丁寧語であろう。この場合、他部の下の職階の者に対する表現と思われる。新村の書は、そもそも『デスクmemo』である。以上から、上記のエピソードの主は、社会部デスクであると強く推察される。デスクにとって遊軍は、やはり「百万の味方」であった。

第三節　デスクと出先の出稿記者とのコミュニケーション（一九七〇年代〜九〇年代初め）

［一］　出先の記者を信用するのか、疑うのか

相対的に少ないデスク

戦後、新聞社の従業員数は増え続け、編集に携わる記者も増加した。販売エリア、部数、頁数ともに増え、それらによって記事も増加した。紙面の編集は、デスクの協働による体制が固まりつつあった。記者と記事が増加するなかで、編集の実務を取り仕切るデスクは人数が増えたとはいえ、一人当たりの業務や責務は増した。

第五章でみたように、かつて整理部はニュース選択に大きな権限を有していたが、一九六〇年代後半から、その権限は縮小していった。整理部に代わって、デスク間のコミュニケーションが、ニュース選択に大きく影響するようになった。

サンケイ新聞社・外信部次長の鹿島茂男は、紙面掲載の可否に対して、コミュニケーションがどのように影響するかについて論考している。外信部は、社会部などの他の部に記事を提供したが、採用率は低かった。[64] しかしながら鹿島によれば、次の二つを行った場合、採用率は高まったという。ひとつは編集会議で直接、記事の内容を説明した場合、もうひとつは、外信部のデスクが自ら社会部に原稿を持っていき「頼むョ」と声がけした場合であった。[65]「事前に電話連絡」した場合も効果があった。ニュースの選択は、ニュース・バリューに基づいて客観的に行われるとされたが、実際上は、コミュニケーションの影響を強く受けた。

以下では、一九七〇年代から八〇年代における、デスクと出先の記者の関係を、コミュニケーションを中心にみていく。

出先の記者との微妙な関係

出先の記者からみれば、デスクは同じ部署に所属する先輩であり上司であった。出先の記者は取材や執筆の際に、デスクから指示を受けるとともに、デスクに対して報告・連絡・相談を行った。出先の記者にとって、デスクとの日々のコミュニケーションは教育的な側面を有していた。しかし、これまでの各章の議論をみればわかるように、コミュニケーションの実態は部ごとに異なった。

政治部においては、出先の記者が執筆することは少なく、取材を通じて情報収集し、「メモ」などの形でキャップやデスクに情報を伝えた。出先の記者の職務は、情報収集が専らであり、報告がほとんどであった。経済部においては、情報の多くは公開されていたため、議論が重視された。その意味でデスクは、議論の相手であると同時に、議論の中心のひとつであった。

社会部はそれらの部とは少々異なった。特ダネが潰されることを警戒し、必ずしもデスクに情報を伝えるわけではなかった。時に両者の関係は、緊張状態に陥った。

差異はありながらも、デスクと出先の記者の関係は、一定程度の信頼に基づいていた。北日本新聞社・取締役編集局長の深山栄は、両者の関係を次のように表現した。

> 真実であるべき原稿も、いったん記者の手を離れると、ほんとうに真実であるかどうかは、極論するとデスクにもわからない。これを真実として受け取るには、社内の強い信頼関係、つまり上に立つ者の豊かな経験、良識などにもとづいた判断力、またその時点時点の取材に対する指導が基本となる。[66]

デスクは、あくまで内勤であり、ニュースソースに直接、接することはなかった。極論をいえば、すべてが出先からの伝聞に基づいていた。デスクは出先の記者を信頼するとともに、出先の記者から信頼される必要があった。相互の信頼がなければ、出先の記者から十分に情報が伝わらなかった。時には、出先から情報がもたらされなくとも、デスクは「ニュース」の存在を信じなければならなかった。
出先の記者のデスクに対する評価は、デスクの有する経験や知識と、それらに基づいた判断によって下された。結果的に信頼を得ることもあれば、そうでないこともあった。毎日新聞東京本社・編集局次長兼学芸部長の加藤順一は、次のように述べた。

現実に新聞制作上の「正確度」の確保は、第一段階でまず「デスク」がどれだけ原稿に疑いの目を向けることにかかってくる（ママ）と言ってもいいだろう。にもかかわらず、記事を書く「記者」と「デスク」は互いに信頼し合っていなければならないという二律背反の世界にいることになる。（略）この「ゆるやかなシステム」がマイナスに作用すると、「信頼関係」を口実にした無責任なシステムに変身してしまう。日本的なけが人を出さない「まあ、まあ主義」に陥りかねない。[67]

デスクは通常、出先の記者に対してニュースソースを確認するが、ニュースソースの多くは「デスクとは接触したことの無い人物」であった。ニュースソースを信頼するかどうかは、「つまるところ取材記者を信頼するかしないか」といえた。[68]信頼しつつも、チェックは欠かせない。そのような二律背反の関係は、一種の緊張を孕《はら》んだものであり、デスクと出先の記者の双方に強いストレスを与えた。

デスクのジレンマ

特にデスクは、自らが取材に当たっておらず、ニュースそのものに対して直接的に関わることができなかった。間接であったからこそ、デスクの心理的な負荷は大きかった。デスクの負荷の大きさは、既述のデスクの疲弊からも推察される。高い負荷のなかで、デスクは的確な判断を下さなければならなかった。的確な判断を支えるのは、デスク自身の豊富な経験であった。

しかしデスクがいかに経験豊富であっても、伝聞情報に基づいて的確な判断を下すのは極めて困難であった。神戸新聞社・社会部次長の崎山昌広は、デスクというポストの年功序列的な側面について、次のように述べた。

> 現在デスクに要請されているのは、知識の量の多寡ではなく、判断の質だ。だが現実にはこの判断の質を高めることは至難だ。（略）問題の根幹にあるのは編集局の機構のなかでデスクの位置づけがあまりに固定的にとらえられていることだ。デスクは社歴の順番主義、ラインの一員としてとらえられがちである。（略）デスクが単なる受け手ではなく書き手のリーダーでなくてはならず、そのためには一たんデスクになっても、再び出先取材が可能になる道が大きく開かれていることが好ましい。[69]

既述のように、デスクになると「書けなくなる」という指摘は、ニュースルームに広くみられた。七〇年代初頭の時点で、デスクを務めた後に再び記者として記事を書くことは少なかった。読売新聞社の編集局次長・政治部長の渡部恒雄は、デスクや記者らの姿勢を次のように批判した。

　新聞社の共通した弊害ですが（略）現場は三十代ですね。四十を過ぎると、早くデスクになることを考え、デスクは部長になることを考え、部長は局次長、局次長はそのうえになることを考える。デスクに上がったときから、記者としての筆を折っちゃうんですね。これがけしからんので、編集局長を含めて、原稿を書けないような人は、部長にも、デスクにも、局長にもなるな、というんです。[70]

　渡部の指摘は、端的にいえばサラリーマン的な性向を批判したものである。しかしながら、新聞社という企業の一従業員である記者にとって、出世を目指すのは経済合理的な態度であり、致し方ない面があった。背景には、メンバーシップ制に基づいた日本的な雇用形態があった。中高年のベテランが、人数の上で過剰となっていた。各社は中高年のベテランを、どのように活かそうとしたのか。

〔二〕　中高年記者の活用の試み

サンケイ「取材群キャップ制」と朝日「ビッグ・ブラザー制」「地方問題総合取材班」

　サンケイ新聞社・取締役編集局長の青木彰によれば、セクショナリズムを打破するため、同社は「取材群キャップ制」を導入したという。政治・経済・社会などの区割りを横断するような、「群」という新たな括りを導入した。従来からの部は廃止せず、あくまで部と「群」は並列した。「取材群キャップ制」のもうひとつの目的は、「記事の質的向上をはかる」ことであった。[71] 部と群それぞれにベテランのデスクを「再配置」し、質の向上が目指された。青木は、次のように述べた。

「局長—部長—次長（デスク）—出先記者」という編集局のタテ割り組織を一部崩してみた（略）出先記者は部と群の二つの組織に身を置くことになる。たとえば、政治部の（略）「内政群」の場合は（略）出先記者はキャップと所属部のデスクの二重の指揮を受ける。[72]

出先の記者に対する「二重の指揮」は管理強化ともとれる。出先の記者からすれば、報告・連絡・相談を二重に行わなければならず、非合理な面を有した。出先の記者は「面倒」だと不満を表明した。そもそも、群キャップと所属部デスクの意向や指示に齟齬《そご》があった場合、出先の記者はどちらに従えばよいのか。管理するデスクも、労働が「倍増した」と不平を漏らした。

「取材群キャップ制」の群キャップは、誰が務めたのか。青木によれば、「専門記者、ベテラン記者の徹底活用を目指した」という。五〇年代から六〇年代に採用した中高年の記者の扱いに経営者は頭を悩ませた。デスク経験のあるベテラン記者は、「編集委員」などの名のもとに、専門記者として遇するのが一般的となっていた。青木は、編集委員という制度について、次のように述べた。

今日では、各新聞社とも編集委員制が常識化し、専門記者の活用をはかっているが、この「編集委員」という肩書きが便利すぎて、かえって弊害を招いているきらいがありはしないか。たとえば、必ずしも専門記者でないにもかかわらず、年功序列型の組織からハミだした人々の〝避難場所〟になっているといったふうだ。そこで編集委員の中であくまで専門記者として活躍を期待する人たちには編集委員の専門委員として積極的に出先きに出てもらうことにした。この結果、出先き記者の方がデスクや部長より先輩という例はずい分できた。[73]（強調筆者）

専門委員、すなわち自分より年長の先輩の応対に、デスクが苦慮したのは想像に難くない。群制度は新聞業界内で広がることはなかった。

朝日新聞東京本社・編集委員の百目鬼恭三郎も、編集委員の機能について疑問を呈した。百目鬼は、政治部や経済部などの硬派の編集委員について、「出世コースから一時はずれて、ここにちょっといて、またすぐコースにもどる人が多くて、編集委員としての機能を果たしていない」と指摘した。[74]編集委員をはじめとした年長の「記者」の扱いは、各社で大きな懸案となっていた。東京新聞・文化部次長の森秀男は、同社の状況に言及した。

部の人員構成が高年齢化してきましてみんな次長になってしまうわけですね。ですから、いわゆる通常のデスクをやらない次長がいっぱいいることになります。それが実質的には専門記者的な働きもするわけですが（略）編集委員ではないから、会社からは正式に専門記者として認めてもらってはいないんですよ。[75]

先の専門委員は、内勤の編集委員で吸収しきれなかった人員を、外勤として手当てするために新設された職階といえた。デスクは次長が務めたが、次長を含めた中高年の記者の処遇が大きな問題となっていた。朝日新聞水戸支局・次長の末永順敏は、同社の地方支局における中高年記者の活用について、次のように述べた。

ビッグ・ブラザー制と私は言ってるんですが（略）入社十年くらいの記者をもう一度地方支局へ出しています。その狙いは、一つにはデスクと若い記者のつなぎ役と言いますか、要するに若い記者にとっての文字通りビッグ・ブラザーとして公私両面の面倒を見る。[76]

朝日の取り組みに対して、毎日新聞水戸支局・次長の横山敏彦は、毎日新聞社でも「同じような傾向はあります」と述べている。横山によれば、「毎日の水戸支局にも十年選手というか中堅クラスの記者」が配置されたという。サンケイ新聞や読売新聞も同じ状況にあった。[77]

「ビッグ・ブラザー制」の導入とほぼ同時期の七八年、朝日新聞社は新たな部署を設置した。東京本社通信部に、新たに「地方問題総合取材班」（略称「地総班」）が作られた。設置の目的は、地方に関する部際的なニュースの発掘であった。朝日新聞東京本社・通信部長代理の鈴木益民によれば、地総班は、「地方ニュースの質的変化や読者のニーズの多様化に対応する」ために新設されたという。[78] 鈴木は地総班の年齢構成について、以下のように述べた。

地総班のメンバーの平均年齢は、ただいま四十一歳強。やや年齢が高いのは、地総班が地方の中核記者、デスクの養成機関にもなっているからである。（略）これまでに地総班から支局デスク七人が生まれている。[79]

編集委員を含めたこれらの制度の根底には、終身雇用や年功序列あるいはメンバーシップ制があった。終身雇用である限り、定年近くまで、何らかの職務やポストを用意する必要があった。これらの新制度によって、新たなキャリア・パスが生まれた。それらは、デスクのポストが空くまでの退避地であるとともに、デスクと出先の記者の軋轢《あつれき》を緩和する機能を果たしていた。

社会部・遊軍の変容

七〇年代から問題となっていた部際などの問題は、八〇年代後半に入ってどのように変化したのか。八七年三月、サンケイ新聞東京本社・社会部次長の斉藤富夫は、「これだけ社会部の守備範囲が広くなってくると、部際、学際なんて言ってられない」と述べた。[80] 部際問題の対応は社会部が中心であったが、許容量を超えつつあった。

九〇年代半ば、全国紙各社の社会部遊軍は、どの程度の人数であったのか。朝日新聞東京本社・社会部の遊軍記者は、「シニア記者を含めて四十人ぐらい」と大所帯であった。そのうち、まったく「自由に動いている」遊軍は「十数人」であり、他は何らかの担当を持っていた。[81] 毎日と読売は、朝日と同程度と思われる。産経の遊軍記者は「二十人ぐらい」であった。共同通信は、名目上は「三十人ぐらい」

であったが、実態は「二十人ぐらい」であった。九〇年代の社会部の遊軍は、人数の上では相当な人数にのぼったが、担当する領域の広さを勘案すると「慢性的な人手不足」であった。

それによって、遊軍が遊軍たる所以の、遊びや余裕がなくなった。「遊軍記者のほとんどは取材班に入っていて、それぞれ担当」を持つようになった。朝日新聞東京本社・社会部の森純一によると、「遊軍記者の日常は、取材班の仕事がほとんど」となった。[82]

新聞記者がカバーしなければならない領域は拡大していったが、多くは社会部が、なかでも社会部の遊軍がカバーした。社会部の遊軍がカバーする領域は増え続け、遊軍は結果的に、余裕や自由度を失っていった。

〔三〕 ワープロ導入とCTS化

編集かメーキャップか

本章の第一節で論じたように、整理部が有した編集の権限は、六〇年代から七〇年代にかけて、出稿部のデスクに移行された。しかしながら完全に移行したわけではなく、一部の面の編集と、メーキャップと呼ばれる紙面のレイアウトは整理部に残った。九〇年二月、毎日新聞東京本社・編集局次長兼学芸部長の加藤順一は、「日本の新聞制作上特徴的なのは、恐らく出稿デスクと整理部デスクの両方に分担してもたされている編集機能」と述べた。[83] 米国のニュースルームにもデスクは存在したが、編集を担当するのは、あくまでエディターであった。

出稿部と整理部の両デスクによる「分担」について加藤は、「ニュースエディターにすべての判断を任せる危険を避け、機能分担によるダブルチェックの強化、公平性の維持に有効性を発揮してきた」と評価した。[84] 一方で、双方のデスクの機能が「曖昧」となり、結果的に「責任の所在をきわめて日本的に処理する」ことに繋がった。さらに加藤は、CTS化などの機械化や自動化がデスクの判断を鈍らせていると批判した。

遊軍の不在

CTS化によって、記事の流れやルーチンに変化が生じた。毎日新聞東京本社・社会部副部長の山本進は、自分が若手の記者であった頃と比較して、次のように述べた。

> 先輩記者である遊軍に原稿を送り、一つのチェックポイントを経てからデスクに原稿が出ていたわけです。いまはワープロ原稿が、途中でデスク以外の人間にチェックされることがほとんどないいまま、直接デスクにファクスで送られてくる。(略)いまは取材者とデスクのマンツーマンの関係でしか、原稿が行き来しないという構造になっているものですから、そこでもデスクの仕事が増えている。[85]

出稿部のデスクには、整理部デスクとの協働だけでなく、遊軍記者との協働も存在した。しかし編集権限のデスクへの集中によって、遊軍との協働は低下した。背景には、CTS化やワープロ化をはじめとした、機械化や合理化があった。

なかでもワープロの普及は、原稿の執筆に大きな影響を与えた。CTS化は主に編集の機械化であり、原稿の執筆は埒外《らちがい》であった。[86] 機械化は川下から順に進んだが、もっとも川上の原稿の執筆は、機械化されていない最後の職務であった。読売新聞社・社会部の丸山伸一は、ワープロ普及以前の出稿を次のように回顧した。

> 原稿一本にしても、電話で手書きで受けてリライトする。お兄ちゃん格の遊軍が、「お前の交通事故の原稿、こういうふうに角度を変えれば、こういう記事になるんじゃないか」というようなアイデアを出し、現場の記者とキャッチボールをしていた。（略）しかし、今は記事をワープロに入力するだけで、何の会話もない。原稿が遊軍を通過せず、デスクにそのまま行ってしまうことは、遊軍が理解されない一つの理由かも知れませんね。[87]

遊軍の介在がなくなった状況は、出先の記者とデスクが直接繋がることを意味した。では、デスクと出先の記者とのコミュニケーションが密になったかといえば、そうではなかった。定年延長などによって「デスクの年齢」が上昇し、出先の記者との年齢差が拡大した。サラリーマン化が進み、若手の記者は「良くも悪くも実に軽い気持ちで」新聞記者になるようになり、「物事をあまり詰めて考えない傾向」がみられた。それらを要因として、デスクと出先の記者のコミュニケーションは減少した。[88] コミュニケーションの減少によって、若手の記者に対するニュースルームの教育機能は低下した。

原稿の修正を巡っても、コミュニケーションの減少がみられた。出先の若手の記者は「原稿を送りっぱなしで、自分の原稿がどう直されているかを見ようとしない」傾向にあった。[89] 一方でデスクは、若手の記者が「どこで悩んだか」分からなくなった。[90] 結果的に、「とにかくひどい原稿もストレートに」出稿されるようになった。[91]

遊軍が担当を持つようになったことで、かつてのような余裕を失い、それが紙面に影響を与えているという指摘もあった。毎日新聞東京本社・社会部副部長の新山恒彦は、次のように述べた。

遊軍がいきいきしているときが、社会部全体がいきいきしていて、紙面全体もいきいきしているときではないかと思っています。そのためには、遊軍が行ったキャンペーンによって、霞が関や世論が動いていくようなことが必要ではないかと思います。(略)世の中を動かすキャンペーンを行うことが、遊軍復権の決め手ではないか。[92]

紙面が生き生きしているのは、庶民にもっとも近い社会部が生き生きしているときであり、社会部が生き生きするには、遊軍が生き生きする必要があるとの主張であった。そのため、遊軍がキャンペーン報道を担当する必要があると新山は主張した。読売新聞社の丸山は同意しつつも、「国民全体が直接関わる大きなテーマが極めて少なくなってきている」と指摘した。[93] 九〇年代半ば、新聞社や遊軍がリードする形での社会的な議題設定は、極めて困難になっていた。

第四節　抽出された要因と文脈

デスクの歴史的変化の概略は、他の記者より長くなる。デスクは各出稿部を代表することが多いとともに、整理記者や遊軍との協働が多かったからである。デスクのルーチンの変化は、それら出稿部や整理部や遊軍との関係のなかで見る必要がある。

[一]　歴史的変化の概略

一九五〇年代、ニュースルームにおけるデスクの機能は限定的であった。一方で、デスクの機能を高める必要性が認識されていた。企画を立てるとともに、出先の記者の教育機能が期待された。

後年に比べれば限定的であったとはいえ、すでに五〇年代において、デスクは多くの職務を担っていた。ニュースルームにおける最大のゲートキーパーは整理記者であったが、出稿部に限れば、デスクは最大のゲートキーパーであり、整理記者とともに、記事や紙面に大きな影響力を有した。

デスクを補佐したのは、遊軍であった。なかでも社会部デスクにとって、遊軍は欠かせない存在であった。突発の事件や事故がなければ、この時期の遊軍は時間的余裕を有していた。社会部以外の政治部や経済部も遊軍を有した。社会部の遊軍は内勤が主であったのに対し、政治部や経済部の遊軍は外勤であり、記者クラブに属した。

六〇年代に入ると、編集会議が重視されるようになった。編集会議の中心は、デスクであった。デスクは次長が務めた。この時期の編集会議の主たる目的は、集団の和を図ることであった。背景に各部のセクショナリズムがあった。六〇年代、各紙は総合編集を採用したが、各出稿部は自らの面を優先し、良い記事を総合面に出すことを渋った。調整に苦慮するのは、常に整理記者であった。

編集会議の最大の恩恵を受けたのは、整理部と連絡部であった。編集会議の開催によって、編集の実務を事前に検討することが可能となった。結果的に、整理記者の軸足はメーキャップに移行した。

編集会議の大型化や重視は、地方紙においてもみられた。併せて、整理部が見直された。整理部の改組は、編集におけるデスク機能の増大であるとともに、編集と出稿の統合であった。編集と出稿の統合の背景には、機械化があった。機械の効率を上げるには、編集と出稿の一元管理が望ましかった。

一方で、出先の記者に対するデスクの教育機能の低下が懸念された。デスクの機能を統合することで、各部の次長をデスク業務から解放し、出先の記者の教育に当たらせた。それによって、出先の記者に対する整理記者の教育機能は低下した。

デスクと整理部は隣接し重複する関係にあった。職務や機能は徐々に出稿部、なかでもデスクにシフトした。六〇年代中頃、デスクには、多くの機能が求められるようになった。デスクは激務であり、記者らに忌避された。忌避される理由は、職務の内容が煩わしい、記事が書けなくなる、収入が減るなどであった。しかしながらデスクは管理職であり、サラリーマンとして出世の階梯を登るには、一度は務めなければならなかった。

六〇年代、整理記者の編集機能は高まった。一方で、デスクの編集機能が高まった。デスクの長である総合デスクは、整理部などから出すことが多かった。整理部が有した編集の機能は、整理部よりも上の組織に移された。結果的に、整理部は編集から遠のいた。このような変化は、「編集至上主義」の表れであるとともに、整理部が編集を担うという齟齬の解消であった。「編集至上主義」は、総合編集となって表れた。総合編集によって、多面的・多角的な取材や執筆が求められるようになった。

七〇年を過ぎると、デスクはCTS化の影響を受け始めた。デスクはオペレーターの役目を担い、一部のデスク機能は外勤に移された。併せて、出先の記者に対する整理デスクの関与は低下した。

六〇年代から七〇年代にかけてのデスクと整理記者の職務の変化を整理すると、以下の三つとなる。①かつて整理デスクが有していた編集における大きな権限は、より上位の編集総務や統括デスクが担うようになった。②紙面編集に関して整理記者が大きな権限を有するのではなく、デスクの協働によってなされる傾向が強まった。③編集の機能が出稿部に移され、取材から紙面掲載までを出稿部が一元的に担うようになった。以上の三つの変化によって、デスクの負荷は高まり、デスクは疲弊した。

デスクの負担を軽減したのは、遊軍であった。遊軍は、自らの判断で自律的に取材・執筆を行う場合もあったが、デスクの周囲にいて、突発の事故や事件に対応しつつデスクを補佐した。社会やニュースソースが変容するなか、遊軍は極めて使い良い存在であった。一方で、社会部や遊軍がカバーする領域が拡大し、遊軍は遊びや余裕を失っていった。

七〇年代、ニュースルームの記者が増大した。合理性を高めるため、記者のよりいっそうのゼネラリスト化が目指された。背景には、セクショナリズムがあった。ゼネラリストを養成するため、人事異動が増加した。

セクショナリズムや部際への対処には、遊軍が活用された。同時に、デスクの負荷も高まった。直接取材するわけではないデスクは、出先の記者を信頼する必要があった。一方で、出先の記者を信用しすぎるわけにはいかなかった。デスクにとって、ほとんどの情報は間接的であった。間接的な伝聞情報に基づいて的確な判断を下すのは、経験豊富なデスクであっても極めて困難であった。編集会議は大型化したとはいえ、情報の増加に比べ、デスクの数は限定的であった。

メンバーシップ制に基づいた日本的な雇用体系の下で、中高年のベテランが過剰となっていた。新聞各社は、ベテラン記者を様々な形で活用しようとした。①管理職の二重化、②専門記者化、③若手の教育係、④部際的な地域ニュースの発掘（調査報道やキャンペーン報道を含む）が試みられた。効果は総じて限定的であった。

八〇年代後半に入ると、社会部のカバーする領域はさらに広くなり、社会部の遊軍は増加した。しかしながら、かつてと異なり、社会部の遊軍は持ち場を有するようになり、米国のコピー・リーダーに類似した機能は低下した。CTS化がさらに進み、権限と責任はデスクに集中した。合理的・機能的ではあったが、ニュースルーム全体の教育機能は低下した。それとともに、埋もれた社会問題を発掘し、社会に提起する新聞の機能が低下した。遊軍が機能を自律的に発揮するのは困難となった。

［二］　三つの要因と文脈

編集の一元化

ニュースルームに対する合理化の圧力は、デスクに対しても強く作用した。デスクにおける合理化とは、編集という職務のデスクへの一元化であった。一元化された先は、かつて編集を担当した整理部ではなく、出稿部であった。

取材をし、原稿を執筆する出稿部なしに、新聞は存在し得ない。編集という職務をなくすことはできないが、編集は整理記者でなくともできる。そのように考えるのであれば、編集という機能は、出稿部へ一元化した方がはるかに合理的であった。

最終的に、整理記者が担った編集という職務はデスクに移管され、デスクによる合議制によって編集されるようになった。整理部デスクは一時的に格上げされたが、その後に機能は縮小した。

総合編集（紙面の増大と複雑化）

戦後日本における新聞の頁数は、増加する一方であった。紙面は多様化するとともに複雑化し、それらに合わせた編集法が求められた。社会の複雑な問題をいかに伝えるか等の観点も重視されたが、長期的に不変であったのは以下の三つであった。①少しでも多くの読者に訴求する、②紙面の頁数（建て頁）を満たす、③読者にもっとも訴求するニュースを社会部が中心となって取材・執筆・編集する。

三つの条件を満たしたのは、英国式ではなく、米国式の総合編集であった。総合編集は何度か試みられたが、本格化したのは、戦後の六〇年代からであった。総合編集が成功するには、①紙面の増大、②紙面の全国化と共通化、③通信テクノロジーの進展、以上の三つが必要であった。

ベテラン記者の活用

戦後日本のニュースルームは、ベテラン記者の扱いに苦慮した。一部でリストラも実施されたが、長期的にみれば継続的に雇用された。高度成長期を中心に採用したベテラン記者を処遇するため、デスク前後の職階を増やすなどが試行された。

要因のひとつは、メンバーシップ制の雇用形態であった。もうひとつの要因は、全国紙として拡大するなかで、ニュースルームが過度に拡大したことであった。組織が大きくなり、デスクだけでなく、遊軍も余裕を失った。

社会部記者と遊軍——社会の複雑化に翻弄される記者たち

第七章

図7－1　警視庁記者クラブでの「朝日」のメンバー。中央の眼鏡をかけた記者は、キャップの長谷川一富。右隣は岩垂弘（1965年）

（岩垂弘氏提供）

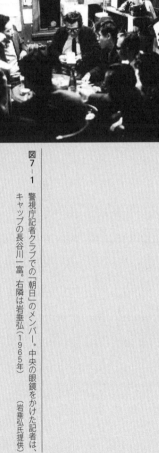

第一節　基本的職能と新人教育（一九五〇年代～六〇年代）

［一］　新聞記者としての「理想」

単純な編集法「分類編集」

一九四九年当時、紙面の頁数は少なかった。背景には、戦後長く続いた用紙不足があった。[1]用紙を最低限に抑えるため、新聞紙一枚で表裏の二頁が基本であった。わずかに週二回程度は、四頁であった。[2]

この時期の新聞編集は「分類編集」であった。毎日新聞東京本社・編集局次長兼整理部長の浦上五六によれば、分類編集とは「記事や写真を一定の基準によって分類し、類別された特定の記事や写真に、特定の面や欄をあたえる」という編集法であった。[3]二頁の場合、一面は政治と経済、残りの一頁は社会で占められた。四頁の場合、一・二面が政治と経済、三面が社会、四面が学芸欄または婦人欄であった。[4]

五〇年代半ばになると、朝刊は八頁となる。前半の四頁は「政治、経済、外交などに関する、いわゆる硬派記事」が占め、後半の四頁は「社会、地方、学芸、スポーツなどに関する、いわゆる軟派記事」が占めた。[5]大新聞と小新聞を源流とする記者は、それぞれ硬派と軟派と呼ばれたが、紙面全体を前後半に分け、前半を硬派が、後半を軟派が占めるのは伝統であった。

新聞社における、政治部、社会部などの区分けは、日本独特であった。[6]日本の新聞社では、取材対象によって部署が分けられた。しかしながら、日本がもっとも参考にした米国の新聞社は、そのような分け方をしなかった。[7] ニュースの多い都市部を一括してシティなどと称した。[8]

一方で、日本の記者のなかで米国の新聞記者にもっとも近いのは、社会部記者だという指摘もあった。[9] 日本の社会部記者は、米国のCity ReporterやCity Deskに該当するという指摘である。[10]

取材対象が広くあらゆる問題を扱った社会部であったが、社会部記者は新聞社内で劣位にあった。劣位にあった理由として共同通信社・解説委員の坂田二郎は、「社会部記事が艶種といわれ、三面記事と軽視され、社会部記者が探訪記者とベッ視」された過去を挙げた。[11] 戦後、社会部の記者は劣位性を解消するが、硬派と軟派が「互いに、腹の底で相手を軽べつし合っている」状況は長く続いた。[12]

他の記者や社会から蔑視される一方で、社会部の記者は自らを、ジャーナリズムの実践者として評価した。朝日新聞東京本社・社会部長の進藤次郎は、「社会部記者こそは、新聞記者活動の究極の理想」と述べた。[13] 社会部記者は、自身や自身の仕事に大きな自負を持っていた。

社会部記者の特徴のひとつは記事にあった。事故や事件などを派手に扱う一方で、市井の人々の生活に根付いた記事、いわゆる街ダネ[14]を多く取り上げた。政治部や経済部などは、政治家や官僚などの権力や威信を有する人々を扱うことが多かったが、社会部は反対に、権力や威信を有さない人々に寄り添うのを伝統とした。

勘の良さとフットワーク

社会部の記者には、どのような能力が求められたのか。共同通信社の坂田は、「すばしこさ」が必要だと述べた。「すばしこさ」とは、勘の良さとフットワークの軽さであった。坂田は社会部記者の特徴を、「『火事だ！　行ってこい！』といえば、横っ飛びに飛び出すほどのすばしこさは、政経部記者には要求されていない」と表現した。[15] 社会部記者は何よりも現場を重視し、足で書くことが求められた。一方で、頭を使うことも求められた。現場を這いずり回るだけでなく、時には「科学的な取材方法」が求められた。[16]

これらの能力を発揮するには、「幅広い知識」が必要とされた。朝日新聞東京本社・社会部長の宮本英夫は、「常識に毛の生えたような」知識であっても、社会部記者にとっては「大切な武器」と述べた。[17] 対象の広い社会部記者は、「いつどんな事柄にでも立ち向かわなければならない」とされた。自らの足で種を探す社会部記者は、ニュースソースの側から種の提供を受けるクラブ記者の対極にあった。その意味において、専ら足で種を探し、自律的にイシューを設定する遊軍は「典型的な社会部記者」とされた。[18]

前章で扱った遊軍は、どのように養成されたのか。遊軍には、一定程度の研修を受けた後に就くことが多かった。日本の新聞社における研修は、主にＯＪＴでなされた。主な担当は警察、いわゆる「サツ回り」であった。次項でみるように、新聞記者にとってのサツ回りは、「なんといっても新聞記者の基本を身につけるところ」であった。[19]

テクノロジーの進歩も、社会部記者の取材に影響を与えた。読売新聞・編集総務の原四郎は、「昔は一人が走っていって」種を取ったが、「今は自動車が何台もで、原稿はサイドカーで送り、無電、飛行機、ヘリコプター」を用いるなど、取材方法が「組織化」していると指摘した。[20]

日本新聞協会の新聞取材研究会は、取材部門における機械化の目標は、「①取材記者がいかに早く現場に到着できるか、②原稿をいかに早く確実に現場からデスクのもとにとどけるか」の二点に集約できるとした。[21]支局からの原稿の電送には、漢字テレタイプなどが導入されたが、現場の取材はペンと手帳が基本であった。原稿の執筆には、後にワープロが導入されるが、あくまで支局などの屋内での使用が中心であり、[22]出先では手書きであった。整理記者などの内勤、特に川下の新聞製作に比べれば、テクノロジーの影響は限定的であった。

筆の立つ社会部記者

原稿執筆における社会部記者の特徴は、文章の上手さであった。朝日新聞東京本社・社会部長の宮本は、文章は「社会部記者の表芸」と述べた。[23]いずれの新聞社でも、「筆の立つ記者」がもっとも多いのは社会部であった。

社会部記者は、なぜ文章が上手いのか。それは、社会面の主な読者が庶民であり、「表現のよさ、面白さで読ませねばならぬ」からであった。政治部や経済部の記事は、文体が硬くなりがちであった。対する社会部の記事は、「はじめから、やわらかく書くこと」を記者自身が心掛けていた。[24]アジア太平洋戦争直後には、政治部や経済部の記者も社会部記者を見倣って、読みやすい文体を身につけるべきだとされた。[25]

これらの能力は、個人としての社会部記者に求められたものであったが、すでに四〇年代後半の時点で、個人による取材は難しいと指摘された。[26]戦後一貫して、複数あるいはチームによる取材が増加し、取材態勢は複雑化・大型化していった。

日本新聞協会・調査課長の前田雄二は、五〇年代半ばの社会面について、「企画ものに非常に力をいれている」と指摘した。[27]「企画もの」の多くは、連載記事であった。六〇年代には総合編集が興隆したが、社会のあらゆる事象が対象である社会部は、企画性の高い記事や総合編集に好適であった。「企画時代に入った」紙面において、社会部は、総合編集や企画ものの中心的発生地となっていた。[28]

〔二〕 社会部や地方支局での新人教育

社会部経験という「しきたり」

五〇年代前半まで、すべての記者に対して、「採用試験をやって入ってくると社会部になるべくもらう」という「しきたり」があったという。[29] 新聞社には多くの部署があり、それらの部署は硬軟に二分されたが、新人記者は軟派の社会部に配属されることが多かった。政治部や経済部には、数年間にわたる社会部経験を経て異動した。

五〇年代半ばの社会部では、どのような新人教育がなされたのか。読売新聞社・社会部次長の辻本芳雄は、社会部の新人教育について、「新入社員が来ると、すぐ地方支局へ回し、二、三年して本社の社会部に帰し、その次に警察回りをやらせる。そのサツ回りを卒業してから遊軍にあげるとか、クラブへ出す」と述べた。[30] 辻本によれば、「どこの新聞社も」同じであった。地方の支局では、管内のすべてをカバーする必要があるため、新聞記者の基本を修得するのに適していた。地方支局での記者活動は、社会部に極めて近かった。

社会部における新人教育は、写真記者にも適用された。朝日新聞・写真部長の西橋愼太郎によれば、写真記者は、入社後の半年間は写真技術を叩き込まれ、その後の半年間は、社会部記者と同じように「警察回り、その他いろいろな記事の取材の訓練」を受けたという。[31]社会部におけるＯＪＴは高く評価され、あらゆる出稿部の新人教育に用いられた。

社会部は新人教育を一手に引き受けたが、五〇年代半ばになると、「社会部だけに置いてはぐあいが悪いということが出てきて、欧米部なり、経済部、政治部なりに希望があれば出してやる」ようになった。[32]東京新聞・主幹の児島宋吉も、「社会部が学校になってやって、しばらくしてから各部に配属するということをやっていたが、一、二年前から社内のいろんな事情もあって、初めから配属してしまおうということになっている」と述べた。[33]五〇年代半ば、政治記者のうち「社会部から行った人」は半数との指摘もある。[34]減少傾向にあったとはいえ、五〇年代、社会部や地方支局を経験した記者は、かなりの割合に上った。

地方支局における記者活動

五〇年代から二〇〇〇年にかけ、ほぼ一貫して紙面は増加した。社会部の担当紙面も増加した。六〇年代半ば、日本新聞協会の新聞取材研究会は次のように述べた。

最近の社会部は、担当紙面の増加、地域取材の細分化などから、取材が多岐にわたっている。

このためサツ回りの人員は、ひところに比べて各社とも減少の一途をたどり、一方面一名といった保安要員なみの人員配置になっているところが多い。[35]

担当紙面が増えただけでなく、「地域取材の細分化」も業務の増加を招いた。背景には、各社の競争があった。全国紙は、東京や大阪などの大都市で競争を繰り広げた。巨大なマーケットである大都市で負けるわけにはいかなかった。一方で全国紙を名乗る限り、地方においても読者を獲得する必要があった。

地方においては、地方紙と競合した。地方版を主戦場に、全国紙の地方記者は、地方紙の記者と競い合った。しかし全国紙といえども、地方に配置する記者の数には限りがあった。結局のところ、人数で劣る全国紙の地方記者は、[36]地方紙に対して守勢に立たされることが多かった。

全国紙の地方支局における新人教育は、「腰かけ的」と批判された。[37]全国紙の地方記者を、「地域社会に密着しすぎた感のある地方紙記者とまた違った別な味をいくつか持っている」と評価する声もあったが、[38]地方における購読部数の上で、全国紙は常に地方紙の後塵《こうじん》を拝した。

部数が少ないとはいえ、全国紙を標榜する限り地方からの撤退はあり得ず、むしろ地方版の拡充が進んだ。地方版の整理は、主に地方部が担った。読売新聞社・地方部長の橋本徳太郎は、次のように述べた。

地方支局からいったん本社に吸い上げた記者は、地方整理、本版整理に一時プールされるが、先がつかえているから希望部署からなかなか声がかからない。調べたら県版整理三五人のうち一五人が政治部希望だった。これでは事実上消化しきれない。[39]

過剰人員のひとつの要因は、年功序列であった。年功序列によって、年齢構成が「頭でっかち」となり、地方部には「沈滞ムード」や「無気力化の空気」が漂った。

地方版と街ダネ

拡充された地方版で取り上げられる種は、街ダネが多かった。各地に特化した面を地方版と呼ぶのに対し、本社において発行される面を「本紙」という。地方版に街ダネが多く見られる一方、五〇年代から六〇年代にかけて、本紙における街ダネが減少した。理性的な記事が多くなり、読者の感性に訴える情緒的な記事が減少したという指摘もあった。[40]

六七年、朝日新聞東京本社は新たに「内政部」を設置した。[41] 六八年、同社はさらに「首都部」を新設した。[42] 目的のひとつは、本紙において減少した街ダネの拡充であった。毎日新聞大阪本社は六六年、サツ回りを廃止した。[43] サツ回りに代わって新設したのは、街ダネが中心の「市民班」であった。全国紙各社は、街ダネの復活を企図した。

五〇年代から六〇年代にかけて、地方支局や社会部を中心に、新人教育がなされた。なかでも、あらゆるニュースへの対応が求められる地方支局は、新人の教育に適していると考えられた。朝日新聞社・技術開発本部副本部長の奥田教久は、「昔から新聞記者は万能機械であるべきだという思想が、新聞社を根強く支配してきた」と述べた。[44]「万能」な記者の養成に地方支局は適しており、社会部的なエートスの内面化は、早期に行った方がより効果的であった。社会部特有の取材姿勢や執筆スタイルの共有は、地方支局における新人教育を通じてなされた。

第二節　現場重視と無視できない記者クラブ（一九六〇年代～八〇年代）

［一］　ニュースソースへの依存

職務と部局の分類の水準

ここで記者の仕事の流れをみておきたい。図7－2は、概念図である。三つの水準で示した。順に述べる。

第一に、実際の職務の流れである（水準①）。記者は取材をし、それを基に原稿を執筆する。執筆された原稿は、価値判断がなされる。そのニュースがどれほどの重要性を持っているか判断されるとともに、事実に基づいているかチェックされる。使う記事がおおよそ決まれば、どの面のどの位置に掲載し、どのような見出しを付け、写真や図表の付加などが検討される。このような作業はメーキャップなどと呼ばれる。その後の工程が組版である。組版後は、印刷に回る。

第二に、編集局の職務は二つに大別される（水準②）。出稿と編集である。出稿とは、原稿を提出するまでをいう。編集とは、提出された原稿から、印刷直前までの作業をいう。編集は、出稿と印刷の間に位置し、その間のすべてを取り仕切る。

第三に、作業を一括して呼ぶ場合の呼称である（水準③）。各出稿部から提出された原稿をまとめ、優先順位をつけつつ、事実確認をする作業は整理と呼ばれる。メーキャップの後の組版は、小組みと大組みに大別される。小組みとは、部分的に組んでいく作業である。小組みされたものを統合してひとつの面を作るのが大組みである。大組み以降はハードウエアが主となってくる。印刷機を用いて紙に印刷するという物理的な作業である。そのようなハードウエアが主体となる作業領域は、製作と呼ばれる。それに対して、製作以前のハードウエアを相対的に伴わない作業を制作という。

これらの三つの水準に、さらに部署名という水準が加わり、ニュースルームの呼称は極めて複雑となる。三つの水準と部署名の重複があることが、複雑さを増す。例えば、第五章でみた整理部が挙げられる。整理部は、第三の水準の整理を主に担当するが、その後の制作も担当し、さらに製作にも関与する。水準②でいえば、整理部は編集を担当する部署であるが、呼称は「編集部」ではなかった。[45]

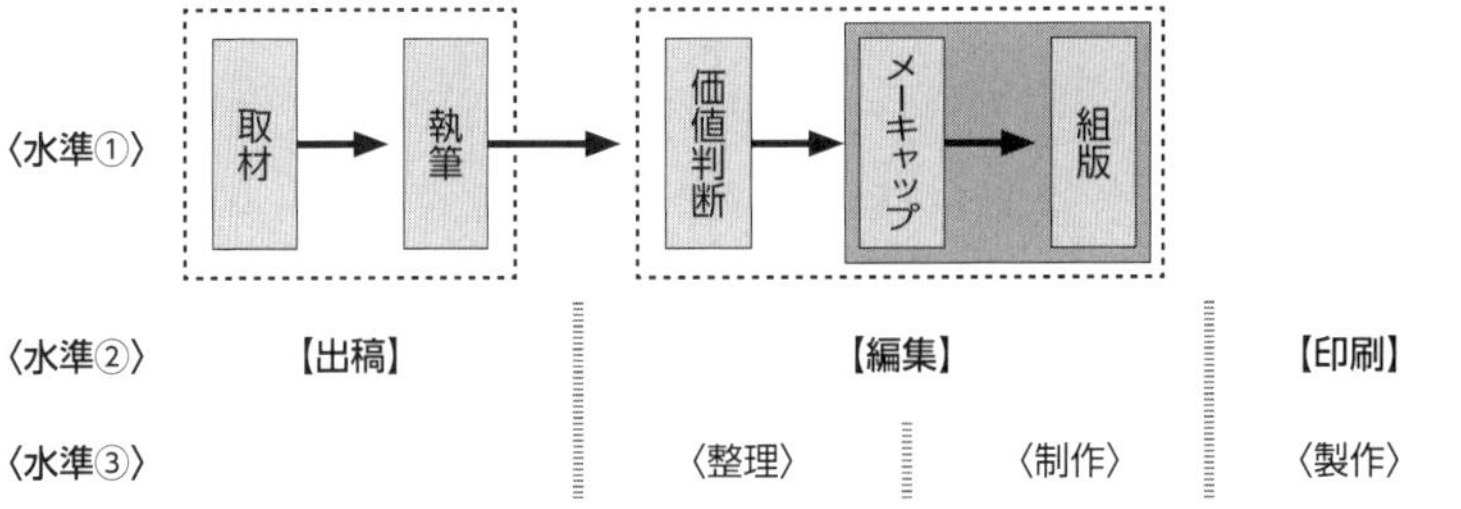

図7-2　取材から組版までの作業フロー

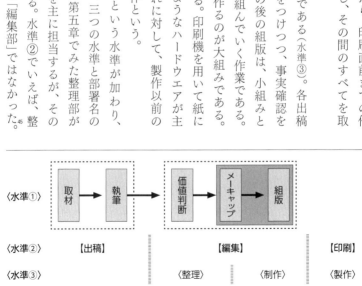

追記すれば、記者の区分けとして、外勤と内勤がある。出稿部の多くの記者は外勤であるが、デスクや一部の遊軍は内勤である。[46]出稿記者の多くは外勤であるのに対し、整理記者はすべて内勤である。校正記者や校閲記者も内勤である。

このような複雑さは、明治期に、ニュースルームで記事に関わる者すべてを、平等に「記者」と呼称したことに由来する。米国であれば、第一の水準で呼称されることが多い。例えば狭義の整理、つまり価値判断を行う者は、コピー・リーダー(copy reader)と呼ばれる。外勤の記者からの電話などを受けて文章化する者は、リライター(rewriter)である。編集者はエディター(editor)であり、出先の記者はリポーター(reporter)である。reporterは、日本語の「記者」と翻訳されることが多いが、reporterと記者はニュアンスが異なる。第一章でみたように、日本語の記者は一種の敬称であるが、英語におけるreporterには、かつての探訪員ほどではないものの、低い職階のニュアンスがある。

組織の見直し、いわゆる改組も複雑さをもたらした。水準②でいえば、機械化や合理化を背景に、編集周辺の組織はたびたび見直された。

出稿部にとって最重要な種とニュースソース

社会部をはじめとした出稿部にとって、取材、執筆、編集は、それぞれ重要な職務である。重要ではあるものの、すべての始まりは種である。種がなければ、すべては成立しない。記者の問題関心や、現実の社会問題の発生が出発点という考え方もあろうが、いずれも種がなければ記事化は不可能だ。すべては種から出発するが、そのことは「種」という呼称自体が示している。発芽して成長し、結実する原初は種である。

記者に種をもたらすのは、ニュースソースである。ニュースソースは様々であるが、結果的に紙面に掲載される確度でいえば、その是非はさておき、記者クラブは極めて大きなニュースソースであり続けている。

記者クラブは長きにわたって批判されているが、四〇年代後半においても問題視されていた。共同通信社・解説委員の坂田二郎は、「運営については反省を要する点なしとしない」と部分的ではあったが反省を口にした。[47]坂田によれば、記者クラブを通じた取材は、記者の専門性を高めるなどのメリットがある一方で、他社の記者や取材対象と馴れ合いが生じるなどのデメリットも少なくなかった。なかでも、記事に関する協定に坂田は否定的であった。

朝日新聞東京本社・社会部長の進藤次郎は、記者クラブをさほど重視しなかった。官庁は一つのニュースソースにすぎず、「あくまで地理的な足だまり」であった。[48]進藤によれば、記者クラブにメリットがあるとすれば、常識の涵養《かんよう》だという。記者キャリアの初期において幅広い知識＝常識を身につけるのに、記者クラブは適していると考えられた。

警察署の記者クラブ

社会部記者にとって代表的な記者クラブは、警視庁をトップとした警察の記者クラブであった。いわゆる「サツ回り」である。前節で論じたように、サツ回りは社会部記者だけでなく、記者全般にとって基本とされた。

一九六〇年代、官庁や企業の広報活動が急速に興隆した。警察も同様であった。広報の興隆によって、取材先の刑事らは「とにかく(略)しゃべらなく」なった。[49] 警察署内の空間の変化も、取材に影響した。かつては捜査班ごとの小部屋であったため、刑事と話しやすかった。大部屋に変更されると、刑事は上司と同部屋になった。刑事は上司の目を気にし、記者に対して口を閉ざすようになった。[50]

情報の発信側にとっての広報の「興隆」とは、記者クラブを通じた情報発信の活発化と巧妙化であった。広報の巧妙化によって、会見を通じて記者が得られるのは、「公式的な見解」のみとなった。[51] 記者クラブから得られる情報の質も低下した。しかしながら「情報源があって初めてなりたつ」のは不変であった。[52] 他に情報源がない限り、刑事の口がどれほど堅くとも、接触を図る他なかった。

記者に対する態度は、刑事の所属によって異なった。捜査対象や捜査手法などが異なるからだ。例えば、殺人などを扱う捜査一課と、贈収賄などを扱う捜査二課の違いを、警視庁刑事部参事官・捜査第二課長事務取扱の小林朴は次のように説明した。

捜査一課やそのほかのところで扱う事件は、誘かいなどといった特殊なケースは別として、だいたいにおいて事件発生の事実をかくす必要はない。ところが、われわれのところ〔捜査二課〕では、犯罪が発生しているのか、していないのか、それを捜し回っているのですから、犯罪があったということがわかってしまえばもうそれで終わりです。[53]（〔 〕内筆者）

刑事の態度に関係なく、記者は刑事に接触した。第一に種を求めて、第二に、「事件の本質をつかむために記事にはしないがお話をうかがっておいたほうがよい」場合であった。[54] 政治記者と同じように、社会部記者も背景や経緯を知る必要があった。事件の背景や経緯を知るのは刑事であった。刑事からの情報には、明日以降の捜査などの予定も含まれた。新聞の取材は、テレビなどに比べれば小規模であったが、それでも写真記者の手配などが必要であった。手配のためには、事前に情報を入手する必要があった。[55] 種や背景だけでなく、今後の予定を知るのも刑事であった。

他社との激しい競争に晒される記者にとって、もっとも恐ろしいのは特オチ（自社のみが報じないこと）であった。特オチを恐れ、記者クラブを離れられない記者の感覚は、「ただ何があったかを一刻も早く知ればよい」といったものであった。[56]

記者クラブを含め、警察署内で得られる情報が限定的であれば、必然的に署外での接触を図ることになる。時には刑事と飲食を共にすることもあったが、多くは刑事が自宅に戻ったところを狙った。いわゆる「夜回《よまわ》り」である。政治記者や経済記者の間では、「夜討ち朝駆け」という語が用いられることが多かったが、事件記者を中心とした社会部記者の間では「夜回り」の方が一般的であった。『新聞研究』の新聞取材研究会は、夜回りの実態を、次のように記述した。

夜回りする相手は、各記者にとって、長年つちかってきた、いわゆる〝アナ場〟なのである。アナ場だけに、とうぜん他社の記者に知られてはいけない。（略）社会部の夜回りでは、たいてい自動車の社旗をはずす。また、捜査官の門前に自動車をとめるようなことはしない。目標から、はるかはなれた場所で車をとめ、テクテク歩いて訪問する。もし、他社の記者が先に訪問していたら、その記者が帰るまで、あくまでも外で待つ。[57]

政治記者が政治家などに取材する場合、他の記者と同席することは珍しくなかった。それに対してスクープ競争がより激しい社会部では、他の記者と一緒に取材することは少なく、ニュースソースそのものを知られることが忌避された。

夜回りは、ただすれば良いというものではなかった。前提として「ふだんから、よほど顔なじみ」になる必要があった。[58]「ふだんから」接していなければ、自宅や馴染みの飲食店を知ることはできなかった。

抗しがたい記者クラブ

記者は独自のニュースソースを開拓したが、一方で、記者クラブが興隆したのも事実である。独自のニュースソースの開拓は困難であったが、記者クラブを通じた情報の入手は極めて容易であった。六〇年代、記者は以前よりも記者クラブに依存するようになった。記者クラブで得た情報を基に、各社一様に記事を書けば「抜かれる心配」はなかった。[59]

むしろ、ある社の記者が特ダネを書くと、「他社の連中が結束して〝村八分〟」にした。[60]特オチの腹いせであり、嫉妬の裏返しであった。抜かれた記者らは警察幹部に、「なぜ漏らしたのか」と抗議した。刑事らの口は余計に堅くなり、情報提供は、それ以前にも増して記者クラブを通じてなされるようになった。

記者クラブを通じたコミュニケーションは、情報を提供・管理する側の警察幹部にとっても望ましかった。広報の巧妙化について、『新聞研究』の新聞取材研究会は次のように述べた。

報道機関との間にトラブルを起こすことを好む警察幹部はまずいまい。そこで一社がニュースをキャッチしたのがわかると、警察は即座に発表してしまうのである。特ダネをとるために、いくら努力しても、結局は発表になるのがわかっていたら、だれも努力するものがいなくなるのは目に見えていよう。[61]

情報提供する側にとって、統制された状態は好ましかった。記者クラブを通じた情報のみが流布し、それ以外の情報は流布しないのが理想であった。そのためには、記者クラブ以外の取材活動を無効化する必要があった。記者クラブは無効化に有効であった。

記者という社会集団には、記者クラブを通じて得られる情報を横並びで報じるという規範が存在し、それに反する特ダネやスクープは一種の逸脱であった。他の記者による抗議や、当局が早期に発表して特ダネを無効化するのは、逸脱に対するサンクション(制裁)であった。サンクションによって、記者らの凝集性は高まった。同時に規範は強まった。これらは円環的に繰り返され、そのたびに規範は強化された。

独自の取材は、他社の妬《ねた》みや顰蹙《ひんしゅく》を買い、場合によっては記者クラブを除名された。除名は、取材活動に大きな支障をきたした。記者クラブ内の和を乱さなければ、記者クラブにいるだけで多くの情報が手に入った。特オチも回避できた。むしろ「クラブを離れて歩き回ることは、なにか落としそうであぶなくてできない」状況となった。[62] 東京タイムズ社・社会部の及川美夫は、心中を次のように吐露した。

ぼくは、サラリーマン化ということばはきらいなんだけど、実感として、それに近いものがあるんじゃないかな。（略）クラブにいれば一応のことはわかる。そこで抜いた抜かれたということがなくなり、とにかく自分の受け持った管内を過不足なくカバーしていれば、それで事足れりという感じを持っている——これは偽らざる告白です。[63]

六三年、毎日新聞社の大阪社会部は、サツ回りと「中央官庁の出先機関担当」を廃止した。[64] 実質的な、クラブ記者の廃止であった。大きな方針を「地域報道」に切り替え、「庶民の生活」に重点を置いた。[65] 毎日の試みは、長期的にみれば上手くいかなかった。記者クラブを排した取材活動は、容易ではなかった。記者クラブの弊害は、経済記者をはじめとした他の記者全般にみられた。記者クラブをはじめとした広報への依存は、社会正義と相容れないように思われる。庶民感覚の社会正義にもっとも近い社会部記者であっても、記者クラブへの依存は不可避であった。言い換えれば、記者クラブという制度やシステムは、情報を提供する側だけでなく、取材する側にとって極めて利便性の高いものであった。

〔二〕 社会部を通じた新人教育

「編集局の主流」としての社会部

社会部を通じた新人教育は、七〇年代に入っても継続された。中日新聞東京本社・東京新聞編集局長の堀田一郎は、同社の「大社会部主義」に言及した。[66] 大社会部主義とは、「単に人数が多いのを放任しておく」ことを意味せず、社会部という組織を「実質的に編集局の主流とみる考え方」であった。[67]

堀田によれば、どの分野の専門記者を目指すにしても、記者たる者は「まず社会部で十分な訓練」を受けるべきであった。堀田によれば、社会部で培った「初心と報道態度」は、後に専門的な取材部に配属された際に活きた。[68] 読売新聞社・社会部主任の戸田孝も「日々の新聞づくりで、やはり、〝現場〟というと、社会部」だと述べた。[69] 複雑化した社会問題に対応するには、社会部の素養、なかでも現場の経験が必須とされた。すべての新聞記者にとって、社会部的なエートスは有効であり、基本をなすと考えられた。

社会部特有の庶民目線が重要との指摘もあった。読売新聞社・社会部長の牧野拓司は、「大事なのはあくまでも庶民の立場に立つということで、これはいわば社会部記者の〝原点〟」と述べた。[70] 毎日新聞東京本社・社会部の石黒克己は、「野党性、反権力(略)そういったものをわれわれ社会部記者が精神的な核として持つ」ことが重要だとした。[71] 政治部や経済部といった硬派と異なり、軟派の社会部には、庶民に寄り添い、権力と対峙する姿勢が強く求められた。

社会記事の変化

七〇年代に入り、社会部記者は、自らの記事の変化を感じていた。読売新聞社の牧野は、次のように述べた。

社会部の先輩がいまの社会面をみて、時として不満をもらす点は、紙面があまりにも理にかちすぎているのではないか、もっと、ひとびとの情に訴える記事があっていいのではないか、ということですね。（略）交通事故ひとつとっても、昔の社会面記事には（略）表現で訴えるものがあったという。いま（略）雑感的な表現を紙面にのせる余裕はない。またたしかに問題意識をふりかざした固苦しい記事が多くなっている。[72]

理性か感性か。論理か感情か。サンケイ新聞大阪本社・編集局長の青木彰は、「もう一ぺん足で書くことを再確認する必要がある」と主張した。その上で青木は、「期待される社会部員像」について、次のように述べた。

オールラウンドの記者である必要はない。それを総合化する作業はデスクなり、遊軍を含めたものでする。昔ほど一人一人の個人プレーは少なくなっている。名文が生まれる余地がなくなったのも、新聞記者自体が、昔とくらべるとかなり変わってきているのも、やはり、総合作業をやっているからで、（略）立派な歯車としての役割りを社会部の記者一人一人が持ち、あるいはそれになりきることじゃないか。[73]

青木の主張は、以下の三点にまとめられる。①オールラウンドでなくともよい（だからといって、専門性を求めているわけではない）、②統合はデスクや遊軍が行う、③「歯車」に徹せよ。もっとも力点があるのは、いうまでもなく③であった。考えることはデスクや遊軍などのベテランに任せて、若手を中心とした出先の記者は「歯車」に徹し、足で情報を集めることに注力せよという主張であった。青木の主張する記者像は、米国のリポーター（reporter）とほぼ同義である。読売新聞社の牧野は青木に同意した上で、「理想をいえば、足と同時に頭を使う記者であってほしい」と補足した。[74]

青木らが指摘したように、七〇年代には、個人が取材して執筆するケースは少なくなり、チームでの取材・執筆が定着した。政治部では、デスククラスが出先に常駐し、キャップやサブ・キャップなどの下にヒラの記者が配置された。ヒラの記者が収集した情報を基に、キャップやデスクが執筆することが増え、ヒラの記者自らが原稿を書くことは少なかった。総合編集という方針の下、協働によって記事や紙面は作られた。

個人プレーではなく、チームプレーが重視された背景には、機械化があった。既述のように、取材部門における機械化の目標は、「①取材記者がいかに早く現場に到着できるか、②原稿をいかに早く確実に現場からデスクのもとにとどけるか」の二点に集約された。速報性の追求である。他社に先駆けて現場に到着し、原稿や情報を、一刻も早く伝えることが目指された。そのためには、集団内で協調的に動くことが必要であった。テクノロジーの発達によって「取材記者は、かえって窮屈《きゅうくつ》に」なり、

「取材意欲」をそがれた。[75]

大社会部主義

社会部記者を記者全般の基底に置くという考え方は、既述のように、七〇年代初めの中日新聞に最も顕著に表れた。中日新聞東京本社・東京新聞編集局長の堀田一郎は、次のように述べた。

> ニュースを何よりもまず読者大衆の立場に立って判断し、ストレートに真実と公正を追求する取材部門が社会部である。現状ではニュースの性質や発生場所、あるいは情報源の機械的な区分によって、社会部の取材対象が限定されているが、本来はあらゆるニュースが、まず第一義的には、社会部の手で報道されることが理想である。[76]（強調筆者）

堀田にとっては、社会部こそが新聞記者であり、すべての記事は社会部的に報じられるべきであった。さらに堀田は、政治部や経済部を「専門記者部」と呼び、「社会部の上に重ねて政治部や経済部があるのであって、社会部の介入を許さない特定取材分野が、セクションによって区分されているわけではない」と主張した。[77]

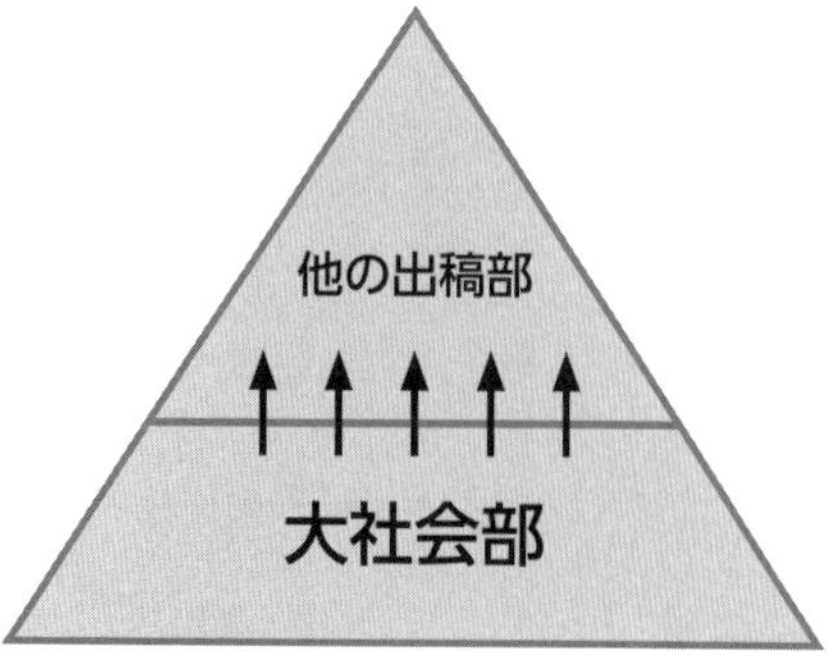

図7-3　東京新聞・堀田一郎「大社会部」の概念図

堀田は、政治部や経済部を「軽視」しているのではないという。むしろ政治部や経済部は、「大社会部の報道するものを、さらに専門的に掘り下げて追求する部門」とした。[78] 堀田は、社会部を含めたすべての部の根底に、あたかも下部構造のように大社会部が存在すべきだと主張した（図7－3）。

「社内留学」という交流

八〇年代末、サンケイ新聞東京本社・社会部次長の斉藤富夫は、自ら経験した「社内留学」に言及している。サンケイの社内留学とは、各部のデスクを三カ月間にわたって他部に派遣するという制度であった。「外からじっくり〝古巣〟を見つめ直すと同時に、あわよくば、部際、紙際の垣根を取っ払って紙面を活性化しよう」という試みであった。[79] 斉藤自身は、社会部に在籍したまま政治部へ派遣され、他の次長も「政治部→外信部→経済部→整理部→社会部」と相互に交流した。既述のように、デスクは新聞制作の実務で最も重要なポジションであった。

総合編集をはじめとしたチーム取材の興隆によって、社会部や地方支社を通じた新人教育の機能は相対的に低下した。特に若手は、デスクや先輩の指示の下、チームの方針に従って取材することが求められるようになった。

代わって重視されたのは、庶民の側に立ち、現場を重視して「足で書く」社会部的な姿勢であった。社会部的なエートスは、新人教育や人事異動、あるいは社内留学などによって、他部の記者と共有された。

これらの変化は、二つの水準で生じた。若手を中心とした外勤の記者と、内勤のベテラン記者である。若手は情報を収集し、ベテランは情報を統合した。若手は「足」が重視され、ベテランは「頭」が重視された。

〔三〕 社会部記者のレーゾンデートルとしての街ダネ

街ダネの復権

五〇年代半ばからの高度経済成長期を経て、国内の社会問題は複雑化した。それとともに、徐々に紙面から減少したのが、社会部が得意とした街ダネであった。朝日新聞東京本社・首都部長の小林英司は、ひところ「新聞はつまらない」という声を社内外で耳にすることが多かったという。「筆頭」は社会面であった。小林によれば、「硬い記事が紙面で幅をきかせ」、街ダネなどの軟らかい記事が少なくなった[80]。それによって社会面は、「読者の共感」を得ることが少なくなったという。

小林は「どんな記事を社会面で扱ってほしいか」という読者アンケートを紹介した。六〇・九パ％という「圧倒的な」一位は、「心あたたまる話題や社会を明るくする話題」であった[81]。美談といってよいが、美談は街ダネの典型であった。小林は、美談を「街で拾った話」とした上で、「実はこの「街で拾う」という姿勢に、社会面記者の面目があった」と述べている[82]。街ダネとは、街という人々が住まう「現場」で種を拾った記事であった。

小林は、街ダネの復権を企図した。街ダネを担当するのにもっとも適したのは、遊軍であった。小林は次のように述べた。

記者の仕事が細分化、専門化しすぎる傾向がある。本来フリーであるはずの遊軍でさえ、問題ごと、テーマごとになにかと便利屋的に使われ、拘束されやすい。社会現象が多岐にわたり、紙面も拡充の一途なので、ある程度はやむをえないのだが、それにしても、遊軍はあくまで遊軍なのである。昔からよくいわれるように、遊軍の活躍いかんが紙面を面白くも、つまらなくもする。[83]

遊軍が余裕をなくし、それによって紙面の活性が低下したというのが、小林の主張であった。六四年、新聞社の経営者は、「取材の対象が極度に細分化している」と認識していた。[84]サンケイ新聞社・編集総長の岩佐直喜は、『新聞経営』の座談会で次のように述べた。

一つの事件の取材に社会部、政治部、経済部から行く、そして自分たち所属部の必要なものしか書かない。それは部があるからこういうことになるので、機構自体も考え直して部をなくさなければならぬ。(略)経営的にシビアになってきているのだから、どうしても人を効率的に使うことが大事だ。[85]

経営者からみれば取材対象の問題は、複数の部が重複して取材する「効率」の問題であった。岩佐は「不要な部分がある」と主張し、座談会の話題は記者クラブへと移っている。

岩佐の発言から六年後の七〇年、朝日新聞東京本社・首都部次長の涌井昭治も、取材対象の細分化と拡大に言及した。涌井は、社会面が専門化し、それによって遊軍が余裕を失っていると指摘した。[86]涌井のいう専門化とは、具体的には「公害、物価、学生問題、大学問題、都市問題、交通問題」などであった。これらの問題を扱おうとすれば、それまで社会部がカバーしていなかった記者クラブをカバーしなければならない。遊軍は、専門化あるいは細分化された記者クラブのカバーに忙殺された。結果的に、遊軍を中心とした社会部記者は「街ダネを顧みなく」なった。

涌井も街ダネの復権を企図した。涌井が着目したのは、種であった。いかにして街ダネを見つけるか。涌井は、街ダネの「発掘」について、「やはり人に会うこと」と端的に述べた。[87]東京新聞・社会部副部長の真柄和夫も「結局は、平凡なことだが、記者の問題意識と足で書くこと」と結論づけた。[88]真柄によれば、かつての探訪員のように歩いて街に入り、人に会って話を聞くことが重要だという。街の種を有しているのが街の人である限り、市井の人々との直接的なコミュニケーションが欠かせないとの主張であった。街ダネの取材においては、社会部の基本である「足で書く」姿勢が求められた。社会問題の複雑化と、それによる取材や編集の複雑化も、街ダネが減少した要因とされた。サンケイ新聞東京本社・社会部次長の梶浦幹生は、次のように述べた。

今日の取材システムは、街ダネから次第に遠ざかるように機能している。(略)官庁記者クラブを拠点とした官庁記事、広報サービスによる発表記事。警察記者クラブを拠点とした事件記事。そしてこれらのクラブを通じる情報量は(略)増大の一途をたどっている。(略)いったん街へ出た新人記者も、いつのまにかクラブへ戻り、防御的な記者に変わってしまう。[89]

梶浦によれば、記者が記者クラブに依存してしまう背景に、「既成型のニュースは落としてはいけない」といった、新聞社の保守的な「完全主義」があると指摘した。根底には「特オチ」を忌避する心理があった。

社会の複雑化と広報の興隆、記者クラブへの依存と横並び体質が絡み合うなかで、社会部のなかでも遊軍の自由度が低下し、結果として、社会部の伝統である街ダネは軽視される傾向にあった。

[四] 一次情報か二次情報か――「現場主義」という対抗言説

一次情報の定義

新聞記者にとっての情報とは何か。本項では、一次情報、二次情報という観点で考えてみたい。時に新聞記者自身が一次情報や二次情報という言葉を使うが、これらに厳密な定義はない。一般に一次情報とは、本人が直接的に体験した情報であり、二次情報とは、他者から知り得た情報を指す。しかしながらニュース報道における一次情報と二次情報の別は、一般的な分類とは若干異なる。

記者という職業における情報は、ほぼすべて伝聞である。伝聞か否かは、重要な観点となり得ない。記者が直接体験した狭義の一次情報とは、記者自らが現場で人や物や行為を目撃するか、現場で遺留品を入手するなど、極めて例外的である。以下の議論においては、それら狭義の一次情報を排除し、伝聞という水準における一次情報と二次情報について、帰納的に検討する。

例えば、事件報道における一次情報は、次の三つがあり得る。①捜査官を含めて誰も有していない情報を、記者だけが入手した。②警察はすでに知っているが、公表する意思はなく、他社の記者も情報を有していない。③警察はすでに知っており、すでに公表の用意をしているが、まだメディアを通じて公表されていない。極論をいえば、他社が同じ情報を有していたとしても、他社に先駆けて報道すれば、その情報は一次情報である。だからこそ新聞記者は、締め切りに追われた。他紙が朝刊で報じたことを、自社が同日の夕刊に掲載すれば遅れをとったことになる。反対に、他紙が夕刊で報じたことを、自社が同日の朝刊で報じればスクープとなる。[90] つまりニュースや報道における一次・二次情報とは、スクープ競争という観点、すなわち競合他社に先んじるかどうかで分別される。

加えて、静的な一次情報はあり得ず、動的に捉える必要がある。記者にとっての一次情報は時限的であり、時間が経過すれば、二次情報に転じる。あるいは、報道する以前において排他的な情報を有しても、状況的に先んじているだけであり、報道が遅ければ、結果的に一次情報とはならない。単に取材過程において一次情報を有していただけである。だからこそニュースソースの側は、都合の悪い一次情報が公表されそうになると、記者会見を開いて二次情報にしてしまう。

以上から、新聞記者にとっての一次情報とは、ジャーナリズムの領域において当該の記者のみが排他的に有する報道以前のニュース価値を有する情報ということになる。既述のように、報道された瞬間に、当該の情報は二次情報となる。この定義を用いれば、スクープとは、社会にとって価値のある一次情報を、二次情報にすることである。

もう少し検討を続けよう。

一次情報であるためには、「当該の記者のみが排他的に有している」必要があるが、それは必ずしも未公開を意味しない。第二章の政治記者で扱った『文藝春秋』の報道が好例である。当該の情報が公表されていても、ジャーナリズムの領域で着目されていなければ、当該の情報は一次情報である。言い換えれば、当該の記者のみがニュース価値に気づいている状態だ。『文藝春秋』の報道でいえば、立花と彼のグループや編集者のみがその価値に気付いていた。

伝聞の度合いも、一次と二次を分ける。ニュースソースに記者自らが直接インタビューせず、間接的に知った場合は一次情報ではない。「隣の奥さんが目撃した」では一次情報といえず、「隣の奥さん」に直接話を聞いて初めて一次情報となる。しかしながら大物政治家の右腕のような人物であれば、伝聞であっても一次情報となろう。

一次情報であるからといって即、特ダネやスクープとは限らない。報じるにあたっては、通常、事実であるかどうかを確認する「裏取り」と呼ばれる手順を踏む。さらに、「当てる」などと呼ばれるが、報じる直前に当人に事実を突きつけて返答を得たり、時に表情の変化から確証を得る。裏取りがとれなければ、どれほどニュース価値が高くても、通常は報じない。裏取りは、最後の段階で必要となる。報じる以前においては、一次情報の定義は先の定義で十分であろう。

伝聞に話を戻せば、記者が直接聞き取りをしたとしても、他社の記者も同じ情報を入手している可能性は残されている。その意味では、一次情報の定義は、修正が必要である。ニュースルームにおける一次情報とは、**ジャーナリズムの領域において当該の記者が直接入手し、排他的である可能性が高い、一定程度以上のニュース・バリューを有する情報**である。この定義に当てはまらないものは、記者にとっては二次情報となる。以下、この定義を用いて論じる。

新聞記者は一般的に、一次情報を重視した。なかでも社会部の記者は、一次情報を重視する傾向が強かった。第三章でみたように、経済記者は相対的に一次情報を重視せず、二次情報を重視した。社会部記者の一次情報への拘りは、必然的に長時間勤務に繋がった。七七年の『新聞労連』は、共同通信社・次長の岩沢正明（享年四五歳）の死を伝えた。[91] 岩沢は、社会部のデスクを務めていた。前章でみたように、デスクは過酷な勤務で知られていた。同日付『新聞労連』は、同じ共同の通信部デスク・玉沢太一（享年五二歳）の死も伝えている。[92]

読売新聞社・社会部次長の近藤汎は、「新聞記者の取材の原点は現場にあり、特に社会部記者がねらうべき対象は、なま身の人間」と主張した。[93] 近藤の主張のポイントは、「現場」と「なま身の人間」にある。「なま身の人間」の解釈は難しいが、職業などの社会的役割を演じる人としてではなく、当人の本性や本音を表出する私人といった意味と推察される。

近藤は、現場を特に重視した。近藤によれば、「外報部でも、政治部でも、経済部でも、いま読みごたえのある分析記事を書いている中堅記者、老練記者は、まず例外なく現場を大切にする人」だという。社会部記者の原点は「証拠」集めであって、証拠は一義的には現場にあり、社会部においては特にそれが求められた。[94]

現場を重視する、現場主義といった姿勢は、社会部に伝統的にみられた。中日新聞社・社会部の石原俊洋は、「現場主義を貫く」と題した論考を『新聞研究』に寄せた。石原によれば、現場には、「整理された情報では知ることができない素材」があるという。同時に、「直接の当事者たち」がいるのが現場であった。[95] そのような「素材」や「当事者」がいる現場は「記者を育ててくれる」と、石原は考えていた。[96]

現場主義と大きく重複するのは、「足で書く」という規範である。読売新聞社・社会部の古川洋がサツ回りを始めた時、先輩記者から「耳にタコができるほど」聞かされたのが「足で取材をしろ」であった。[97] サンケイ新聞東京本社・社会部次長の斉藤富夫は、社会部の種の取り方は「地の底を這いずり回ってデータを拾ってくる」のが「中心」と述べた。[98] 現場主義と「足で書く」という規範は、社会部の伝統であった。

「足で書く」という伝統は、若手に受け入れられやすかった。一方で、ベテランに忌避された。毎日新聞東京本社・社会部副部長で前警視庁キャップの中島健一郎は、ワシントン特派員から帰国して警視庁キャップを務めた際、「せっかく特派員までやったのだから、社会部に戻って汗まみれ、ドロまみれになることないじゃないか」と言われたという。[99]「地の底を這いずり回ってデータを拾ってくる」社会部記者は、特派員よりも下の仕事と認識されていた。

記者の取材対象によって、記者を上下にみる傾向は、取材される側も有していた。中日新聞社・社会部の長坂誠は、事件記者から司法記者に転じた際、警察署の刑事に、「ほお、裁判所担当か。偉くなったなあ」「上級官庁だもんな」と言われたという。[100] 彼らの言は「皮肉」を含み、「複雑な思い」がこもっていた。

取材される側の広報体制は、第三章の経済記者において中心的に論じたように、八〇年代に入っても強化され続けた。記者クラブ制度の見直し、あるいは記者クラブの廃止は何度も提唱されたが、制度は存置された。記者クラブによっては酒や麻雀卓があり、「居心地がよすぎる」といった批判は古くからあった。[101]警察署内の記者クラブに居ついた記者に対して、「サツどまり」という「蔑称」が与えられた事例も紹介された。[102]

社会部記者の現場主義といった思想は強固であったが、それは教条的なものというよりも、記者クラブに代表される広報体制への対抗言説とみるべきだろう。現場が重要なのは確かであったが、現場主義を唱え続けなければ、巧妙化する広報体制に取り込まれてしまう。そのような意識が強く働いたと推察される。

八〇年代末の状況について読売新聞社・社会部の古川は、足で取材することが徹底されておらず、その要因は「広報体制へのもたれかかり」と指摘した。[103]「広報体制へのもたれかかり」とは、記者クラブへの依存と同義である。記者クラブのメリットに言及する社会部記者も存在したが、経済記者や外信記者などに比べると、社会部記者は記者クラブに否定的であった。記者クラブへの依存が高まることに危機感を覚えた社会部記者は、現場重視と「足で書く」という規範によって対抗しようとした。

第三節　社会部記者にとっての専門性（一九八〇年代～二〇〇〇年代）

［一］　調査報道と記者クラブ

社会部に忍び寄るセクショナリズム

社会問題が複雑化するなかで、各紙は紙面を増やし、各記者が出稿する記事は増大し続けた。一九七〇年代以降、セクショナリズムの問題が前景化する。毎日新聞東京本社・社会部の石黒克己は、「部間の穴を埋める形でのニュースソースの発掘」が不足していると指摘した。[104]八〇年代、読売新聞社・社会部主任の戸田孝は次のように述べた。

> 社会部というと、殺しだ、強盗だというような時代がずっと続いていたわけです。（略）シロかクロかの世界です。ところが、そう割り切れない問題がどんどん出てくる。善悪では割り切れない。〝灰色領域〟であると同時に、〝未踏領域〟である場合がある。（略）いままでみたいに、政治、経済、社会という区分けでいいのか。[105]

サンケイ新聞東京本社・社会部長の山下幸秀も同様に、「政治部、経済部、外信部、社会部という分け方では済まされない時代」と述べた。[106]朝日新聞東京本社・社会部の栗田亘は、取材対象ごとにニュースソースが分かれている現状を、次のように問題視した。

現在のニュースソースは、どうしても官庁とかに限られているわけで、そういった既存の組織ではないところのニュースをどう掘り出していくかということを、少し組織的にやっていったほうがいいんではないか。[107]

部の間でニュースが抜け落ちるというセクショナリズムの問題は、「部際」などと呼ばれた。栗田が指摘したように、部ごとにニュースソースは固定化され、ニュースソースは官庁に偏りがちであった。官庁と記者の間にあるのは、記者クラブであった。その意味でセクショナリズムや部際は、記者クラブや広報の問題と大きく重複した。

取材対象が極めて広い社会部は、どのような状況にあったのか。サンケイ新聞の山下は、「非常に捉えどころがないというのが今の社会部」とした上で、「それが最近になってより一層難しく」なったと指摘した。山下は社会部記者の拠り所を、次のように述べた。

人間から取材する、知らんことを知ってる人から聞くということにおいては、どこの部へ行っても同じじゃないか。ただ、一つ社会部の特性をいうのならば、どんな困難な状況でも這いずってでも切り開くというエネルギー、これが社会部記者の持っている大きな特徴だ。[108]

山下の対談相手は、読売新聞大阪本社・編集局次長兼社会部長の黒田清であった。黒田は山下に同意し、記者全般に求められるのは「単純さ」だとした。その上で黒田は、社会部記者が直面する課題を次のように表現した。

その単純さで大手を振って社会部記者が歩いて行けた非常に幸福な時代があったわけやね。ところが非常に複雑、多様化とかいういまの世の中で、その単純さで切り開いていかないかんというか、胸張っていかないかんという、これがいまの社会部記者の一番シンドイところですな。[109]

編集を中心に変化が生じていたが、出先の記者の変化は小さかった。特に市井の人々と交わる社会部においては、少なくとも取材方法の変化は限定的であった。内在的な変化が小さいものの、外在する社会は大きく変容していた。

変化するニュースソースとの関係

記者クラブだけでなく、ニュースソースとの関係も変化しつつあった。読売新聞の黒田は、次のように述べている。

これからますます内部告発と、そういう書かせ屋からの巧妙な偽装された、こっちが「特ダネ」やいうて喜んでいるけど、何のことやないというのがね。これは昔から政治部なんかしょっちゅうあったんやと思うんですけど、われわれ社会部はずっと長い間、そんな経験ないですから、この頃はほんと、危ないなあいう気がします。[110]

黒田のいう「書かせ屋」「巧妙な偽装」とは、取材先である官庁などによる情報操作や、何らかの意図をもって記事を書かせようとする者、あるいはその仲介者を指すと思われる。[111]政治部であれば、主に政治家や秘書などである。政治家のすべてがそうではないが、記事を恣意《しい》的に書かせることで、自らの政治的立場を有利にしようとする政治家は少なくなかった。政治部と社会部を経験した毎日新聞東京本社・社会部編集委員の牧太郎は、黒田の言から約二〇年後、「「嘘と知りつつ書きました」ということは、日常的にかなり多い」と述べている。[112]広報の枠を越えた情報提供の増加により、ニュースソースと記者の関係はより複雑化した。

山下は自身の経験から、社会部記者が二次情報の「処理」に慣れてきた現状を指摘した。一方で山下は、やはり一次情報を取る努力をしなければならないと反省を口にした。黒田は次のように述べた。

それ〔二次情報の処理〕は記者にとって面白いわけですね。そちらのほうの取材、原稿は非常にうまくなるし、勉強もして、そういう点ではいい質の記者は確かに育っている。ところが一次情報を取る大事さという認識がだんだん減ってくるし、大事やということは分かっていても、取る能力はだんだん劣ってくる。[113]（〔 〕内筆者）

部際の問題であっても、社会部記者が最終的に拠って立つのは一次情報であり、そのためには現場を這いずり回る必要があった。それらの取材方法は単純で「シンドイ」けれども、社会部記者には他に選択肢がないというのが二人の主張であった。

〔二〕　記者クラブとの共存

記者クラブを介した社会関係資本

記者クラブへの依存を避けるには、大別すると二つの方法があった。ひとつは、記者クラブと距離を置いた批判的な利用、もうひとつは、記者クラブを利用しないという選択だ。後者の典型は遊軍である。かつて、社会部における遊軍は記者クラブに所属せず、自らの足で取材した。

しかしながら、自らのニュースソースと足だけで種を得るのは、極めて困難であった。社会部の遊軍記者も徐々に、記者クラブを利用するようになる。読売新聞社・社会部の岸洋人は、記者クラブに属するのは記者として「座りがいい」と述べた。[114] 岸は社命により、記者クラブに頼らない取材を命じられた。「さあ何かやってみろ」という状況になって初めて、岸は「非常に困惑」したという。取材対象が情報を提供してくれる記者クラブは、記者にとって極めて便利な存在であった。

記者クラブにおける経験や人脈は、クラブを離れてからも有益であった。読売新聞社・社会部の丸山伸一は、「クラブ時代に付き合いのあった役人や、外部の教育関係者を足がかり」にすることで、遊軍となってから「教育関係の連載記事」を執筆した。[115] 遊軍になったからといって、すぐに独自のニュースソースが持てるわけではなかった。遊軍になった当初は、それ以前の記者クラブで培った人間関係に頼る必要があった。記者クラブ時代の「蓄積」は、遊軍にとって極めて重要であった。見方を変えれば、記者クラブを離れて以降も、記者クラブを介したニュースソースとの関係は続いた。遊軍といえども、記者クラブから完全に隔絶したわけではなかった。

二〇〇〇年代に入り、記者クラブをはじめとしたニュースソースの広報活動は、さらに情報管理が徹底されるようになった。前産経新聞東京本社・社会部の長嶋雅子は、[116]「情報を発信するのが人間である限り」と断った上で、記者にとって最も大事なことは「人脈づくり」と「信頼関係の構築」と述べた。[117]取材が困難となりつつある状況を、長嶋は次のように語った。

最近、事件取材を取り巻く環境は一段と厳しくなっている。（略）捜査員から情報が漏れないように「保秘」を徹底している、捜査会議などで「マスコミと接触したものはクビにする」と部下を脅す幹部もいるほどで、日中、捜査員と話ができる機会はほとんどない。記者が「刑事部屋で一緒に将棋を指した」などという話はもはや伝説だ。このため、二人きりで話ができる機会を狙って「夜討ち朝駆け」を繰り返し、捜査員に顔と名前を覚えてもらうしかない。[118]

ニュースソース側の情報管理は、過剰ともいえた。しかしながら、ニュースソースが人である限り、社会部記者は接触を試みるしかなかった。

「書くのか、書かないのか」

長嶋は、ニュースソースとの信頼関係を保つことと、記事を書くことの相反性に言及した。

信頼関係に配慮するがあまり、知っていても原稿にすることができない場合がある。今後も取材源として付き合っていくには相手の立場も考えなくてはならない。「書くのか、書かないのか」。記者をやっている以上、必ずこの問題に直面するときがくる。[119]

「書くのか、書かないのか」。第二章の政治記者でみたように、知り得たことを書けば、ニュースソースの信用を失う可能性がある。背景的な理解に留めておいた方が良い場合もある。一方で書かなければ、何のためのジャーナリズムなのか。ジャーナリズムが、主権者である国民の「知る権利」の代行であるとすれば、知り得たことは書くのが基本であった。[120]

しかし書けば、ニュースソースに実害を与える可能性もある。取材源の秘匿は、記者やジャーナリストにとって絶対といってよいほどの義務である。しかし記事が掲載されれば、取材源が組織内で明らかになる可能性もあった。明らかになれば、ニュースソースにとって、何らかの不利益となろう。そうなればニュースソースとの関係は悪化し、以後、情報が得られない可能性が高い。一〇年にわたって警察を取材した高知新聞社・社会部の竹内誠は、取材源への接近の過程を、次のように回顧した。

仲のいい捜査員が一人一人増えていく。特ダネも少しずつ取れるようになっていった。(略)新人のときの苦労がうそのようだ。(略)ときには親しい捜査員と情報交換しながら、一つの事件を「一緒に仕上げる」こともあった。私にとって県警は単なる取材対象ではなくなっていた。(略)休日も警察官と一緒に過ごすことが多く、家族とともに生活そのものとなっていた。[121]

ニュースソースの信用を得た竹内は、徐々に種を得ることができるようになる。公私にわたる付き合いによって、単なる仕事上の付き合いを超えた親近感を覚えてもおかしくない。公私にわたる関係は、竹内に少なからず充実感をもたらしたと推察される。

しかしある事件取材をきっかけに、竹内は警察側の懐柔策に悩まされる。

私は記事を出す前、入社以来懇意にしている県警幹部を行きつけの居酒屋に誘い、いきなり切り出した。(略)「書いたらおまえと敵になる。書くな(略)どうしたら記事を出さずに済むのか」と逆にこちらに聞いてきた。この日を境に、毎日のように夕方になると幹部が入れ代わり立ち代わり、私を飲みに誘ってきた。飲み屋では脅しと懐柔の連続だった。「警備(公安)におまえを尾行させる」「携帯電話の履歴を調べる」という脅し口調の人もいれば(略)「気に入らない警察官がいれば言え。人事で飛ばすから」という筋違いの人や、「各課の裏金をおまえのところに持っていくから許してくれ」と言った人までいた。[122]

竹内は「連日の攻勢に疲れ」、「いっそ県警と取引して、ネタをもらい続けた方がいいかもしれない」などと考えるようになったという。竹内は、記事を書いて以降「特ダネが取れなくなる」ことを恐れた。[123]書くのか、それとも、書かないのか。竹内は自身の経験を踏まえつつ、あくまで「書く」ことを主張した。

高知新聞社・社会部長の山岡正史も、同様の経験を吐露した。小さな種を書かないことで貸しを作り、より大きな種に繋げる。その可能性について山岡は、次のように述べた。

「わらしべ長者」式にネタをたぐっていく、取材先と付き合っていく、というやり方は、よほどの「敏腕記者」でないとできるものではない。敏腕以外の者がそれをやると、ろくなことにはならない。[124]

ニュースソースとの駆け引きに、山岡は基本的に否定的である。一部の例外的な記者には可能であったかもしれないが、多くの記者にとって、取材先との距離が近くなり過ぎるのは、リスクが高かった。端的にいえば、取り込まれる可能性があった。しかしながら、距離が近くなければ、情報を入手することは難しい。

ニュースソースに接近するには、記者クラブも有効であった。他社の記者と行動を共にする記者クラブは、むしろニュースソースとの距離を図るには好都合であったかもしれない。近過ぎても遠過ぎても、記者クラブ内であれば、その「距離」は他社の記者と同じである。

ニュースソースとの距離の困難性において、社会部記者は政治記者と同じであった。同時に、記者クラブを介したコミュニケーションの困難性において、経済記者と同じであった。

第四節　抽出された要因と文脈

社会部記者の歴史的変化の概略も若干長くなる。遊軍との関係を加える必要があるからだ。

〔一〕　歴史的変化の概略

一九四〇年代から、社会部の取材領域は極めて広かった。社会部記者は強い自負を有していたが、軟派に由来する社会部は、ニュースルームにおいて、後年ほどには優位になかった。人々の生活のなかに入っていき、庶民に寄り添う社会部記者は、街ダネを大きな特徴とした。社会部の記者は、勘の良さとフットワークの軽さが求められた。現場を重視した社会部では、足で書くことが良しとされた。社会部記者は、いつ、どのような知識が必要とされるかわからず、幅広い知識が求められた。文章の上手さも、社会部記者の特徴であった。

社会部において自らイシューを設定する遊軍は、「典型的な社会部記者」とされた。遊軍を含めた社会部記者は、地方支局において「サツ回り」を中心に基礎を身につけた。五〇年代前半までの新聞社には、すべての新人に対して、社会部でOJTを行う傾向があった。五〇年代半ば、社会部以外へ配属されるケースが増加したが、一方で六〇年代から七〇年代にかけて、地方支局での新人教育が定着した。地方支局は地元の警察署をカバーする必要があったため、極めて社会部的であり、新人教育に好適と考えられた。

四〇年代後半から、すでに個人での取材は難しくなり、チームでの取材に移行し始めた。五〇年代から二〇〇〇年にかけ、ほぼ一貫して紙面は増加した。地方版も増加したことで、地方記者が不足した。それによって「サツ回り」が手薄になった。不足を補ったのは、新人記者であった。六〇年代後半になると一転して、ベテランの地方記者が過剰となった。

五〇年代から六〇年代、地方版に街ダネが多く見られた。一方で、本紙における街ダネが減少した。各社は街ダネの復権を企図し、改組などを行った。街ダネを通じて、社会部特有の取材姿勢や執筆スタイルが共有された。

出稿に対する機械化の影響は、限定的であった。社会部をはじめとした出稿部にとって、すべての出発点は種であり、記者に種をもたらすのはニュースソースであった。記者クラブは、社会部にとって極めて大きなニュースソースであり続けた。社会部記者にとって代表的な記者クラブは、警察の記者クラブであった。サツ回りは、記者全般にとって基本とされた。

六〇年代、広報の興隆は、警察にも及んだ。刑事らの口は堅くなり、記者会見などを通じた情報提供は巧妙となった。情報は警察に集中していたため、記者は接近を図るしかなかった。したがって社会部記者に、「夜回り」は欠かせなかった。他社との競争上、社会部記者はニュースソースを秘匿した。

記者がもっとも恐れたのは「特オチ」であった。特オチを避けるには、記者クラブを重視する必要があった。他の記者がスクープした場合にサンクションを与える場も、記者クラブであった。庶民的な正義をもっとも有する社会部記者であっても、記者クラブへの依存は不可避であった。

七〇年代に入っても、社会部を通じた新人教育は継続された。社会部的なエートスは、すべての記者に必要な基礎とされた。現場を重視し、権力と対峙する姿勢は、すべての記者に強く求められた。

一方で社会部記者は、感情に訴えかける記事や表現が減少していると認識していた。その原因は、「足で書く」ことが徹底されていないからだと考えられた。「足で書く」ことが軽視された要因のひとつは、テクノロジーの発達を背景とした速報性の重視であった。七〇年代、街ダネの復権が試みられた。街ダネの復権は、遊軍の復権ともいえたが、効果は限定的であった。

八〇年代、新人教育や人事異動などによって、社会部的なエートスは、それまで以上に共有されるようになった。若手は「歯車」に徹して情報を収集し、一方のベテランは、若手が収集した情報を統合した。若手は「足」が重視され、ベテランは「頭」が重視された。

社会部においては、一次情報が重視された。一次情報とは、ジャーナリズムの領域において当該の記者が直接入手し、排他的である可能性が高い、一定程度以上のニュース・バリューを有する情報であった。新聞記者は一次情報を重視したが、なかでも社会部記者は一次情報を重視する傾向が強かった。一次情報は現場にあり、人が有しているとされた。現場主義は、社会部の伝統であり、現場こそが社会部記者を育てると認識されていた。「足で書く」という規範と現場主義は、ほぼ同義であった。一方で、記者クラブへの依存が高まっていた。「足で書く」という規範や現場重視は、記者クラブをはじめとした広報の攻勢に対する対抗言説でもあった。

七〇年代以降、セクショナリズムや部際の問題が前景化したが、これらの問題は、記者クラブや広報依存と大きく重複した。ニュースソースと記者の関係はより複雑化したが、社会部記者は人々のなかに足を踏み入れ、人から直接取材するしかないとされた。そのような記者の典型は遊軍であったが、その遊軍も、記者クラブを担当することが多くなった。記者クラブを離れて遊軍となった記者も、記者クラブ時代に培った人間関係を基に取材を行った。遊軍といえども、記者クラブと断絶することは難しかった。

広報の側の、記者クラブを通じた情報管理は強化され続け、二〇〇〇年代になると、記者クラブ以外の取材は極めて難しくなった。

〔二〕三つの要因と文脈

現場重視

社会部における他紙とのスクープ競争では、分析よりもニュースそのものが重要であった。したがってニュースソースが極めて重要であった。他紙と共有する可能性が高い二次情報よりも、排他的な一次情報が重視され、それはすなわち現場重視であった。他の部署の記者と異なり、社会部には現場というニュースソースが存在した。

現場重視が主張された背景には、記者クラブあるいは広報の興隆があった。しかしながら社会部といえども、記者クラブを軽視することはできず、結果的に共存することになった。

反権力

社会部記者は、反権力という性向が強かった。反権力の思想は、庶民に味方するということと表裏一体であった。

かつては、取材対象によって各出稿記者は棲《す》み分けられ、対立することは少なかった。しかしながら総合編集の興隆によって、エートスの異なる記者同士が取材対象を同じくすることになり、対立が生じた。

街ダネ

庶民に味方するというエートスが、記事上でもっとも表れたのが街ダネであった。街ダネの重視は、現場重視と重なった。人々が住まう街という「現場」を重視したのが、街ダネであった。

しかしながら総合編集の興隆によって、各部はニュースバリューを競うようになり、相対的にニュース・バリューの低い街ダネは社会面において減少した。街ダネや情緒的な記事の減少の背景には、総合編集があった。

終章

相互比較

――歴史・ルーチン・要因と文脈

図8―1　東京日日新聞（筆者注・現在の毎日新聞）連絡部（大正6年頃）（毎日新聞社提供）

本章では、第二章から第七章の分析を受け、相互に比較を行う。比較の前に、二点、確認をしておきたい。

第一に、比較に対する姿勢である。本書における分析は、同一の資料を基に、筆者一人が定点観測を行った。つまり、資料と分析の水準において、二章から七章は同一である。したがって本章においては、各章で導き出した要因と分析を基に、積極的に比較を行う。

第二に、本章が明らかにした日本の各記者のルーチンは、理念型《りねんけい》(ideal type)として捉えるべきである。理念型とは、マックス・ウェーバーが提出した概念で、実態としては存在しないものの、思考や論考のための概念である。あくまで純粋型であって、何らかの法則を導き出すための「認識手段」である。[1]

本書が導き出した各記者像は、全国紙を中心に支配的な姿であったが、すべてとはいえない。例えば実在した政治記者が、皆一様に同じであるはずはない。本書が導き出した通りの政治記者は存在しない。特定の政治記者は、経済記者的な側面を有する場合もあるだろうし、その他の記者の側面を有している可能性もある。むしろ程度を考慮しなければ、すべての要素を含むと考えるべきであろう。特に日本の新聞記者は、配置転換が頻繁にある。昨日まで政治記者だった者が、異動になった瞬間に、社会部記者になれるはずもない。あるいは、動的に捉える必要がある。一個人も、年を経るとおのずと変化するものだ。

しかしながらウェーバーが主張したように、理念型だからこそ、精緻な理論的考察が可能となる。本章では理念型の利点を活かし、既述のように、積極的に比較する。具体的には、第二章から第七章の各ランク・アンド・ファイルの歴史的分析によって明らかになったルーチンと要素と文脈を、統合的に考察する。必要に応じて、第一章の分析を加える。

第一節――ニュースソース

〔一〕　取材対象限定の必要性

種をもたらすニュースソースの重要性

政論などを主張する大新聞の時代と異なり、大正期以降の報道時代にはニュースそのものが重要となった。ニュースとは、一義的には種を意味した。文章力も必要であるが、文章力で読ませる「名文家」は例外的な存在であった。

種をもたらすのは、ニュースソースである。種とニュースソースは、いずれも新聞記者にとって極めて重要であったが、長期的にみれば、ニュースソースの方が重要であった。ニュースソースが存在しなければ、種は存在しえない。種の重要性に先んじて、ニュースソースの重要性が存在する。

ニュースソースの重要性は、政治記者をみればわかる。政治記者のニュースソースは、極めて少数の人に限られた。他の記者にとっても、ニュースソースは極めて重要であった。情報を有するニュースソースは、少数であればあるほど貴重であり、より重要となった。

社会部のニュースソースは多様であった。現場というニュースソースは、写真記者を除き、他の一般記者には存在しなかった。人というニュースソースへの依存を回避するためにも、社会部記者は現場を重視した。

記者クラブは、記者からみれば最大のニュースソースであった。種を恒常的に提供してくれる記者クラブへの依存は、長期的にみれば不可避であった。

ニュースソースが極めて少数であり、それ以外のニュースソースが存在しない場合、記者はニュースソースとなり得る取材対象と、長期的な関係を築かざるを得なかった。結果的に記者は、取材対象の人間から強い影響を受ける。その影響は、公人としてだけでなく、私人としての影響も含まれる。

取材対象から影響を受けやすい場合、記者は、取材対象からコントロールされやすい。取材の形式は様々に変化するが、変化は基本的に、取材される側が主導した。既述のように、取材対象から影響を受けやすい場合、記者は取材対象からコントロールされやすいが、取材方式についても、変更の主導権を握るのはニュースソースであった。

社会の側からみれば、ニュースソースの希少性を低下させる必要があった。希少性が過度に高ければ、ジャーナリズムが有する権力の監視という機能が低下するからだ。しかしながら、日本の新聞記者のルーチンの歴史的変化を見る限り、希少性の低下は見られなかった。

取材対象の細分化と組織

日本の編集局は、政治部、経済部、社会部など、取材対象で細かく分けられた。部内も担当で細分化され、各記者の持ち場は極めて狭かった。

各記者の持ち場は、記者クラブと重なり合った。持ち場である記者クラブは、ひとつとは限らなかったが、複数であっても、取材領域は広くはなかった。

それによって、取材対象と記者は固着した。固着を促す場は、主に記者クラブであった。各社は、記者が同一の記者クラブを担当する期間を短くしたが、固着は解消されなかった。

記者クラブを介した担当と取材対象との固着は、固有の取材対象を持たない写真記者をみればよくわかる。固有の取材対象を持たない写真記者は、取材の「足掛かり」である記者クラブを持たなかった。それゆえに何でも取材できた。一見すると取材の自由度は高いが、限られた時間と労力のなかで成果を上げるには、むしろ不利に働いた。

記者クラブが設置された組織は、一定程度のニュース価値を有する取材対象に限られた。したがって記者は、記者クラブにいさえすれば最低限の種が入手できた。固有の記者クラブを持たなければ、ニュース価値を有する成果物を一定の頻度で出せない。持つ者と持たざる者の優劣は明白であった。

ニュースソースを持つための「取材対象の限定」という必要条件

記者クラブを含めて固有の、つまり排他的なニュースソースを記者が持つには、どのようにすればよいのか。その必要条件は、固有の取材対象を持つことであった。既述のように、固有の取材対象を持つことの重要性は、写真記者をみればよくわかる。

写真記者の取材対象は無限定であった。どのような人やモノや場所であっても、取材対象となり得た。取材対象は無限といえた。単純に考えれば、無限の取材対象は有利と思われる。しかしながら実際は、取材対象の無限定は、写真記者にとって大きく不利に働いた。

取材対象の限定は、ニュース価値を有する事象が、限定された取材対象のなかで高頻度で生じるからこそなし得る。政治が典型である。政治においては、一定程度以上のニュース価値を持つニュースが、限られた範囲内で、極めて高い頻度で発生する。

取材対象が無限定であれば、ニュース価値を有する事象の発生頻度が低い領域も含まれ、成果物の紙面掲載において歩留まりが悪くなる。反対に、取材対象が限定されていれば、その取材対象を排他的に担当することができる。社内においては「独占」である。

結果的に、取材対象が限定されていないことは、固有のニュースソースの不在に繋がった。街ダネが典型であったが、取材対象が無限定であるということは、ニュースソースが広く散在しており、取材の都度、ニュースソースを探し出す必要があった。

既述のように、記者にとってニュースソースは極めて重要である。したがって、ニュースソース保有の必要条件である取材対象の限定を、記者や部署は求める傾向にある。反対に、取材対象やその限定を手放すことは考えにくい。

「取材対象の限定」を必要十分条件にする記者クラブ

「取材対象の限定」は、ニュースソースを持つための必要条件であると述べた。ニュースソースを持つためには、取材対象を限定する必要があった。一方で、「取材対象の限定」は、十分条件ではない。取材対象が限定されていたとしても、記者が、自身でニュースソースをつくる努力をしなければ、固有あるいは独自のニュースソースを持つには至らない。

しかし実際は、「取材対象の限定」は十分条件となり得た。なぜならば、記者クラブという存在があったからだ。取材対象が限定されれば、おのずと記者クラブを担当することになる。記者クラブを担当すれば、最低限のニュースソースを持つことができた。

「取材対象の限定」は、記者クラブという存在によって、固有のニュースソースを有する必要十分条件となる。取材対象が限定されれば、固有のニュースソースを持つことになり、固有のニュースソースを持てば、取材対象が限定されることになる。取材対象が限定されていなくとも、固有のニュースソースを持つことはできたかもしれないが、実際上は、他のすべての記者が固有のニュースソースを持っていたため、歩留まりの良いニュースソースは残っていなかった。

取材対象の無限定は、単に歩留まりが悪いだけでなく、固有のニュースソースの不在に繋がり、記者にとって致命的であった。記者が記者として生きていくためには、ニュースソースが欠かせなかった。しかしそれに先んじて、固有のニュースソースを保持するには、取材対象の限定が不可欠であった。そして、記者と取材対象との関係を強化したのは、記者クラブであった。

〔二〕 取材対象とセクショナリズム

取材対象による呼称の分化

明治末期の新聞業界において、新聞の原稿を書くものを「記者」と称するようになった。一種の敬称であった。ニュースルームで編集に携わる者は、当初は「編集者」と呼称されたが、後に記者と称された。カメラマンも、写真記者と称されるようになった。オペレーターなどを除き、ニュースルームのほとんどの者は「記者」と称された。

すべての者が「〇〇記者」であれば、連辞符、つまり〇〇の部分で区別するしかない。そのような呼称の在り方も、取材対象との固着を促した。連辞符の大半は、取材対象であった。呼ぶ側も呼ばれる側も、呼ぶたびに記者の取材対象を意識することになった。取材対象によって分ける呼称は、歴史的には明治期の大新聞、小新聞まで遡る。取材対象による区別は、原初において用意されていた。

ニュースルームにおいて、セクショナリズムはたびたび問題となった。セクショナリズムは、大新聞由来と小新聞由来の対立が中心であった。一方で、大新聞由来の部署の間にも、セクショナリズムは存在した。政治記者は常に、経済記者よりも優位にあった。

小新聞由来の部署も同様であった。社会部記者は常に、文芸部や学芸部の記者よりも優位にあった。さらに、担当ごとにセクショナリズムが形成された。大新聞と小新聞を中心としながら、セクショナリズムは多層的であった。

原初における蔑視、すなわち大新聞が小新聞を、あるいは、大記者が戯作者や探訪員を蔑視したことは、差別意識の重畳《ちょうじょう》に繋がった。セクショナリズムには差別意識が含まれた。対象によって細分化されたことにより、セクショナリズムと差別意識は多層的となった。

担当ごとの多層的な差別意識は、取材対象に対する認識と重なり合った。特定の領域の記者を差別する意識には、当該の記者が担当する取材対象への差別意識があった。政治を担当する者は、他を担当する者よりも常に上位にあった。それは大新聞や大記者にまで遡る伝統であり、取材対象によって分けたことの帰結であった。

取材対象の社会的な威信が高ければ、担当する記者のニュースルームにおける威信は高かった。反対に、取材対象の社会的な威信が低ければ、担当する記者のニュースルームにおける威信は低かった。

ただし、ニュースルームにおける威信は取材対象の威信だけで決するわけではなく、扱った個別のニュース価値や紙面における露出も影響した。しかし根底には、常に取材対象による区別があり、新聞記者の威信は、取材対象の威信と重なり合った。

取材対象の威信と記者の威信

新聞記者は、取材対象と威信の浮沈をともにした。それによって、記者が「書く」ということは、多くの場合、取材対象の威信の低下を意味した。記者の「書く」という行為は、記者自身にとって利益相反であった。ニュースソースの側にとっても、多くの場合、「話す」ことは自らの利益と相反した。

換言すれば、記者は信用という「リソース」を蓄積し、そのリソースを使って種を入手した。記事が掲載された場合、信用というリソースは減少した。信用というリソースが不足した場合、記者は再び、信用の入手に努めた。

ニュース価値を持たないと判断された場合、当該の種は看過された。ニュース価値を有すると判断されたとしても、信用というリソースの不足、つまり掲載後に関係が修復できないと思われた場合、当該の種は、やはり看過された。ニュース価値があるからといって、必ず記事になるわけではなかった。

「書くか、書かないか」という問題は、すべての記者が直面する問題とされた。「書くか、書かないか」の判断基準は、記者が保持する信用というリソースと、ニュース価値とのバランスであった。言い換えれば、紙面への掲載は、信用というリソースとトレードオフの関係にあった。ニュース価値を有する記事が掲載されれば、信用というリソースは減少し、掲載されなければ、信用というリソースは増大した。

ただし、ニュースソースの側が掲載を期待した場合[2]、掲載されなければ、信用というリソースは減少した。記者は、自らが保持するリソースが不足した場合、ニュースソースを利する原稿を書くことで、信用というリソースの増大を図ることもあった。

信用というリソースは、必ずしも、権力チェックのために用いられるわけではなかった。御用新聞や御用記者にみられるように、何らかの勢力に加担する新聞や記者も少なくなかった。そもそも出自の一つである大新聞が、そのような性向を有した。

信用というリソースを巡っては、量だけでなく、質も関係した。信用というリソースが社会的に価値を持つのは、社会的に意義のある報道に繋がるからであった。記者個人や会社の利益になったとしても、社会的な利益に繋がらないのであれば、そのような「信用」はジャーナリズム的に意味をなさなかった。社会的にみれば、量よりも質が問われた。[3]

記者クラブも、記者と取材対象との結び付きを強化した。記者と取材対象との固着の要因をまとめると、以下の五つとなる。①取材対象による記者の細分化と担当化、②取材対象ごとに細分化された記者クラブ、③原初にまで遡る歴史的背景、④取材対象の威信と強く結び付いた記者自身の威信、⑤セクショナリズムに付随した差別意識である。これらを背景に、新聞記者と取材対象は固着した。

〔三〕記者や取材に与えた影響

秘匿性の高さと影響の大きさ

ニュースソースの属性、例えば人かモノか現場かは、記者に大きな影響を与えた。一方で、種の質も影響した。政治記者の種は、相対的に秘匿性が高かった。特に国政の場合、政治家は極めて大きな権力を有しており、秘匿性は高まった。総じて政治は闘争の場であり、情報を巡って激しい闘いが繰り広げられた。ひとつの情報が、議員や派閥の運命を決する場合もあり得る。畢竟、政治に関する情報＝種は、極めて秘匿性の高いものとなった。

したがって政治記者は、他の記者以上に、ニュースソースとの良好な関係を継続することに腐心した。「書く」ことはニュースソースの信用を失うことに繫がりかねず、政治記者は「書くべき時」まで書かなかった。

情報の秘匿性が低い、つまり情報を入手するのが相対的に容易な場は、記者クラブであった。いずれの記者にとっても、記者クラブは極めて有益かつ便利な場であった。記者クラブが便利なのは、ニュースソースの側も同じであった。記者クラブという存在は、受け手と送り手の双方にとって極めて利便性が高く、正義心の強い社会部記者であっても抗《あらが》えなかった。

相対的にニュースソースが多い社会部

政治部に比べれば、社会部のニュースソースは多かった。例えば、全国紙の社会部記者にとって、日本全国の警察はニュースソースであった。警察は日本全国にあり、政治家ほど希少ではなかった。刑事などの捜査官は相当数に上り、直接担当していなかったとしても、同僚がある程度の情報を有していた。

刑事は政治家同様に、口が堅かった。だからこそ、訓練に最適であった。全国の警察は、新人記者の教育に適していると考えられた。社会部が政治部と異なったのは、目撃者や現場など、人以外のニュースソースがあり得たことだ。それによって社会部には、「足で書く」という強い規範が存在した。「足で書く」記者の典型は遊軍であった。遊軍は積極的に市井に入り、種を拾った。遊軍は、デスク周辺にいることが多く、若手の教育機能も有した。しかしながら、社会問題が複雑化するとともに総合編集が興隆し、遊軍も固定の持ち場や職務を持つようになった。結果的に、遊軍の自由度と教育機能は低下した。

取材はチームで行われるようになり、特別報道部などの、調査報道を行う部署が新設された。特別報道部などの記者は、ある程度の自由度を有するとともに、部署を越えて協働した。そのようなチーム取材も一定程度の教育機能を有した。

ノンバーバルな情報への着目

既述のように、ニュースソースが希少であり、なおかつそのニュースソースが有する情報が社会的に重要であればあるほど、ニュースソースの口は堅くなった。典型は政治家である。

そのため記者は、言表以外の情報に着目した。表情、機嫌、日常習慣などの変化、あるいは普段会わない人と会う、通常使わない場所を使う等の情報を積極的に入手した。

政治部のヒラ記者や番記者は、傍証のような小さな事実をメモの形で収集し、キャップやデスクに報告した。ニュースソースが極めて少なく、またニュースソースが情報を提供しないとなれば、あらゆる形で情報を集める必要があった。

メモによる報告とメモを基にした執筆

政治部の場合、若手が上げた「メモ」を集約して原稿にするのは、キャップやデスクであった。若手は「歯車」に徹する必要があった。中堅となっても、単独で仕事をするのは困難であった。

大きな仕事をするには、サラリーマンとして出世する必要があった。ある程度のポジションに就かなければ、チームを動かすことはできなかった。個人としての能力も求められたが、独力で大きな仕事ができる時代は過ぎ去り、大きな仕事はチーム単位で行われるようになった。チームのなかで自分の思うように仕事をするには、上のポジションに就く必要があった。

第二節　メディア（形式）の変化

［一］　外在するメディアの影響

メディアの多様化の影響

新聞記者は総じて、メディアの影響を少なからず受けた。ニュースルームに設置されたテレビ受像機や、取材先におけるテレビカメラなどから直接的に影響を受けた。なかでも、視覚に訴える写真を扱った写真記者は、同じく視覚に訴えるテレビの影響を強く受けた。

メディアの間接的な影響は、記者クラブを含め、多くの場合、ニュースソースを介して及ぼされた。政治記者に対するテレビや携帯電話などの影響は、政治家を介して及ぼされた。同様に、経済記者に対するメディアの影響も、広報あるいは記者クラブを介して間接的に及ぼされた。他メディアの影響は、直接よりも、間接的な影響の方が多かった。ニュースソースが希少であればあるほど影響は大きかった。

メディアの多様化は、取材される側、つまりニュースソースにとって、基本的に歓迎すべきことであった。チャネルの選択肢が多い方が、広報における利便性は高い。メディア間の競合は、情報を提供する側を利した。

反対に、取材する記者にとって、メディアの多様化はメリットがないわけではなかったが、むしろ自らが属するメディアの地位の低下、つまり独占性や寡占性の低下の方が、はるかに大きな問題であった。メディアの多様化は、ニュースソースに利益をもたらすものの、メディアに不利に働いた。

紙面の頁数の影響

新聞紙面の頁数は、記者の書く姿勢に対して、極めて直接的に影響を与えた。記者は、様々な状況において書くか書かないか判断するが、頁数が増加すれば、総じて書く傾向は高まった。

記者の活動は、読者や国民の知る権利の代行である。だとすれば、記者は極力記事を書くべきであるが、実際には書くことを躊躇する傾向にあった。特に取材対象が希少であるとともに、社会に対する影響が大きい場合、その傾向は強まった。いかにすれば記者が書くのかは議論されたが、歴史的にみれば、記者の書く姿勢に直接的な影響を与えたのは、紙面の量であった。紙面が増加すれば、社内における「書く」圧力はおのずと高まった。

戦後日本の新聞社は、紙面の頁数を一貫して増やし続けた。それによって、記者に対する「書く」圧力は、長期的に高まった。ただしそれは、必ずしも社会的に意義のある報道が増えたことを意味しない。

より多くの読者の獲得

戦後日本の新聞は、一貫して読者の獲得を目指した。その目的のため、編集上においては、総合編集が採用された。総合編集は、大正末期から何度か試みられたが、一九六〇年代から大きく興隆した。紙面の頁数の増加と総合編集との相乗効果によって、ニュースルームにおける競争性が高まった。頁数の増加は、記事やニュースの増加であり、増加した記事やニュースのなかで、各部は一面の掲載を巡って競合した。

読者を獲得するため、形式上においては、読みやすさが求められた。併せて「わかりやすさ」も求められた。なかでも、政治や経済などの難解で硬い記事は批判された。読者増とは、大衆の獲得と同義であり、そのためには「読みやすさ」と「わかりやすさ」は必須であった。

一方で、市井の人々そのものを伝える努力もなされた。それが街ダネであった。街ダネは、読者に対して一定程度の訴求力を有したが、総合編集が興隆するなか、結果的に減少した。一九二〇年代、総合編集を導入した目的のひとつは、イエロー・ジャーナリズムの駆逐であった。六〇年代からの総合編集の興隆によって、イエロー・ジャーナリズムの対極にあった街ダネが駆逐されたのは皮肉といえた。

したがって、街ダネが一面を飾る可能性は極めて低かった。一面が特ダネの指定席である限り、また社内で特ダネが高く評価される限り、街ダネを担当するのは合理性が低かった。

〔二〕 経営による圧力

テクノロジーによる職務の平準化

新聞社の経営者を中心に、合理化の圧力は極めて大きかった。合理化は機械化を伴った。多額の設備投資を必要とする機械化には、常に効率化が付随した。

テクノロジーの導入、さらにはシステム化によって、職務は平準化した。編集周辺の職務は相対的に難易度が高く、専門性が高かった。なかでも組版は、専門のオペレーターでなければ行えなかった。しかしながら、テクノロジーの導入によって組版は平易化した。多少の訓練によって誰でも行えるようになり、結果的に編集や組版は、デスクや出稿部に移管された。

テクノロジーの導入による職務の平準化は、専門性の低下であった。専門性が低ければ、入社前の専門的な教育は不要となる。職務の平準化は、高等教育への期待を低下させた。記者は総じて、幅広い知識が求められた。比較的専門性が高い写真記者も同様であった。

職務の平準化、すなわち専門性の低下によって、職務の統合が容易となった。配置転換によって未経験の職務を担当しても、平準化されていれば誰でも従事できた。代替可能性は高まった。

しかしながら、取材して原稿を書くという職務は、代替不可能であった。一方で、編集は代替が可能であり、兼務も可能であった。編集という職務は、出稿部とデスクに移され、オペレーターが行った組版は、整理記者や出稿記者に移された。

職務の統廃合によって、結果的に、デスクが扱う情報は増大した。デスクの負担を軽減するため、出先に外勤のデスクが設けられたが、内勤デスクの負荷の軽減は限定的であった。

究極の合理化 ――完全原稿という理想

編集における合理化の圧力は、完全原稿という理想として立ち現れた。完全原稿は、編集周辺がCTS化されただけでは実現しなかった。完全原稿を達成するには、出先における原稿執筆のワープロ化と、当該のワープロがシステムに接続されることが必要であった。

少しでも早く販売店に届けるには、そして、あらゆる無駄をなくすには、完全原稿は常に理想であった。出稿部や編集から遠ざかるほど、つまり川下の工程に行けば行くほど、完全原稿を理想とした。川下は川上に対して、完全原稿を強く要求した。

完全原稿という言葉は、出稿部編集の達成により聞かれなくなる。整理から組版までを出稿部内で行えば、すべての修正は当該の出稿部内で行われ、他部署からみれば、出稿された原稿はすべて「完全原稿」であった。完全原稿という思想は、出稿部ごとに責任を持って修正することと同義であり、他部の編集担当者は不要となった。

全国的な編集の一元化と画一化

編集の合理化の過程において、全国紙では、紙面の全国的な共通化が進んだ。CTS化以前の四本社は、それぞれ同時並行して紙面の編集や製作を行った。しかしながらCTS化によって、紙面の電送、すなわち東京本社で編集された紙面を他の本社に電送することが容易となり、東京以外の各本社は紙面編集を行う必要がなくなった。編集機能は東京に集中した。

それによって本社ごとの差異が、少なくとも編集上において低下した。CTS化は、編集の在り方に大きな影響を与えるとともに、コンテンツの東京一極集中を招いた。合理化に大きく貢献したが、一方で本社ごとの差異、つまり紙面の多様性が低下した。

CTS化の達成は、総合編集の完成でもあった。それによって機能や組織が大きく縮小したのは、整理部であった。大正末期、総合編集の導入にあたって新設された整理部が、総合編集の完成とともに存在感が低下したのは皮肉であった。あるいは整理部という存在は、高度にコンピューター化されたシステムでなければできないような機能を、人的に代替するものであった。

取材の効率

特定のニュースソースを持たない取材は、効率が悪かった。それに対して、特定のニュースソースを持った取材は効率が高かった。記者が有する時間と労力には限りがあり、効率の高い取材方法は望ましかった。密室で行われる政治を扱った政治記者に至っては、そもそも特定のニュースソースを持たなければ、取材にならなかった。

ニュース価値の高い情報を有するニュースソースと良好な関係を築き、その関係を維持することは、すべての新聞記者にとって望ましかった。

第三節　新聞記者のエートス

［一］　社会部記者のエートス

社会部記者のエートス①「反権力」

社会部に徹底されたエートスのひとつは、反権力であった。政治記者などと異なり、社会部記者の正義感は直截的であった。社会部記者の直截的な反権力性は、時に取材対象との関係を悪化させた。政治家という取材対象を巡って、政治記者との間に生じた軋轢が典型であった。

取材対象に「遠慮」なしに書くことは、社会部記者の反権力性の、ひとつの表れであった。しかしいったん書けば、同じ社の他部の不利益に繋がり、当該の取材対象との関係が一定期間、悪化した。社会部記者といえども、警察や検察などの、長期的に付き合う必要のある取材対象の対応には苦慮した。

社会部記者のエートス②「現場主義」

社会部記者には、現場主義が徹底されていた。現場主義の典型的な表現は、「足で書く」といった警句であった。対極をなしたのが、経済記者の「頭で書く」という警句であった。

社会部記者にとっての現場の固有性は、社会部記者が現場を重視する姿勢に大きな影響を与えた。

社会部の取材に現場があることは、特異であった。もし他の記者が、社会部同様に現場というニュースソースを有していたとすれば、社会部記者が現場を重視する程度は、相対的に低下した。

取材対象の刑事にとって、「現場百ぺん」は最大ともいえる警句であった。社会部における現場重視の姿勢は、最大の取材対象である刑事のエートスと重なり合った。新聞社の新人教育は、地方の「サツ回り」から始まる。記者は取材対象である刑事のエートスを、若いうちに内面化した。

人というニュースソースは、常にアクセス可能というわけではなかった。だからこそ「夜回り」が必要であった。しかし現場というニュースソースは、アクセス上の制約が小さかった。自らの時間と労力とを投下しさえすれば、現場はアクセス可能であった。

歴史的にみれば、社会部記者の現場重視の姿勢は、小新聞の探訪員に由来する。社会部記者の多くは——特に後期の記者は——自らの出自を意識していなかったと思われるが、その歴史は、日々のルーチンやエートスに深く刻まれていた。

写真記者にとっての現場——被写体の重要性

社会部以上に現場が必要なのは、写真記者であった。写真記者も現場に赴く必要があったが、それは主に撮影のためであった。

成果物の制作の観点でいえば、写真記者の場合、制作の大半は現場でシャッターを押す瞬間に集約された。対する社会部の場合、現場は取材や調査の場であり、そこで行われたのは原稿執筆の準備作業であった。写真記者が写真を撮影したのは現場であったが、社会部記者が原稿を書いたのは現場ではなかった。[4]

写真記者と社会部記者では、現場の重要性や性格が異なった。写真記者の場合、社内などで撮影する例外を除き、必ず現場が必要であった。社会部記者の場合、現場がないニュースもあり得た。写真記者の場合、現場での撮影がほぼすべてであったが、社会部記者の場合、原稿執筆という最終作業は現場以降に残された。

では写真記者の場合、現場さえあれば撮影は可能であったかといえば、そうではなかった。物理的な撮影そのものは可能であったが、紙面掲載の可否を考慮すれば、撮影対象がニュース価値を有した被写体である必要があった。写真記者にとっての現場は、ニュースの現場でなければならなかった。現場に種があり、その種はニュース価値を持つ必要があった。写真記者は、現場で種を見つけるとともに、そのニュース価値を写真として表現しなければならなかった。

対極的な経済記者

経済記者の出自は、大新聞における大記者であった。大新聞の大記者は、政論を専らとした。大記者は、小新聞の探訪員が市井に取材に入ったのと異なり、政治家を含めたインナーサークルにおける議論が中心であった。

経済記者の種やニュースソースに対する姿勢は、社会部記者の姿勢と対極的であった。社会部記者は一次情報を重視した。政治記者も一次情報を重視した。それに対して経済記者は、二次情報を重視した。なぜなら、経済関連の情報は、一般的に公知されることが多かったからである。排他的に入手することができる情報が少なければ、おのずと議論に軸足は移る。

もうひとつの理由は、現場というニュースソースの不在である。社会部記者のように現場に足繁く足を運び、他の記者が知らない情報を探し出すことは、経済記者の場合、極めて少なかった。情報の共有は、高い教育機能に繋がった。教育機能については後述する。

前記のような類型は、それぞれ理念型であった。現実には、社会部にも「頭で書く」という言説はあり、経済部にも「足で書く」という言説はあった。どちらに軸足を置こうとも、最終的には両立させる必要が説かれた。

両者は、互いに対抗言説であった。「足で書く」ことに偏った場合に「頭で書く」といった警句でバランスをとり、反対に「頭で書く」に偏った場合は「足で書く」という警句でバランスをとった。これらの対抗言説は、むしろ取材をある程度終え、原稿を執筆する段階で問うべきものであっただろう。足だけで書いていないか、頭だけで書いていないか、と。

追記すれば、両者はともに、主に広報に対する対抗言説であった。

〔二〕　新聞というメディアにおける価値

新聞というメディアにおける価値①「書く」という行為

新聞記者に共通していたのは、「書く」ことに価値を置くエートスであった。新聞記者のエートスの根底には、「書く」ということが抜き難く存在した。歴史的にみれば、「記者」とは書く者を意味し、敬意を含んだ語であった。
ニュースルームにおいて、書く者は相対的に優位に立ち、書かざる者は劣位に立った。機械化によって編集という職務は平易化され、他の職務と統合されたが、統合先は、出稿部という「書く」部署であった。写真記者のように、原稿を書かなかった記者が「書く」ようになった例はあったが、本書の分析を見る限り、「書く」記者が書かなくなった例は存在しなかった。[5]
新聞は、文章を主としたメディアであり、文章こそが価値を有した。視覚に訴える他のメディアが興隆するたびに、紙面における写真の有効性が主張された。写真の掲載が増えるだけでなく、カラー化や画質の向上が目指され、写真の表現も追求された。しかし長期的にみれば、写真はあくまで従属的であり、支配的なのは文章であった。

小新聞由来の「わかりやすさ」と「読みやすさ」

新聞記者全般に、「書くこと」は大きな価値を有した。写真記者が劣位性を解消したのは「書くこと」であった。名に「記者」と付くからには、おしなべて「書く」ことが評価された。

ニュースルームには「書かない」記者もいた。整理記者や校閲記者などである。整理や編集を専らとする整理記者は、「書く」ことと無縁であった。書かない整理記者の機能は、長期的にみれば低下した。整理記者の軽視は、「書く」ことの重視の裏返しであった。写真記者が、「書く」ことによって劣位性を解消したのと対称的であった。

大新聞由来の政治記事は難解とされた。同じく大新聞由来の経済記事も難解とされた。読者に訴求する必要性から、こられの記事には「わかりやすさ」と「読みやすさ」が求められた。

硬い記事に「わかりやすさ」や「読みやすさ」をもたらしたのは社会部であった。社会部のルーツは小新聞にあり、小新聞の読者は、学歴や教養のない庶民であった。小新聞の文体は、大新聞の漢文調と異なり、総ルビの仮名まじり文であった。社会部記者の文章が平易で読みやすいのは、歴史的な系譜であった。

「わかりやすさ」が求められたのは、写真も同様であった。難解な表現は忌避され、読者にとっての「わかりやすさ」と「見やすさ」が求められた。難解な文や写真を解するのは、学歴や教養の上位に位置する者だけであった。多くの読者を獲得するには、中位や下位の者が理解できるようにしなければならなかった。写真記者は、かつて社会部に属した。文章であっても写真であっても、「わかりやすさ」は社会部の伝統であった。

社会部記者には、文章の上手さが求められた。文章力が発揮されたのは、重大なニュースではなく、街ダネであった。重大なニュースであれば、情報そのものが価値を有しており、文章表現の重要性は低下した。それに対して街ダネは、文章の上手さで読ませる必要があった。

総合編集の興隆は、報道重視の傾向の高まりでもあった。総合編集の興隆によって、本紙における街ダネが減り、一方で、地方版に街ダネが残った。相対的に巧みな文章表現が求められた街ダネは、未熟な新人の教育に適していた。

共有と排他性

「書く」ことは行為であり、共有できなかった。それに対して、原稿などの成果物は共有可能であった。写真も成果物であり、共有可能であった。

フィルム時代の写真は、現像やプリントしなければ共有できなかった。現像やプリントする前の写真は、撮影した写真記者本人しか、当該のイメージを有していなかった。しかしデジタル化以降、写真は撮影と同時に共有されるようになった。

排他性は「特権」に繋がった。成果物が担当した記者の手から離れるとともに、特権は消滅した。

新聞というメディアにおける価値② 専門性

記者が有する専門性も、共通した価値であった。専門性の必要性はたびたび主張された。取材対象と堂々渡り合った大記者が、代表的な専門記者であった。

歴史的にみれば、日本の新聞記者の専門性は限定的であった。支配的要因は、以下の五つである。①合理化、②全国化、③ゼネラリスト化、④機械化による業務の平準化、⑤労働組合による平等な待遇の要求であった。

以上の五つの要因は、それぞれ独立しておらず、相互に連関した。すなわち、合理化は全国化が要求したものであるとともに、全国化は合理化が要求した。全国化によって記事や紙面の共通化が可能となり、記事や紙面の共通化は合理化と合致した。ゼネラリスト化は、合理化と全国化を背景とした。ゼネラリスト化を可能としたのは、機械化による業務の平準化であった。労働組合による平等な待遇の要求は、ゼネラリスト化を助長した。これら五つの支配的要因が複合的に作用し、専門性は低下した。職能の平準化とは、職能のコモディティー化であった。

専門記者の養成は、若手や中堅でなく、ベテランの記者を中心に検討された。ベテランは、編集委員や専門委員などとして遇されたが、効果は限定的であった。紙面における専門性の発揮を企図するのであれば、むしろデスクを務める前の三〇代を対象とすべきであった。しかしそれは、終身雇用を基にしたキャリアパスと齟齬した。結果として専門性は、デスクを務めた後の処遇に用いられた。専門性については、次項の「労働条件・制度」も大きく影響した。

[三] 記者教育

伝統的な記者教育 ——徒弟制度とＯＪＴ

新聞社の記者教育の特徴は、徒弟制度的であることと、ＯＪＴであった。長期的にみれば、ＯＪＴは継続されたが、徒弟制度的な関係は低下した。大きな要因は、テクノロジーであった。

テクノロジーの進展は、技術やオペレーションにおける専門性を、常に低下させた。ひとつのテクノロジーは単線的に影響を及ぼすのではなく、他のテクノロジーとの複合によって影響を及ぼした。特定のテクノロジーが決するのではなく、特定のテクノロジーはきっかけにすぎず、それ以前のテクノロジーとの複合によって影響を及ぼした。すなわちシステム化である。

サラリーマン性

日本の新聞記者は、強いサラリーマン性を有した。サラリーマン性とは、個人の価値よりも企業としての新聞社の論理や、所属する企業のメリットを優先する傾向である。したがって日本の新聞記者は、所属する企業の人事制度の影響を強く受けた。企業別労働組合が主体である日本において、労働組合による労働条件の改善は、記者のサラリーマン性の強化に繋がった。

人事制度の影響を強く受けた記者は、自ら自律的に担当を変更していくのではなく、上司などの配慮の下、短い期間で数多くの担当をこなした。結果的に、専門性は限定的となった。記者でありながら、出世を意識しなければならないのは、デスクも同様であった。

例外的に高い専門性を有したのは、写真記者であった。専門性が高ければ、他の部署との置き換えは不可能である。写真記者は、新人時代を除き、部署の異動はほとんどなかった。しかしながら、テクノロジーの進展によって写真記者の職務が平準化し、専門性は低下した。専門性の低下によって、写真記者の異動は可能となった。

整理記者の不在 ── 出稿部による編集の統合

職務の平準化によって、既述のように、編集はデスクなどの出稿部に移された。それによって出稿記者が提出した原稿を、同じ部の記者が直接編集することになった。以前であれば、間に整理部という他の部署が介在したが、原稿の執筆と編集は一転して同じ部内で行われるようになった。出稿部内における迅速な判断が可能となる一方で、ニュース・バリューや客観性、あるいは真偽のチェックを出稿部のみで行うようになり、チェック体制が甘くなる面があった。

平準化によって、整理部と出稿部との異動が容易となった。出稿記者は「整理を知る」ことが良しとされた。かつて出稿記者は、整理記者から整理や編集について学んだが、配置転換が可能になると、自ら直接経験して知ることになった。合理的ともいえたが、一方で、整理記者と出稿記者のコミュニケーションは減少した。

職務の平準化によって、高い専門性は不要となった。高い専門性が必要であれば、一般的に入社前の専門的な教育が必要となる。一時期の写真記者が好例である。しかし写真記者に求められる専門性が低下すると、入社前の専門的な教育は不要となった。結果的に、写真記者の採用は、一般の記者と同様となった。職務の平準化によって、採用も平準化した。

既述のように、労働組合の姿勢も、平準化を後押しした。労働組合は平等な待遇を要求したため、結果的に記者はゼネラリスト化し、配置転換が容易となった。

終身雇用制と新卒一括採用によって、ベテランが人員構成上において過剰となった。新聞社はベテランを、デスクのサポート役の遊軍として、あるいは新人や若手の教育係として活用しようとしたが、長期的には上手くいかなかった。出先のデスク、あるいはサブ・キャップや統括デスクもそうであるが、むしろ組織の拡大とともにヒエラルキーが増大し、上下に長い組織となった。それは、出世の階梯が長くなったことと同義であり、結果的にサラリーマン性を助長した。

戦後日本の記者教育の四つの類型

テクノロジーによる職務の平準化は、出稿部編集だけでなく、地方支局における編集を可能にした。取材から編集までを一貫して経験できる地方支局は、より新人教育に好適となった。

長期的にみれば、記者は繁忙となり、記者教育やＯＪＴは減少した。一方で、他社の記者とのコミュニケーションが可能な記者クラブには、一定程度の教育機能が残った。典型は、経済系の記者クラブである。教育機能の高まりによって、記者クラブの必要性は増した。同じ社の記者同士、あるいは、社を越えた記者同士が議論する前提は、扱う情報がパブリックな二次情報であることだった。情報がパブリックであれば、記者間で情報を秘匿する必要はなく、共有可能な情報を基に活発に議論された。そのような議論は、「頭で書く」というエートスの内面化に繋がった。

日本の新聞社における記者教育は、デスクやキャップなどの上司や先輩との関係を除くと、以下の四つのパターンに分けられる。

①地方支局における新人教育……社会部に近い取材を通じて、社会部的なエートスを内面化あるいは身体化するとともに、取材から編集までを一貫して体験する。

②記者クラブを通じた専門教育……パブリシティーやレクチャーや懇談などを通じて、取材先から教育を受けると同時に、他社の記者から学ぶ。前者が相対的に他律的であったのに対し、後者は自律的であった。

③遊軍を通じた専門教育……種を自ら足で探すといった、遊軍に独自の職務を通じて自律的に学

ぶ。あるいは、遊軍が新人や若手にアドバイスしたり、記事の手直しをしたりといったことを通じて学ぶ。

④調査報道やキャンペーン報道を通じた総合的教育……遊軍と同じように個人として自律的に学ぶだけでなく、他のメンバーとの交流や議論を通じて総合的に学ぶ。

以上の四つは、いずれもＯＪＴであった。

第四節 課題と展望

本書は、いくつかの課題を残している。課題と展望は大きく重なり合う。重要なものから三つ、以下に述べる。

第一に、日本のランク・アンド・ファイルについて、二つの水準で分析対象が残されている。記者と記者以外である。記者については、外信記者、地方記者、文芸記者、学芸記者、科学記者、運動記者などが残された。本書では取り上げなかったが、これらの記者の歴史的分析からも、重要な要因や文脈が抽出できると思われる。

記者以外についても分析する必要がある。日本の新聞社は、編集局内のニュースワーカーの多くを記者と呼んだ。したがって「〇〇記者」といった呼称のニュースワーカーが極めて多かった。それに対して米国は、reporter／reader／rewriter／editor／deskなどと職種名が多かった。Mariが分析したニュースワーカーのひとつがcubもしくはboyであった。これらは日本の「こども」や給仕に該当する。「こども」や給仕に言及した資料は、管見の限りでは極めて少ない。資料の渉猟にあたっては、何らかの工夫が必要であろう。

第二に、国際比較である。現状では、比較項が足りない。筆者を含め、今後もニュースルームにおけるランク・アンド・ファイルの歴史的分析、あるいはエスノグラフィー(民族誌)を継続する必要がある。

第三に、資料についてである。本書は主に『新聞研究』などの業界誌を用いた。したがって、資料に関して同じ水準での比較が可能であった。一方で、記者の実践については、多くの回顧録が出版されている。『新聞研究』は、ほぼ実践当時の記述であり、回顧録は実践の数年から数十年後に書かれている。史料批判的にいえば、後に書かれたものの方が、認知バイアスや誤謬《ごびゅう》などが含まれている可能性が高く、史料価値は低い。だからといって捨象してよいとはいえない。これら回顧録の扱いについては、引き続き検討したい。

補論 ——ゲートキーパー研究とニュースルーム研究の系譜

ゲートキーパー研究からニュースルーム研究へ

本書は、いかなる研究領域に属するのか。真っ先に挙げるべきは、ジャーナリズム研究である。次に、マスコミュニケーション研究やメディア研究、あるいは上記の三つと密接に関係している社会学も範疇《はんちゅう》に入る。

これらの学術領域の対象や観点は膨大であるが、本書がひとつの源流とするのは、ゲートキーパー研究（ゲートキーピング研究）である。ゲートキーパー（gatekeeper）とは「門番」を意味し、特定の集団内において、あたかも門番のように情報の通過をコントロールする存在である。最初に提示したのは、Lewin, K.（一九四七年）であった。Lewinは、第二次世界大戦下における主婦の食品購買行動を分析し、ゲートキーパーという概念を提出した。[1]

Lewinのアイデアは、多くの領域に影響を与えたが、ジャーナリズム研究に援用したのは、White（一九五〇年）である。[2] Whiteは、新聞社のwire editor（通信社から配信されたニュースの編集者）に着目し、[3]編集者がどのようにニュースを選択しているのかを分析した。wire editor自身は客観的に判断しているつもりでも、選択の結果は個人的な嗜好《しこう》や主観に影響される可能性を指摘するWhiteの論考は示唆に富んだ。

Snider, P. B.（一九六七年）は、Whiteと同じように通信社のデスクを分析対象とし、一七年の間にニュース選択の要因が変化したことを明らかにした。一九四九年時点では「記事の関心度」が重視されたが、六六年においてはそうではなかった。[4] ニュース選択というゲートキーピングは、個人の行為レベルにおいては静的とは限らず、動的に捉える必要があった。

Whiteの論文はたびたび引用されたが、Bass, A. Z.（一九六九年）は、その引用に多くの問題があることを指摘した。既述のようにWhiteの論考は、Lewinの論考を援用したものであったが、Lewinが調査したのは食品の購買者としての主婦であり、[5] Whiteのそれはニュースの編集者であった。すなわち、水準が異なった。Lewinが対象としたのは、家族という小集団におけるゲートキーパーであり、ゲートキーパーである主婦は小集団のメンバーであった。[6] それに対してWhiteが対象としたのは編集者であり、[7] マスという不特定多数に対するゲートキーパーであった。

さらにBassは、Whiteが扱った地方都市のwire editorはゲートキーパーとしてさほど重要ではないと主張した。Bassは、ゲートキーパーを細分化し、重層的にみる必要があるとして、図9－1のようなThe Double-Action Internal Newsflowとしてモデル化した。[8] 具体的には、ニュース収集者（news gatherer）としてライター（writer）や

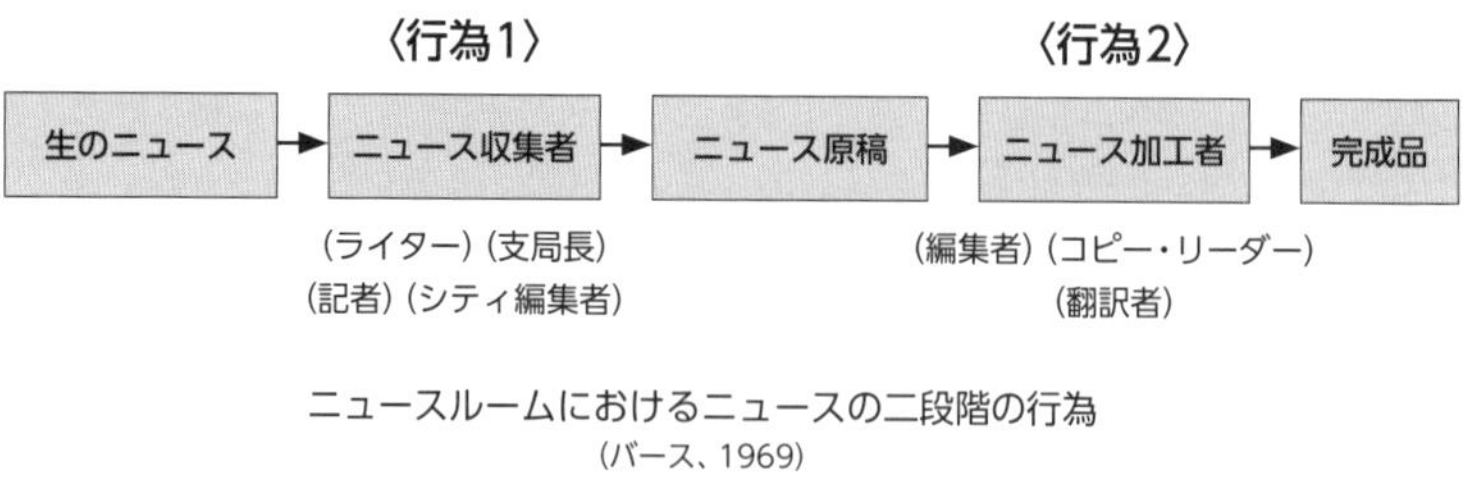

図9-1　ニュースルームの編集関連の職務の変化

記者（reporter）、ニュース加工者（news processor）として編集者（editor）やコピー・リーダー（copyreader）が示された。ニュース収集者が行為1（Action1）、ニュース加工者が行為2（Action2）を行い、合わせて二段階のゲートキーピングが行われるとした。生のニュースは行為1において記事（Copy）化され、行為2において記事として製品化される。ニュースの生成は一段ではなく、二段の複数段にわたると主張された。

Gans, H.（一九七九年）は、ニュースのゲートキーピングを、選択（selection）、制作（newsmaking）、編集（editing）などの複数のプロセスに分けて理論化した。[9] これはBassのモデルをさらに細分化したものと考えてよいだろう。Gansの *Deciding What's News* は三部構成であり、第二部「ジャーナリスト」がメインとなっている。ジャーナリストはどのようにしてニュース・ストーリーを選択するのか、あるいは、ジャーナリストに対するニュースソースの影響や客観性の問題などが検討された。Gansによれば、ジャーナリストは様々なことを考慮しなければならないが、そのうち最大のものは「ニュースソースの決定」に関わる事項であるという。[10] 言い換えると、ニュースソースが、極めて大きな権力性を有していることを表している。

一方でジャーナリストは、以下の要素から大きな影響を受けるという。①オーディエンス（新聞における読者）の減少、②ニュースソースやオーディエンスからの圧力、③高いコスト、④組織や経営者の保守性、⑤他社との競争による拘束性の五つである。[11]

これら、六〇年代の後半から七〇年代末にかけての一連のゲートキーパー研究は、ニュースの選択に主な関心があったといえる。ニュースの選択こそがゲートキーピングであり、ニュースを選択する者がゲートキーパーであって、選択基準の解明が目指された。

空間・集団・実践への着目

同時期のTuchman, G.（一九七八年）の論考は、ひとつの転機となった。[12] Tuchmanの論考の特徴は、ニュースが製造されるニュースルームという空間（space）とニュースワーカーの実践（practice）や、職業上の慣行であるルーチン（routine）への着目である。Tuchmanによれば、ニュースの製造は空間と無関係ではなく、空間内における権力関係などに影響され、それはルーチン化されているという。[13] そして、受け手は日々ニュースに接して現実を認識し、日常を繰り返すなかで現実が構築されていくとした。以降、ゲートキーピングの機能を理解するには、ニュースルームで日々繰り返されるルーチンを明らかにする必要があるという認識が共有されるようになる。

Fishman, M.（一九八〇年）の関心も、Tuchmanに近いものであった。Fishmanは、先行研究におけるニュースの選択への偏りを指摘した上で、ニュースの作成（manufacture）過程に着目した。manufactureという語に表れているように、定型化した手順に、より興味関心があるといってよい。TuchmanとFishmanは、ともにマニュアル（manual）という語を使っていないが、特にFishmanはルーチンのマニュアル化に焦点を当てた。

ルーチンのマニュアル化は、ほとんどの場合、模倣によってなされる。模倣は、同じ会社内においてなされる場合もあるが、出先の取材先などにおいては業界内、つまり会社という枠を越えて、他社の記者のやり方を模倣する場合もある。その意味でFishmanは、出先の記者であるreporter、なかでも特定の領域をカバーするbeat reporterを多く扱った。beatとは担当する領域を意味する。beat reporterは、日本のクラブ記者と大きく重なり合う。TuchmanとFishmanは、ともに無名のニュースワーカーを扱った。

ニュースワーカーを対象とした研究が進むうち、無名のニュースワーカーは、ランク・アンド・ファイル(rank and file)と呼ばれるようになる。ランク・アンド・ファイルという語は、元は軍隊において用いられたが、九〇年代に入るとジャーナリストにも適用され始めた。

日本でもそうであるが、欧米における伝統的なジャーナリズム研究のひとつに、偉大なジャーナリスト(great journalist)を対象とした人物研究がある。それに対してHardtら(一九九五年)は、ランク・アンド・ファイルに着目した。great journalistは、新聞業界の思想などに少なからず影響を与えたが、ここまでみてきたように、新聞や放送で日々ニュースを製造したのは、名もないニュースワーカーであった。

八〇年前後から九〇年代の一連の研究によって、以下の三つへの着目に収斂《しゅうれん》した。①空間としてのニュースルーム、②無名のニュースワーカー、③日々のルーチンである。

理論化の志向とエスノグラフィックな事例研究の蓄積

ニュースルームを対象とした研究の多くは、参与観察やインタビューを中心とし、時にテクスト資料を用いたエスノグラフィーであった。理論化やモデル化も目指されたが、九〇年代に入ると、より強く理論化が志向される。

Shoemaker, P.とReese, S.（一九九六年）は、政治的、経済的、社会的、文化的な要因がニュースの内容に与える影響について、体系的に理論化することを志向した。[14] ShoemakerとReeseは、ニュースルームにおけるルーチン[15]や個人[16]についての理論化を試みた。

Wahl-Jorgensen, K.（二〇〇七年）は、ニュースルームにおけるニュースワーカーの実践を、ニュースルーム文化（newsroom culture）として概念化、あるいは理論化することを試みている。[17] Wahl-Jorgensenによれば、ニュースルーム文化は一種のエリート文化であり、時に反民主主義的に作用するという。[18] Wahl-Jorgensenの興味関心は、主にニュースルームと民主主義、あるいはニュースルームと市民活動との関係にある。彼女が着目したのは、読者からの手紙に対する新聞社の編集者の応答であり、[19] 日々の実践の総体を明らかにしたわけではない。

理論化が志向される一方で、エスノグラフィックな事例研究の蓄積が続いている。特にグローバル化以降、ニュースルームやニュースワーカーを対象とした事例研究が多くみられる。ニュースルームを対象としたエスノグラフィー研究の重要性のひとつは、ジャーナリズム教育への転用可能性である。米英におけるジャーナリストの養成は、Jスクールなどと呼ばれるジャーナリズム系の大学院でなされるのが一般的である。[20] ニュースルームやニュースワーカーを対象とした研究は、ジャーナリズム教育やジャーナリズム教育研究に援用されている。[21]

エスノグラフィックな事例研究に話を戻せば、ニュースルームを対象とした事例研究の中心は米国である。特にインターネットの本格的な導入以降、ニュースルーム研究はさらに興隆している。

Usher, N.（二〇一四年）は、デジタル移行期のニューヨーク・タイムズのニュースルームの変容を、やはりエスノグラフィックに明らかにした。[22] Usherは空間としてのニュースルームを分析するにあたり、物質性の観点からテクノロジーに着目した。Usherによれば、ニューヨーク・タイムズのニュースルームにおける価値は、即時性(immediacy)、双方向性(interactivity)、参加性(participation)へと変容し、それによってイノベーションが可能になったという。

ニューヨーク・タイムズは、ニュースルームや紙面を含め、社をあげてのデジタル対応(DX)に世界でもっとも成功した新聞社である。[23] ニューヨーク・タイムズは二〇〇〇年代、ネット上における無料購読を許すとともに、二次利用を中心としたアグリゲーション・ビジネスに対して記事を提供していた。軸足は広告ビジネスにあったが、早々に見切りをつけ、二〇一一年から課金ビジネスに軸足を移した。[24] さらにUsherが指摘したように、双方向性と参加性を重視し、SNSを介した読者とのコミュニケーションを用いてDX化に成功した。

このように、ニュースルームやニュースワーカーを対象としたエスノグラフィー研究は、学術的な知見の蓄積やジャーナリズム教育との連動だけでなく、新聞社をはじめとした現業との協働がなされている。米英の社会の根底には、プラグマティックな思想が存在するとされるが、[25] ニュースルームやニュースワーカーを対象としたジャーナリズム研究においても、実社会への還元が目指される。

歴史研究による文脈の抽出　──ランク・アンド・ファイル相互の比較

同時代的なエスノグラフィー研究の蓄積に対して、Mari, W.(二〇一六年)は、歴史的な文脈の欠如を指摘する。Mariは一九二〇年代から六〇年代の米国の新聞社を対象に、ニュースルームの社会史を試みた。歴史を叙述し、背景・要因・観点を抽出するとともに、それらの時間的変化、つまり文脈を明らかにしようとしている。

日本のジャーナリズム研究においても複数の事例研究がみられるが、文脈の欠如は同様である。大石裕・岩田温・藤田真文（二〇〇〇年）あるいは山口仁（二〇〇六年）は茨城新聞社を対象に、ヒアリング調査と参与観察と提供資料を基にニュースの制作過程を分析した。[26]桶田敦（二〇一五年）は、「原子力災害報道」の生産過程について、地方テレビ局を対象にエスノグラフィックにアプローチしている。[27]辻和洋・中原淳（二〇一八年、二〇二一年）は、調査報道に着目しつつ、地方紙の記者やデスクにインタビュー調査を行った。[28]

日本における新聞記者に着目した先行研究は、少なくとも一部はエスノグラフィックな研究手法を用いている。エスノグラフィックな調査は、調査対象に大きな負担がかかる。したがって、調査対象の協力が欠かせない。すべての分析対象が地方紙であることは、全国紙の調査が困難であることを意味しているのかもしれない。

これら日本の先行研究の問題点は二つに集約できる。第一に、日本のジャーナリズムにおいて支配的である全国紙を分析対象としていない。第二に、歴史的分析を行っておらず、文脈の抽出がなされていない。それぞれの事例をより深く理解するとともに、将来的な理論化を視野に入れるならば、日本の全国紙を対象とした文脈の抽出は不可欠である。

Mariの論考に話を戻せば、Mariが分析対象としたのはランク・アンド・ファイル[29]、つまり無名のニュースワーカーであった。Mariは、職種の下位分類に着目し、個別に分析した。Mariが着目した下位分類のひとつは、例えば整理記者である。

Mariは、米国において整理記者に相当するcopyeditor、copyreader、copydeskなど、あるいは電話で口述筆記を行うre-writerや、記者の見習いであるcubなどを含め、職種ごとのルーチンの違いと、彼ら彼女らのコミュニケーションに着目して歴史的に分析した。Mariによれば、例えば一九二〇年代の米国の新聞業界における整理記者は、ニュースルームあるいは労働組合の職種上において周縁にあったものの、出先の記者の教育的な役割を担うことで、相対的な自律性を確保したという。

Mariは、整理記者だけでなく、様々なニュースワーカーを対象に分析している。Mariが分析した時期は、米国の新聞社が組織として大きくなるとともに、ニュースルームのコミュニケーション空間が拡大した時期である。記者のルーチンやコミュニケーションは、どのように変化したのか。記者の分化は、どのように進んだのか。背景には、どのような観点や要素が存在し、どのように変化したのか。Mariが目指したのは下からの歴史、つまり社会史を叙述することであり、その叙述から文脈を抽出することであった。

本書の目的意識は、Mariと同じくしている。ただし米国の新聞社と日本の新聞社、あるいは米国の記者と日本の記者は、背景が大きく異なる。日本の新聞社のニュースルームにおいて、日本の記者はどのようなルーチンを形成し、そのルーチンはどのように変化してきたのか。記者ごとのルーチンはどのように異なり、共通しているのは何か。それらの背景にある文脈は何なのか。本書の目的は、日本のニュースルームという空間における新聞記者のルーチンの歴史的変化を明らかにするとともに、その文脈を抽出することにある。

その先には、日米の比較がある。しかしながらMariをはじめ、[30]海外の研究者は国際比較に慎重である。[31]ニュースルームが存在する国や場所によって、政治的、経済的、社会的、文化的要素は大きく異なる。制度や規模も一様ではない。現状では、国際比較は一部において試みられているにすぎない。しかしながら国際比較を可能とするには、各国の事例の蓄積は不可欠である。日本のジャーナリズムは、先進各国と異なると指摘されるが、異なるとすれば、事例としての重要性は高いと思われる。

〔註〕

はじめに ―― ニュースルーム研究と無名の記者たち

1 例えば、学術研究において先行研究の批判的整理は極めて重要であるが、それは補論として巻末に掲載した。

2 古田尚輝「教育テレビ放送の五〇年」日本放送出版協会編『NHK放送文化研究所年報』第五三集、二〇〇九年、一八一頁。

3 公正取引委員会「新聞の流通・取引慣行の現状」二〇〇八年六月一九日。近年については以下がある。日本新聞協会HP〈https://www.pressnet.or.jp/data/circulation/circulation01.php〉(最終アクセス日 二〇二三年一一月二七日)。

4 McCombs, Maxwell E., and Shaw, Donald L. (1972). The agenda-setting function of mass media. *Public Opinion Quarterly*, 36, 176-187. それ以前にも議題設定機能についての言及はあったが、一定程度実証したのは彼らが初めてである。

5 例えば、「〈シンポジウム〉放送研究の進め方」『新聞学評論』一三巻、一九六三年、一一頁。

6 マレッケ、ゲルハルト『マス・コミュニケーション心理学』日本放送出版協会、一九六五年、一七〇―一七三頁。

7 ルフェーブルの概念が参照されることが多い。ルフェーブルについては、以下を参照されたい。アンリ・ルフェーブル(斎藤日出治訳)『空間の生産』青木書店、二〇〇〇年。

8 ランク・アンド・ファイルについては、補論を参照されたい。

9 木下浩一「ジャーナリズム教育とジャーナリスト教育の課題」『京都メディア史研究年報』七号、二〇二一年四月、一二六―一二七頁。

10 同前、一二八―一二九頁。

11 〈https://www.jstage.jst.go.jp/browse/-char/ja/〉

12 具体的には、朝日・毎日・読売・産経・日経と、共同・時事である。

13 例えば、東京・中日・西日本・京都・神戸・北海道などである。

14 原稿と記事は、本来的には、編集の前後で分けられる。出稿記者が書いた原稿は編集を経て、つまり整理記者の手を経て記事となる。編集の前後で呼称は変化する。では、記事は出稿記者が書いたものではないかといえば、そうではない。紙面に掲載された記事を書いたのは、やはり出稿記者である。ただし出稿記者といえども、政治部のように、「メモ」などの形で情報をあげるのみで、原稿を書かない場合もある。

第一章　明治・大正・昭和初期の記者たち——多様な分化の実相

1　松本君平『新聞学——欧米新聞事業』博文館、一八九九年。

2　初出の時期の確認は、検索により確認できたものに限った。検索の方法は、主に以下の三つである。①「国立国会図書館デジタルコレクション」、②「次世代デジタルライブラリー」、③「国立国会図書館サーチ」。本文において、新聞社の記者であることが確認できたものに限った。日本の新聞記者だけでなく、海外の新聞記者と通信社の記者が一部含まれる。

3　独立新聞も存在した。河崎吉紀『ジャーナリストの誕生』岩波書店、二〇一八年、一九頁。

4　伊藤正徳『新聞五十年史』鱒書房、一九四三年、二六頁。

5　二水庵萍洲『地方新聞外交記者』永見留雄、一九一〇年、一一頁。

6　山本武利『新聞記者の誕生——日本のメディアを作った人々』新曜社、一九九〇年、見開き、他。

7　日本新聞協会編『別冊新聞研究——聴きとりでつづる新聞史（二）』日本新聞協会、一九七六年四月、七四頁、他。

8　日本新聞協会編『別冊新聞研究——聴きとりでつづる新聞史（三）』日本新聞協会、一九七六年一〇月、八九頁。

9　山本武利、前掲書、七五–七六頁、他。福地源一郎（桜痴）は、自身が社長を務めた『東京日日新聞』を「御用新聞」、自身を「御用記者」と称したという。

10　有山輝雄『近代日本ジャーナリズムの構造——大阪朝日新聞白虹事件前後』東京出版、一九九五年、一四二頁。

11　小野秀雄『日本新聞発達史』大阪毎日新聞社・東京日日新聞社、一九二二年、二七二頁。

12　千葉亀雄「新聞小説研究」『日本文学講座　第十巻』新潮社、一九二七年、四頁。千葉によれば、「大新聞の記者は、洋学者、漢学者、政治論客というような人々であるのに対し、小新聞は、国学者、戯作者、狂歌師が多い」という。

13　政治記者については、以下がある。ヒューム、ダビッド（土居言太郎訳）『政治哲学論集』日本出版、一八八五年、五二頁。経済記者については、以下がある。ミル（林董閲、鈴木重孝訳）『経済論初篇（巻之六下）』英蘭堂、一八八二年、一〇頁。

14　「新聞」とは、そもそも「新しく聞いた」もの、すなわちニュースの意である。新村出編『広辞苑　第四版』三省堂、一九九一年、一二三四五頁。

15　伊藤彌次郎訳『孛仏交兵記　享』横浜活版社、一八七一年、一一頁。

16　梅原寛重『農事期節便覧』三浦定吉、一八八九年、六五頁。

17　新声社同人『三十棒』新声社、一九〇一年、五四頁。

18 山本武利、前掲書、一〇七頁。

19 青木武雄『報知新聞小史——創刊六十五年』報知新聞社、一九三六年、二九頁。

20 小野（一九二二年）、前掲書、一六五頁。

21 山本武利、前掲書、一〇七頁。

22 河崎吉紀『制度化される新聞記者——その学歴・採用・資格』岩波書店、二〇〇六年、九六頁。

23 同前、三二頁。

24 巌谷小波『新華族』駸々堂、一八九六年、二八頁。

25 塚原渋柿園『嶋左近（春陽文庫　第三編）』春陽堂、一八九七年、一七二頁。

26 『写真月報』一九（八）、一九一四年八月、六九頁。一九〇五年くらいから見られた「写真記者」は、雑誌のカメラマンを指した。

27 島川七石『後の偉丈夫——小説』磯部甲陽堂、一九一二年、五二〇頁。

28 朝日は社史において、大正四（一九一五）年一〇月一一日であるとしている。夕刊の恒常的発行とともに、地方版の恒常的発行を行ったという（朝日新聞社編『五十年の回顧——大阪朝日新聞創刊五十周年記念』朝日新聞社、一九二九年、二二八－二三〇頁）。毎日は社史において、大正四（一九一五）年一〇月であるとする（大阪毎日新聞社編『大阪毎日新聞社事業概要』大阪毎日新聞社、一九二九年、二頁）。山本武利によれば、「明治四〇（一九〇七）年に『国民新聞』が日本最初の地方版である千葉版を発行した」という（山本武利、前掲書、四〇頁）。これらは、地方版の定義が異なると思われる。日刊なのか否か。継続的か否かなどである。例えば、「瀬踏み」（試しの意）であれば、明治三〇（一八九七）年一月一日に、東京朝日が発行しているようだ（朝日新聞社、一九二九年、前掲書、二三〇頁）。

29 通信記者は一九二〇年代後半になると、内信と外信に分化していく。『日本新聞年鑑』には、一九二七年から外信部が、一九二九年から内信部が見られる。

30 山本武利、前掲書、一七五頁。

31 正力松太郎「八〇周年に際して」読売新聞社社史編纂室編『読売新聞八十年史』読売新聞社、一九五五年、一－二頁。務台光雄「風雲の三〇年」原四郎編『読売新聞風雲録』鱒書房、一九五五年、五－六頁。

32 『大阪朝日新聞』一九二三年九月三日付朝刊、七面。島屋政一編『大阪毎日新聞社大観』大阪出版社、一九二四年、九八－一〇〇頁。

33 小野秀雄『大阪毎日新聞社史』大阪毎日新聞社、一九二五年、一四五頁。大正一二（一九二三）年七月一日から「正式に通話しうることとなった」という。

34 大正一三（一九二四）年春、大阪毎日新聞社が、電送写真機を「初めて我國に輸入設置した」という（島屋、前掲書、一六六頁）。フランスのベラン式とドイツのコルン式であった（大阪今日新聞社編『新聞の新聞』大阪今日新聞社、一九一四年、一九七頁）。コルン式（同書では「コルム式」）は、三菱商事によって輸入されたという。

35 日本電報通信社編『新聞総覧』日本電報通信社、一九二三年、四二〇頁。大正一一（一九二二）年五月一五日に『東海朝日新聞』が創刊された。

36 新聞研究所編『新聞学研究講座速記録』新聞研究所、一九二三年、二六七－二六八頁。前年秋に行われた「新聞学研究講座」で、本山彦一が、一一月一日からの「馬關」（山口県下関）での発行に言及している。正式には、『大阪毎日新聞附録西部毎日』である。大正一〇（一九二一）年との指摘もある（是石慶次郎『門司市教育史』門司教育支会、一九二八年、一一頁）。

37 小野（一九二五年）、前掲書、一四三頁。大正一三（一九二四）年四月一六日から「名古屋市において印刷発行し、本紙に添付して、読者に無料で配布することにした」という。

38 朝日新聞社社史編集室『朝日新聞の九〇年』朝日新聞社、一九六九年、年表三三頁。大正一一（一九二二）年との指摘もある（是石慶次郎『門司市教育史』門司教育支会、一九二八年、一一頁）。バラツキが見られるのは、現地組織が支局なのか通信所なのか、現地で印刷していたかどうか、あるいは付録であったか否かなどによって認識が異なったと推察される。

39 三浦薫雄「大阪冬の陣始末」原四郎編『読売新聞風雲録』鱒書房、一九五五年、二〇九頁。「昭和二七年一一月二五日をもって、大阪読売新聞の第一号は発行された」とある。

40 長島又男『現代の新聞――その支配をめぐって（三一新書）』三一書房、一九五九年、七六－七七頁。朝日新聞社大阪本社社史編集室編『朝日新聞グラビア小史――出版印刷部四〇年の記録』朝日新聞社、一九六二年、二〇六頁。

41 長島、前掲書、七七－七八頁。日本新聞協会編『日本新聞協会二十年史』日本新聞協会、一九六六年、四四〇頁。

42 『読売新聞西部二〇年のあゆみ』読売新聞西部本社、一九八四年、見開き。昭和三九（一九六四）年九月二三日だという。

43 「提訴に発展した中部読売問題――公取委が立ち入り調査、国会でも議論に」『新聞研究』一九七五年四月号、八六頁。

44 「資料――ファクシミリ――その歴史と現状と原理」『新聞研究（臨時増刊）』一九五九年六月、六九頁。

45 『創造文芸（七月創刊號）』創造文芸社、一九二五年七月、奥付。『映画時代』の広告中に「都下新聞社映畫記者」とある。

46 森本巌夫『新聞雑誌記者となるには？』新潮社、一九一八年、二九頁。

47 稲岡奴之助『新聞記者』駸々堂、一九〇一年、五六頁。無名氏『新聞記者——警世之木鐸』文声社、一九〇二年、六一頁。後者に、「大隈伯の應接間を一種の記者學校とすれば政党本部は記者先生の社交倶樂部ともいうべきか」との記述がある。後年、別の意味をなす「外交記者」もあった。例えば、外務省に詰める記者をそのように呼んだ。

48 大日本編輯局『日米通商　大日本』一九〇〇年三月、四〇頁。

49 齋木烏村『新聞記者の表裏』中京通信社、一九一四年、四七頁。

50 無名氏、前掲書、四四頁。

51 楚人冠杉村広太郎『最近新聞紙学』慶応義塾出版局、一九一五年、材の一頁、他。杉村は海外の新聞の状況を伝えるなかで「外勤員」という語を用いている。

52 社会部は取材対象が広範であったため、社会部内部に「〇〇記者」が多数存在したことがひとつの要因と思われる。例えば、事件記者や司法記者である。社会部記者を社会記者と呼称してしまうと、三つが同水準になってしまう。事件記者と司法記者は、ともに社会部に属した社会部記者であった。

53 報知社編『報知叢話　一』報知社、一八九一年、一三頁、一六頁。

54 朝日新聞社編修室編『上野理一伝』朝日新聞社、一九五九年、年譜一〇頁。明治一四(一八八一)年に募集している。

55 福地桜痴『懐往事談——附・新聞紙実歴』民友社、一八九四年、二二五頁。

56 稲岡、前掲書、四二頁、四四-四五頁。

57 吉野作造編『新聞(現代叢書)』民友社、一九一六年、二三七-二三八頁。

58 稲岡、前掲書、四五-四六頁。

59 森本、前掲書、九頁。

60 森本、前掲書、一〇頁。「主筆の書くものを社説、他の者の書くのを論説と区別したところもある」。

61 森本、前掲書、九頁。

62 若月一歩『新聞を造る人・記者になる人・読む人の学』至誠堂、一九一九年、三八頁。

63 森本、前掲書、一〇頁。

64 中村謙三編『三十七・八年役大阪毎日新聞戦時事業誌』大阪毎日新聞社、一九〇八年、八五頁。

65 小野(一九二二年)、前掲書、二〇六頁。

66 吉野、前掲書、一二一頁。

67 鈴木文史朗『新聞雑誌記者を志す人のために』現人社、一九三三年、三八－四一頁。
68 正岡猶一『新聞社之裏面』新声社、一九〇一年、九一－九二頁。
69 同前、九二－九五頁。
70 吉野、前掲書、一二二頁。
71 松崎天民『新聞記者修行』有楽社、一九一〇年、二五六頁。
72 正岡、前掲書、九五－九六頁。
73 斎木、前掲書、八一－八二頁。
74 斎木、前掲書、八二頁。
75 桐原捨三「新聞經營談」市立大阪高等商業学校校友会編『課外講演集』市立大阪高等商業学校校友会、一九〇七年、五九頁。
76 桐原、前掲、六〇頁。
77 ニューヨーク・タイムス編著『現代の新聞――製作と意義』トッパン、一九四八年、二〇二頁。日本新聞協会編集部編『世界の新聞　第二篇』日本新聞協会、一九五一年、七九頁。山陽新聞社の山本松代はシティ・デスクについて、「日本の社会部のようなものだが、非常に大きな分野をも、その土地のあらゆる市民活動をカヴァーしている」(七九頁)と述べた。
78 桐原、前掲、五九頁。
79 『悠紀斎田記録』愛知県、一九一六年、四三四頁。「国民新聞社、名古屋支局主任齋木鳥村」とある。
80 齋木、前掲書、八三－八四頁。
81 齋木、前掲書、八四頁。
82 若月、前掲書、二〇六－二〇七頁。
83 上司小剣『U新聞年代記』中央公論社、一九三四年、五－六頁。
84 編集の重視は、業界の書物の編集においても確認できる。大日本新聞学会編『新聞学全書』では、編集は上巻で扱われ、外交(探訪)は中巻であった。
85 本山彦一「新聞經營雜談」関太郎『新聞紙になるまで――高等読本　再版』快進社出版部、一九一七年、六頁。
86 同前、七頁。
87 後藤武男『新聞企業時代』改造社、一九三〇年、二六四頁。
88 竹村八郎「地方紙の断面――家庭で読む紙面をつくる」『新聞研究』一九八四年一二月、三二頁。

89 結城禮一郎「新聞記者たる君の長所」松崎天民『新聞記者修行』有楽社、一九一〇年、一四頁。
90 森本、前掲書、八頁。
91 後藤三巴楼主人『新聞及新聞記者』二松堂書店、一九一五年、二四頁。
92 森本、前掲書、二九頁。
93 森本、前掲書、八頁。
94 森本、前掲書、八頁。
95 齋木、前掲書、四七頁。
96 大日本新聞学会編『新聞学全書　中』大日本新聞学会、一九一九年、外交術一三頁。
97 同前、外交術一〇頁。
98 大日本新聞学会編『新聞学全書　上』大日本新聞学会、一九一九年、編輯法二三頁、二九頁。
99 住谷成一『新聞雑誌の作方と読方』日本評論社、一九二四年、二四－二六頁。
100 美土路昌一「綜合編輯論」内外社編『綜合ヂャーナリズム講座II』内外社、一九三〇年、四頁。
101 千葉龜雄「記事編輯學」新聞研究所編『新聞学研究講座速記録』新聞研究所、一九二三年、七八（一七〇）頁。
102 小野（一九二二年）、前掲書、四二六－四二八頁。
103 鷲崎芳雄『新聞研究概論』広島県立広島商業学校、一九三九年、八八頁。
104 同前、八八頁。
105 同前、八一頁。
106 美土路、前掲、四頁。
107 小野（一九二二年）、前掲書、四二八頁。
108 報知新聞社編集局『今日の新聞』報知新聞社出版部、一九二五年、一八－一九頁。
109 東京朝日新聞整理部編『新聞の見方』朝日新聞社、一九三一年、七〇頁。
110 報知新聞社編集局、前掲書、六八－六九頁。
111 田中菊次郎「「地方版」物語り――歴史的背景と将来の展望」『新聞研究』一九六七年六月、一一頁。
112 報知新聞社編集局、前掲書、四四頁。
113 田中菊次郎、前掲、一一頁。

114 杉村(一九一五年)、前掲書、紙の四頁。
115 大日本新聞学会編『新聞学全書　中』大日本新聞学会、一九一九年、外交術二二頁。
116 本郷直彦『新聞記者生活』神戸新聞通信社、一九一九年、一二六頁。「政治の中心が財政経済に移り」とある。
117 大日本新聞学会編『新聞学全書　中』大日本新聞学会、一九一九年、外交術二二頁。内外社編『綜合ヂャーナリズム講座Ⅴ』内外社、一九三一年、七五頁。
118 藤音得忍編『社会事業研究所講義録』大日本仏教慈善会財団、一九二三年、五六五頁。
119 森田久「經濟部の組織と活動」内外社編『綜合ヂャーナリズム講座Ⅴ』内外社、一九三一年、七五頁。
120 同前、七七頁。
121 同前、八八頁。
122 同前、八九頁。
123 同前、九一‐九二頁。
124 同前、九二頁。
125 桐原、前掲、五九頁。
126 青木武雄、前掲書、四四頁。
127 報知新聞社編集局、前掲書、一六四頁。
128 結城禮一郎「副業學」新聞研究所編『新聞学研究講座速記録』新聞研究所、一九二三年、一二(四二二)頁。
129 中村謙三、前掲書、九八頁。
130 吉野、前掲書、一六四頁。
131 杉村廣太郎「新聞紙の編輯及經營」警察講習所学友会編『時局講演集　上』警察講習所学友会、一九一九年、三〇頁。
132 本郷、前掲書、四七頁。
133 藤音、前掲書、五六六頁。
134 若月、前掲書、六六‐六七頁。
135 大日本新聞学会編『新聞学全書　上』大日本新聞学会、一九一九年、編輯法二七‐二八頁。
136 同前、編輯法二八頁。
137 同前、編輯法三一頁。

138 杉村（一九一九年）、前掲、三〇頁。
139 財政経済時報社編『新聞の読方　上　政治外交の巻　改訂（財政経済時報通俗叢書　第一編）』財政経済時報社、一九二四年、五五－五六頁。
140 財政経済時報社、前掲書、五七頁。
141 後藤武男『新聞紙講話』同文館、一九二六年、一二九頁。
142 松居松葉「苔のつかぬ私の生涯」森本巌夫『新聞雑誌記者となるには？』新潮社、二〇二頁。
143 朝日新聞社（一九二九年）、前掲書、二三一－二三二頁。
144 同前、二六六頁。
145 上西半三郎『日本新聞紙の研究』大阪毎日新聞社・東京日日新聞社、一九三三年、三二〇－三二一頁。
146 上西、前掲書、三二一頁。
147 伊藤正徳『新聞生活二十年』中央公論社、一九三三年、二一〇－二一一頁、二一三頁。
148 同前、二二二－二二三頁。
149 吉野、前掲書、一二二頁。
150 下村宏『新聞常識』日本評論社、一九二九年、二八一頁。
151 小山栄三『新聞学』三省堂、一九三五年、五一五頁。
152 森本、前掲書、二〇頁。
153 同前、二二頁。
154 同前、二七頁。
155 同前、二七頁。
156 若月、前掲書、七四－七五頁。「社外の者に嘱託」された。
157 上西、前掲書、一二五頁。
158 関太郎、前掲書、一〇頁。
159 本山、前掲、五頁。
160 呼称としては、外報部の方が古い。
161 森本、前掲書、二三頁。

162 上田万年・松井簡治編『大日本国語辞典』冨山房・金港堂書籍、一九一七年、七四七頁。
163 森本、前掲書、二四頁。
164 藤本勇『現代常識百科辞典』朋文堂、一九二八年、二三六頁。「赤電」は「外電」と同義である。
165 小山、前掲書、五一四頁。

第二章　政治記者――最高権力者との対峙

1 坂巻従繁「政治記者の意識②――機構と人間」『新聞研究』一九六〇年四月、二一頁。
2 松井章「政治記者の意識①――記者と政界」『新聞研究』一九六〇年四月、一五頁。
3 坂巻、前掲、二一頁。
4 松井章、前掲、一七頁。
5 坂巻、前掲、二一頁。
6 「座談会――日本の政治と新聞の姿勢」『新聞研究』一九六五年一〇月、二六頁。
7 日本新聞協会編集部編『新聞講座　編集編』日本新聞協会、一九四八年、四三頁。
8 「座談会――政治の近代化と政治報道」『新聞研究』一九六五年一〇月、二八頁。
9 同前、三〇頁。
10 同前、三〇頁。
11 坂巻、前掲、二二頁。「座談会――政治の近代化と政治報道」『新聞研究』一九六五年一〇月、二六頁。
12 小田原敦「「客観報道」再考――密着すれど癒着せず――「政治の客観報道」主義の限界と効用」『新聞研究』一九八七年二月、四八頁。「ブックレビュー」『新聞研究』一九八五年七月、八二頁。「座談会――棄権率五〇％――政治と新聞報道」『新聞研究』一九九二年一〇月、五九頁。朝日新聞東京本社・政治部長の小栗敬太郎は、「玄関組と応接間組と寝室組とお風呂組」を挙げた（五九頁）。「政治報道は変わるか――座談会――五五年体制の崩壊とこれからの政治報道」『新聞研究』一九九三年九月、一三頁。
13 白神鉱一「一政治デスクの意見」『新聞研究』一九六五年一〇月、五七頁。
14 同前。

15 新聞取材研究会「取材の研究(第一五回)――政治記者」『新聞研究』一九六七年七月、六六頁。
16 同前、六七頁。
17 同前、六七頁。
18 同前、六七頁。
19 同前、六八頁。
20 同前、七四頁。
21 大手三紙は、朝日、毎日、読売の各紙である。一九五五年から五年ごとにプロットした。各年四月一日の朝刊と夕刊の頁数を合算し、三紙の平均を用いた。四月一日が朝刊あるいは夕刊のいずれか一つでも休刊であった場合は、翌四月二日の頁数を用いた。
22 「第六七回 新聞講座(記録)――(研究討議)情報源と取材活動」『新聞研究』一九七一年一二月、四一頁。
23 同前。
24 立花隆「田中角栄研究――その金脈と人脈」『文藝春秋』文藝春秋、一九七四年一一月、九二-一三一頁。
25 「座談会――わが記者人生を語る」『新聞研究』一九七三年一二月、四一頁。
26 同前、四三-四四頁。
27 「石井光次郎」『別冊新聞研究――聴きとりでつづる新聞史(五)』一九七七年一〇月、七八頁。
28 「座談会――くらし・経済を報道する視点と課題」『新聞研究』一九七四年六月、一五頁。
29 青木照夫「取材機構の現状と変革の方向――タテ割り機構と〝新しい波〟」『新聞研究』一九七一年三月、六六頁。
30 徳永哲哉「ロッキード疑獄と投書――「六〇年安保」「ベトナム戦争」との比較」『新聞研究』一九七六年一二月、四二頁。
31 堀越作治「取材記者論・政治部――現代民主制の危機のなかで」『新聞研究』一九七六年三月、二八頁。
32 岩見隆夫「政治記者と立場と政治記事――結果報道から経過報道へ」『新聞研究』一九七七年三月、一四頁。
33 同前、一三頁。
34 「座談会――五五年体制の崩壊とこれからの政治報道」『新聞研究』一九九三年九月、一四頁。
35 字数の関係上、本文では論じなかったが、立花らが行った調査は、二次情報を基にした調査を愚直に重ねることで、二次情報を一次情報に転化させたといえる。あるいは、アクセスが極めて困難な情報にアクセスしようとするのではなく、アクセスが容易な情報を収集し、統合したともいえる。ひとつひとつの情報が持つ意味は微々たるものであったとしても、大量に収集して統合すれば大きな意味を成す可能性があるということだ。

36 岩見、前掲、一五頁。

37 石上大和「書くべきか書かざるべきか」『新聞研究』一九八二年三月、三九頁。

38 早野透「中曽根政権と情報管理――「国民の反応」に支えられるものは何か」『新聞研究』一九八六年二月、二八頁。

39 村野坦「永田町取材の現在」『新聞研究』一九八六年三月、二五頁。

40 同前、二六－二七頁。

41 同前、二七頁。

42 金指正雄「取材・報道の現状と課題――取材先との間合いをどうとるか」『新聞研究』一九八七年三月、三六頁。

43 「てい談――政治報道の何が問題なのか」『新聞研究』一九八七年一一月、一二－一三頁。

44 金指、前掲、三五頁。

45 「てい談――政治報道の何が問題なのか」『新聞研究』一九八七年一一月、一三頁。

46 同前、一五頁。

47 同前、一五－一六頁。

48 「座談会――棄権率五〇％――政治と新聞報道」『新聞研究』一九九二年一〇月、六一頁。

49 同前。

50 「座談会――政治報道の現在」『新聞研究』一九九五年二月、一九頁。

51 「座談会――五五年体制の崩壊とこれからの政治報道」『新聞研究』一九九三年九月、一七頁。

52 田勢康弘『政治ジャーナリズムの罪と罰』新潮社、一九九四年。

53 「座談会――政治報道の現在」『新聞研究』一九九五年二月、一五頁。

54 同前、一五頁。

55 同前、一八頁。

56 「座談会――五五年体制の崩壊とこれからの政治報道」『新聞研究』一九九三年九月、一三頁。

57 「座談会――政治報道の現在」『新聞研究』一九九五年二月、二〇頁。

58 同前。

59 Harcup, T. ed. (2014) *A Dictionary of Journalism*. Oxford University Press, p.219.

60 「座談会　新聞記者はいま──取材の第一線で考えること」『新聞研究』一九八四年一一月、三〇頁。
61 「座談会──政治報道の現在」『新聞研究』一九九五年二月、二一頁。
62 同前、二一－二二頁。
63 「各部キャップ・デスク座談会──現状から、現状打破を模索する」『新聞研究』一九九七年一月、五六頁。
64 同前。
65 同前。
66 「製作人に聞く　田名部弘──新機器導入で広がる紙面制作の可能性──上流・下流の垣根を超えて」『新聞技術』一九九五年、一五三号、九二頁。
67 五十嵐文「記者の目と、国民の感覚と」『新聞研究』二〇〇二年三月、三九頁。
68 同前、三九頁。
69 柵木真也「情報管理はねのけ本音に迫る」『新聞研究』二〇〇四年三月、四一頁。
70 伊藤裕「記者はまず現場へ」『新聞研究』二〇〇六年三月、五〇頁。
71 中山真「変わる政治、変わる取材」『新聞研究』二〇一〇年三月、四八頁。
72 同前。
73 同前、四九頁。
74 同前、四九頁。
75 社会的には東日本大震災があった。

第三章　経済記者──高いエリート意識と専門性

1 「座談会──経済記事の扱い方」『新聞研究』一九五七年五月、二三頁。
2 同前、二四－二五頁。
3 同前、二五頁。
4 同前、二二頁。
5 同前、二七頁。

6 『日本新聞年鑑』『新聞研究』などを基に、筆者が作成した。

7 「座談会――記事と広告の接点を探る」『新聞研究』一九六四年五月、二〇頁。

8 同前。

9 同前。

10 有山輝雄『近代日本ジャーナリズムの構造――大阪朝日新聞白虹事件前後』東京出版、一九九五年、一六五頁。

11 『日本新聞年鑑』日本電報通信社（電通）、『新聞研究』『新聞経営』など。

12 日本新聞協会業務部「新聞の経営・業務」『新聞研究』一九七〇年三月、九二頁。

13 「座談会――改善をまつ新聞広告業務――アメリカの現状に学ぶもの」『新聞経営』一九六四年、第八号、一八頁。

14 日本新聞協会編集部編『世界の新聞　第五篇』日本新聞協会、一九五一年、四四頁。米国において「無料宣伝PR」が問題となっている事例が紹介されている。

15 クレイン、エリック「P・Rと広告」『新聞研究　臨時増刊』一九五五年一〇月、一七頁。

16 日本新聞協会の広報課は、一九五六年に存在が確認できる。

17 一九六九年、電通はようやく、電通PRセンターを傍系とした（『新聞情報』一九六九年一月九日、二面）。

18 朝日新聞社編『新聞語辞典一九五一年版』朝日新聞社、一九五一年、一四九頁。「近代の企業は公共福利に反するものはその存在を拒否される。それゆえ企業自体が自らを公衆に知ってもらい、その好意によって自らも発展しようとする運動である」。

19 池田喜作「パブリシティーと新聞――媒体側の立ち場で考えたいパブリシティーの効用と広告との関係」『新聞研究』一九六五年二月、五八頁。

20 井關十二郎『廣告の仕方』實務叢書發行所、一九一五年、一七九頁。

21 朝日新聞社・代表取締役専務の中川英造によれば、「新しい広告分野の開拓というのは、いつも不況のときに起こる」という（「座談会――きびしさ増す新聞経営とその課題」『新聞経営』一九七二年、三八号、一二頁）。

22 「座談会――新聞広告の開発戦略」『新聞経営』一九六六年、一五号、一一頁。

23 村山義平「山形新聞社の広告開発施策」『新聞経営』一九六六年、一七号、七〇頁。

24 同前、七一－七二頁。

25 同前、七三頁。

26 「座談会――新聞経営の重点課題を洗う」『新聞経営』一九七三年、四三号、二二頁。中国新聞社・社長の山本朗は、「広告収入は非常に好・不況に左右される」と述べている。
27 池田喜作、前掲、六〇頁。
28 池田喜作、前掲、六〇頁。
29 池田諒「パブリシティーへの姿勢――池田喜作氏の立論に反論する」『新聞研究』一九六五年四月、七五頁。
30 島矢志郎「パブリシティーと新聞記者の姿勢――池田喜作氏対池田諒氏の論争を読んで」『新聞研究』一九六五年七月、六九頁。
31 例えば、『暮らしに生きる新聞広告――昭和四二年「新聞広告の日」論説・記事・論文・意見集』日本新聞協会、一九六八年。
32 岡本敏雄「官公庁の行政広報と新聞広告」『新聞研究』一九六五年九月、六八頁。
33 同前、六九頁。
34 山崎武敏「編集と広告の接点を探る」『新聞研究』一九六七年九月、一九頁。
35 「座談会――当面の経営環境と施策の重点」『新聞経営』一九六八年、二二号、三頁。
36 同前、六頁。現実には、それほど伸びず、長期的にみれば一時期を除き、販売収入が常に広告収入を上回った。
37 新聞研究編集部「記者クラブ問題の焦点――その制度と運営」『新聞研究』一九六五年四月、一四頁。
38 同前、一五頁。
39 「座談会――記者クラブを語る」『新聞研究』一九六五年四月、二三頁。
40 同前、二七頁。
41 同前、二九頁。
42 新聞取材研究会「取材の研究（第二回・その一）記者クラブ」『新聞研究』一九六六年五月、六七頁。
43 同前、六八頁。
44 同前、六八頁。
45 加藤富子「最近の自治体広報の傾向と問題点」『新聞研究』一九六六年五月、三二頁。
46 同前、三二頁。
47 「座談会――取材の研究（第二回・その二）広報担当者のみた記者クラブ」『新聞研究』一九六六年五月、七三頁。
48 同前、七三頁。

49 同前、七四頁。

50 同前、七九頁。

51 それ以前の一九六四年五月から「新聞整理研究会」が開かれた。

52 新聞取材研究会「取材の研究(第一七回)経済記者」『新聞研究』一九六七年九月、六二頁。

53 同前、六三頁。

54 同前、六四頁。

55 同前、六五頁。

56 同前、六五－六六頁。

57 同前、七〇頁。

58 日本パブリックリレーションズ協会は、新聞社のキャップを次のように説明している。「主に新聞社で使われている用語。デスクが本社で取材を指揮するのに対して、記者クラブや取材現場などの出先で取材記者を指揮し、適切な判断を下すべテラン記者をいう」。〈https://prsj.or.jp/dictionary/〉の「キャップ」の項(最終アクセス日 二〇二三年一二月九日)。

59 新聞取材研究会「取材の研究(第一七回)経済記者」『新聞研究』一九六七年九月、七二頁。

60 日本パブリックリレーションズ協会の調査によると、「PR業全体の売上高(2022年度)は推計で約一四七九億円」だという。〈https://prsj.or.jp/shiraberu/2023_pr_industry_investigation_report/〉(最終アクセス日 二〇二三年一二月九日)。販売促進費(販促費、セールスプロモーション)などの額は調査されている。

61 川崎憲一「活発化する官公庁広報――現状と将来の方向を探る」『新聞経営』一九七三年、四三号、二七頁。ブロック紙は二六〇%、地方紙に至っては五八五%であった。

62 同前、三〇頁。

63 岡本敏雄「当面する新聞広告界の課題――広告課税論に反対する」『新聞経営』一九七三年、四五号、一頁。

64 日本新聞協会・経営部「新聞経営者はこう考える――アンケート調査にみる　転換期における経営見通し」『新聞経営』一九七五年、五一号、六頁。

65 「座談会――ニュースの変質と取材機構の再検討」『新聞研究』一九七〇年二月、一四頁。

66 斎藤裕「取材活動と記者クラブ――通産省虎ノ門クラブ」『新聞研究』一九七〇年二月、三六頁。

67 同前、三八頁。

68 伊藤牧夫「「取材論」ノート」『新聞研究』一九七〇年二月、四九頁。
69 同前、五〇頁。
70 同前、五〇頁。
71 中沢道明「シンポジウム・現場からの報告——いま新聞記者は——取材・報告活動の現状」『新聞研究』一九七六年五月、一四頁。
72 「座談会——官庁・企業の広報活動と新聞」『新聞研究』一九七一年六月、二三頁。
73 同前、二四頁。
74 新井明「記者クラブについて」『新聞研究』一九七四年二月、八頁。
75 同前、八-九頁。
76 中沢、前掲、一四-一五頁。
77 中沢、前掲、一五頁。
78 社会部においても、警察や検察などに対しては、長期的な関係が重視された。
79 中沢、前掲、二三頁。
80 中沢、前掲、一五頁。
81 中沢、前掲、三〇頁。
82 中沢、前掲、二三頁、三〇頁。
83 増田隆昭「「サービス経済化」と広告動向」『広告科学』第二九集、一九九四年七月、一二六頁。
84 『CCワシントン総会議題解説資料——国際商業会議所総会第一七回　第二回　一般会議』国際商業会議所日本国内委員会、一九五九年、一六頁。同書では、二・一％（一九五二年度）となっている。
85 「放送　大変革期のテレビ業界」日本関税協会『貿易と関税』四六巻一〇号、一九九八年一〇月一〇日、一六〇頁。「わが国の場合、マクロ的観察では広告費はGDPの一・二％相当であり（略）この傾向は暫く変るまい」。
86 前野和久「情報操作と戦うために」『新聞研究』一九八二年三月、六二頁。
87 高橋文利「広報の活発化と記者クラブのあり方——情報操作の陥穽」『新聞研究』一九八三年三月、三二頁。
88 同前、三三頁。
89 「経済部長座談会——経済報道の新しい視点」『新聞研究』一九八三年六月、二三頁。

90 「座談会――〝情報の流れ〟を考える――よりよき情報伝達のために」『新聞研究』一九八六年二月、一七頁。
91 同前、一六―一七頁。
92 同前、一七頁。
93 佐野頌「変わる経済報道――現場で感じる経済報道」『新聞研究』一九九二年一二月、三九頁。
94 中村直義「最近のケーブルテレビと地上デジタル放送」『映像情報メディア学会誌』五六巻二号、二〇〇二年、一七五―一七六頁。
95 小林利光「新聞はどう読まれているか――経済ニュースの現場から――新聞・記者・読者」『新聞研究』一九九四年七月、四一―四二頁。
96 新聞研究編集部「記者クラブの歴史――その発生と成長」『新聞研究』一九六五年四月、四三頁。
97 宮川大介「「放送記者」誕生――戦後一〇年間のラジオニュース」『放送研究と調査』二〇一五年一〇月、四一頁。
98 『放送人の証言』(話し手/川竹和夫、聞き手/野崎茂・久野浩平)〈https://www.youtube.com/watch?v=UOm5D6i8EGQ&t=26s〉(最終アクセス日 二〇二三年一二月九日)。
99 同前。
100 「記者クラブ実態調査から――約半数が〝改革〟望む――記者の意識改革も不可欠」『新聞労連』一九九三年一〇月三〇日、四面。
101 吉田ありさ「異分野取材で見えたもの」『新聞研究』二〇〇二年三月、四一頁。
102 同前。
103 EUROPEAN COMMISSION, *EU Priority Proposals for Regulatory Reform in Japan*, 17 October 2002, p18-20. 〈https://www8.cao.go.jp/kisei/giji/02/009/2-1-4e.pdf〉(最終アクセス日 二〇二三年一二月九日)。
104 日本新聞協会記者クラブ問題検討小委員会「記者クラブ制度廃止にかかわるEU優先提案に対する見解(二〇〇三年一二月一〇日)」『新聞研究』二〇〇四年一月、五九頁。

第四章 写真記者 ――時代を最前線で目撃する

1 『日本新聞協会十年史』日本新聞協会、一九五六年、三三五頁。

2 日本放送協会編『二〇世紀放送史　上』日本放送協会、二〇〇一年、三九四頁。

3 「パネル・トーキング――新聞の今後のあり方」『新聞研究』一九五六年一一月、二四頁。図２－２（九〇頁）にも示した。

4 「堂々と増頁拒否を敢行――道新・輝く六日間の闘争結実」『新聞労連』一九五二年一一月一日、一面など。

5 高須正郎「新聞製作の技術革新」『新聞研究』一九五九年四月、一六－一七頁。

6 「本質は労働条件の改善――新聞労働組合の場合――業種は違っても一つに結べ」『新聞労連』一九五二年一二月二三日、二面など。

7 同前。

8 ランドルフ、ジョン「外人記者の見た日本の新聞」『新聞研究』一九五九年四月、九頁。

9 例えば、上田彦二・岸本康「科学記事の取材と記者の養成」『新聞研究』一九五九年八月、一七－二一頁。

10 「座談会――経済記事の扱い方」『新聞研究』一九五七年五月、二七頁。

11 岸本康「科学記事と〝科学記者〟」『新聞研究』一九五九年二月、二一頁。

12 「座談会――ダテや酔狂じゃ記者にはなれぬ――先輩の新進記者から新聞志望の人たちへ」『新聞研究』一九五七年一〇月、四〇頁。矢島は、「自分の専攻している学科の勉強をしっかりやること」を推奨している（四〇頁）。一方で、「新聞講座などで勉強したことが、どの程度の比重になるかといえば、私はこれは相当疑問だといわざるを得ません」と述べている（四〇頁）。日本のジャーナリズム教育については、以下を参照されたい。木下浩一「ジャーナリズム教育とジャーナリスト教育の課題」『京都メディア史研究年報』七号、二〇二一年四月、一二五－一五四頁。

13 ブラインズ、ラッセル「アメリカ新聞記者論」日本新聞協会編集部編『新聞講座　編集編』日本新聞協会、一九四八年、一八七－一八八頁。

14 森恭三「現代記者論」『新聞研究』一九六〇年一月、五頁。

15 ランドルフ、前掲、七頁。

16 日本新聞協会編集部編『世界の新聞　第二篇』日本新聞協会、一九五一年、八三頁。

17 Mari, W. (2016) *The American Newsroom: A Social History, 1920 to 1960*. University of Missouri Press, 27.

18 森恭三、前掲、五頁。

19 森恭三、前掲、二－三頁。

20 佐々木信暲「新聞寫眞」新光社編輯部編『最新写真科学大系　第二七』新光社、一九三五年、二七－二八頁。

21 西橋眞太郎「写眞記者の使命」『新聞研究』一九五〇年二月、二二頁。
22 藤岡謙六「写真部の役割りとカメラマンの条件」『新聞研究』一九六八年九月、一二頁。
23 山口登「取材各部の現状——写真部」『新聞研究』一九六九年四月、六〇頁。
24 同前。
25 写真取材研究会「写真取材の研究(第七回)デスクと一線記者」『新聞研究』一九六九年一二月、七一頁。
26 兼子昭一郎「戦後新聞写真史〈二〉「ボン焚き三年」たちの戦」『新聞研究』一九八三年九月、四八‐四九頁。かつては「ボン焚き三年」であった(四九頁)。
27 「現代新聞写真論〈二〉第一線写真記者座談会——取材の最前線で見えること」『新聞研究』一九九五年一二月、五八頁。
28 諸橋弘平「カメラマンは読者の「眼」」『新聞研究』二〇〇八年三月、五六頁。
29 宮崎泰昌「新聞写真の現状と将来」『新聞研究』一九七〇年三月、四七‐四八頁。
30 山口登「取材各部の現状——写真部」『新聞研究』一九六九年四月、五九頁。
31 宮崎(一九七〇年)、前掲、四八頁。
32 宮崎(一九七〇年)、前掲、五〇頁。
33 写真取材研究会「写真取材の研究(第一回)写真取材の現状」『新聞研究』一九六九年六月、六四頁。
34 「パネル・トーキング——報道写真の現状と将来」『新聞研究』一九六八年九月、二六頁。
35 同前、一八頁。
36 「第一五回新聞大会研究座談会——新聞経営の近代化とその将来」『新聞研究』一九六二年一二月、一一頁。発言者の一人である産業経済新聞社・取締役社長の水野成夫は、「管理教育」と述べた。
37 「研究座談会——機械化と新聞編集」『新聞研究』一九六二年七月、五四頁。
38 宮崎(一九七〇年)、前掲、四八頁。
39 宮崎(一九七〇年)、前掲、五〇頁。
40 竹内正吉「ささやかな試み」『新聞研究』一九六九年八月、七六頁。
41 「パネル・トーキング——写真記者の直面する課題」『新聞研究』一九六八年九月、一八頁。
42 宮崎泰昌「〝写真部〟員からの脱却」『新聞経営』一九六九年、二六号、二六頁。
43 宮崎泰昌(一九六九年)、前掲、二六頁。

44　「座談会――情報化時代における新聞経営のリーダーシップ」『新聞経営』一九七〇年、三〇号、一二頁。
45　同前。
46　写真記者という言葉は一九〇〇年代から存在したが、それは主に雑誌などのカメラマンを指した。
47　「パネル・トーキング――写真記者の直面する課題」『新聞研究』一九六八年九月、二二頁。
48　同前。
49　「職務給は〝企業従属〟をしいる――職務給の本体とは――低賃金据置き、一層の労働強化へ」「職務給アンケート――批判論七割越す――「バラ色のイメージ」は遠い」『われら青年部号』一九六六年一月二一日、四面。「職分制に議論集中――納得ずくでやる労使慣行を破壊」『われら』一九六七年一二月一日、二面など。
50　「座談会――編集部門の人事管理」『新聞経営』一九六四年、第六号、一一頁。
51　「特集　新聞社の要員管理と組織の合理化――座談会――経営の簡素化・精鋭化を目指す」『新聞経営』一九六六年、第一四号、六頁。
52　一部の地方紙では導入された。南日本新聞社・総務局長の妹尾重威は、「南日本新聞社が、それも昭和三三年という比較的早い時期に、職務給を採り入れた賃金体系を設定し実施に踏み切った」と述べている（妹尾重威「南日本新聞社の職務給――そのあらましと導入の前後」『新聞経営』一九六四年、第六号、二二頁）。
53　松下圭一「日本の政治体質と政治記者」『新聞研究』一九六五年四月、五四―五五頁。
54　「公開座談会――新聞のカラー広告に寄せて――広告主は語る」『新聞経営』一九六八年、二五号、四〇頁。
55　「座談会――いま、写真記者は」『新聞研究』一九七四年八月、五六頁。
56　「座談会――第一線写真記者の現実と意見」『新聞研究』一九七八年九月、一九頁。
57　新聞研究編集部「特集'73年――新聞経営の重点課題――新聞経営者はこう考える――アンケート調査にみる　当面する重点課題と経営見通し」『新聞経営』一九七三年、四二号、一〇頁。
58　川島吉雄「新聞写真の新しい方向とその模索」『新聞研究』一九七三年三月、四四―四五頁。
59　「座談会――いま、写真記者は」『新聞研究』一九七四年八月、五五頁。見出しは「主体性」となっている。
60　「パネル・トーキング――写真記者の直面する課題」『新聞研究』一九六八年九月、二二頁。宮崎泰昌「新聞写真の現状と将来」『新聞研究』一九七〇年三月、四九頁。「座談会――いま、写真記者は」『新聞研究』一九七四年八月、五七頁など。
61　「座談会――いま、写真記者は」『新聞研究』一九七四年八月、五七頁。

62 同前、五五‐五六頁。
63 川島、前掲、四八頁。
64 「職分制廃止へ――会社、公式に表明」『われら』一九七五年五月一七日、四面。
65 「朝日築地移転……その後――労働強化しトラブル続発」『新聞労連』一九八〇年一一月一五日、二‐三面。
66 「座談会――第一線写真記者の現実と意見」『新聞研究』一九七八年九月、一七頁。
67 田中良一「カラー紙面づくりの一年半――編集者の立場からみたカラー論」『新聞経営』一九八一年、七五号、六七頁。
68 「座談会――第一線写真記者の現実と意見」『新聞研究』一九七八年九月、二〇頁。
69 同前、二一頁。
70 同前、二二頁。商品などを送ってもらって撮影する「商品撮影」(商撮)などは、例外的に可能であった。
71 「新聞写真活性化への道を探る――第八八回新聞講座のパネルトーキングから」『新聞研究』一九八二年九月、三一頁。
72 ニュースそのものの価値はニュース・バリューと呼ばれ、写真としての価値はピクチャー・バリューと呼ばれた。
73 麻場栄一郎「「色」も情報――写真部から見る部際取材」『新聞研究』一九八六年一二月、二五頁。
74 「新聞写真活性化への道を探る――第八八回新聞講座のパネルトーキングから」『新聞研究』一九八二年九月、三〇頁。
75 同前、三六頁。
76 田中秀男「第八八回新聞講座から――写真記者にひとこと」『新聞研究』一九八二年九月、四二頁。
77 麻場、前掲、二六頁。
78 麻場、前掲、二七頁。
79 麻場、前掲、二七頁。
80 近藤宏「剛毅で勇気あふれる挑戦者へ――ある写真部デスクの日記」『新聞研究』一九八六年三月、六〇頁。
81 朝日新聞社社史編集室『朝日新聞の九〇年』朝日新聞社、一九六九年、三四七頁。
82 同前、三八二頁。
83 同前、三八二頁。
84 大阪今日新聞社編『新聞の新聞』大阪今日新聞社、一九二四年、一九八‐一九九頁。朝日新聞百年史編集委員会『朝日新聞社史――昭和戦後編』朝日新聞社、一九九四年、一九三‐一九四頁、他。専用線や無線が用いられた。
85 浅川周三「写真記者の意識と技術の変遷――撮影と送稿・七〇年以降の小史」『新聞研究』一九九六年八月、六九頁。

86 座光寺昭典「歴史の一コマを〝切り撮れ〟」『新聞研究』一九八九年三月、四一頁。
87 「座談会——新聞の本領をいかに発揮できるか」『新聞研究』一九九七年五月、二三頁。
88 浅川、前掲、七二頁。
89 新聞写真研究会「現代新聞論〈第一〇回〉技術進歩は何を変えるか」『新聞研究』一九九六年八月、七四－七五頁。
90 同前、七九頁。
91 冨田邦男・牧野武彦「毎日新聞の四本社間画像配信システム」『新聞技術』一九九〇年、一三一号、六八頁。
92 新聞写真研究会「現代新聞論〈第一一回〉写真部デスク座談会——変わる環境、増す責任」『新聞研究』一九九六年九月、六九頁。
93 「現代新聞写真論〈二〉第一線写真記者座談会——取材の最前線で見えること」『新聞研究』一九九五年一二月、五八頁。
94 浅川、前掲、七一頁。
95 写真部のデスクや整理記者がトリミングを指示する場合もあった。
96 新聞写真研究会「現代新聞論〈第一一回〉写真部デスク座談会——変わる環境、増す責任」『新聞研究』一九九六年九月、七二頁。
97 新聞写真研究会「現代新聞論〈第一四回〉総括座談会——次代を担う写真記者へ」『新聞研究』一九九六年一二月、五六－五七頁。
98 同前、六〇頁。
99 斎藤茂男「ジャーナリズムの現場〈第一四回〉無形の状況をどう撮るか——カメラマンたちを遮るもの」『新聞研究』一九九一年一〇月、七八頁。
100 同前、七七頁。
101 斎藤茂男「ジャーナリズムの現場〈第一五回〉新聞写真はただの写し絵なのか——いまフォトグラファーとして生きるとは」『新聞研究』一九九一年一一月、四二頁。
102 同前、四三頁。
103 同前、四五頁。
104 同前、四六頁。
105 管見の限り、確認できていない。

106 新聞写真研究会「現代新聞論〈第一四回〉総括座談会――次代を担う写真記者へ」『新聞研究』一九九六年一二月、六三頁。
107 同前。
108 新聞写真研究会「現代新聞論〈第一三回〉写真部ならではの写真とは――出稿部・整理部デスク座談会より」『新聞研究』一九九六年一一月、七〇頁。
109 例えば「相次ぐリストラ合理化提案――景気の動向を悪用――労働条件の悪化は必至」『新聞労連』一九九八年一〇月三〇日、一面。
110 新聞写真研究会「現代新聞論〈第一四回〉総括座談会――次代を担う写真記者へ」『新聞研究』一九九六年一二月、七四頁。共同通信社・写真部次長の牧野俊樹は、フリーランスのカメラマンに「撮影権」を与えたが「出稿権」は与えなかった同社の事例を紹介した。
111 「現代新聞社会論〈連載第一一回〉写真部デスク座談会――変わる環境、増す責任」『新聞研究』一九九六年九月、七四頁。
112 同前。
113 同前。
114 新聞写真研究会「現代新聞論〈第一四回〉総括座談会――次代を担う写真記者へ」『新聞研究』一九九六年一二月、五八頁。
115 「ゆとりある労働環境を――必要な意識の改革」『新聞労連』一九九二年七月三〇日、二面など。
116 鈴木竜三「技術の大衆化で試される心眼――グラフ面やフォトコラム通じて「視点」を提示」『新聞研究』二〇〇八年二月、二三頁。
117 同前、二五頁。
118 「写真部長・デスク座談会――新聞写真の現状と今後」『新聞研究』二〇〇九年七月、三一頁。
119 同前。
120 吉良治「問われる写真記者の企画力――固定観念捨て、時代に応じた役割担おう」『新聞研究』二〇〇八年二月、二八頁。
121 「写真部長・デスク座談会――新聞写真の現状と今後」『新聞研究』二〇〇九年七月、三六頁。

第五章 整理記者――ニュースルームの「最後の砦」

1 浦上五六「整理部の責務と権限」『新聞研究』一九五八年五月、七頁。

2 南慈郎・木下武雄「文化面スポーツ面家庭面の整理について」『新聞研究』一九五八年五月、一二頁。
3 「最大限に抵抗する――狂気じみた増頁競争に」『新聞労連』一九五六年三月一〇日、四面など。
4 南慈郎・木下武雄、前掲、一二頁。
5 児島宋吉「特集　新聞の整理――新聞の編集」『新聞研究』一九六〇年七月、二頁。
6 同前。
7 木村照彦「新聞編集の諸問題」『新聞研究』一九五八年五月、一頁。
8 沢山勇三「整理部の〝カン〟」『新聞研究』一九五九年三月、四二頁。
9 三樹精吉『新聞の編集――「整理」と呼ぶ活字の造型術』同文館、一九五五年、一三―一七頁。
10 沢山、前掲、四二頁。
11 沢山、前掲、四二頁。
12 浦上、前掲、八頁。
13 田中菊次郎「見出しについて」『新聞研究』一九五八年五月、三〇頁。
14 浦上、前掲、一〇頁。
15 整理部不要論者は何人かみられる。岐阜日日新聞・取締役社長の山田丈夫も「整理無用論」を唱えた（山田丈夫「岐阜日日新聞社の少数精鋭主義経営」『新聞経営』一九六六年、一四号、一四頁）。
16 「座談会――編集部門の人事管理」『新聞経営』一九六四年、六号、一〇頁。
17 日本新聞協会労務委員会編「編集関係の職場別従業員数」『新聞労務資料　第一一集』日本新聞協会、一九六二年、三六―三七頁。記者名の並びは、同書の登場順である。最初に挙げられたのが整理であったことからも、整理や編集が重視されたことがわかる。
18 「獣のような権力の暴虐――取材記者のレポート――明らかな計画的弾圧――真犯人を権力の座から追え」『ジャーナリスト』一九六〇年六月二〇日、三面など。
19 金久保通雄・宮本英夫・藤原滋「今後の新聞整理」『新聞研究』一九六〇年七月、三六頁。
20 金久保・宮本・藤原、前掲、三六頁。
21 朝日における後年のＧＥ（ゼネラル・エディター）といってよいだろう。
22 金久保・宮本・藤原、前掲、三六頁。

23 金久保・宮本・藤原、前掲、三六－三七頁。送稿部の責任者は、整理部長の宮本英夫が兼務したようだ。
24 金久保・宮本・藤原、前掲、三六－三七頁。
25 木島俊夫「活版作業の機械化」『新聞印刷技術』一九五八年、三号、二頁。
26 「漢テレ導入を追求――共同、機械化で本格的闘いへ」『新聞労連』一九五九年八月一五日、一面。
27 金久保・宮本・藤原、前掲、三七頁。
28 送信時にも時間を要した。送信する前には入力が必要であった。
29 「パネル・トーキング――活版の機械化に伴う印刷・編集局の機構、組織、労務上の諸問題」『新聞印刷技術』一九六一年、一六号、二六頁。
30 地方紙では連絡部などが送稿を担当した(「活版の機械化とはなにか――FAM次代の問題点」『新聞印刷技術』一九六一年、一六号、五三頁)。毎日新聞東京本社では第三整理部が送稿を担当した(「第六回新聞工務管理者講座パネル・ディスカッション――新聞製作工程の研究――その流れをスムーズにするために」『新聞印刷技術』一九六二年、二〇号、一五頁)。
31 「座談会――新聞製作の近代化にともなう諸問題」『新聞研究』一九六一年一月、五一頁。
32 同前、五一頁。
33 同前、五七頁。
34 同前、五三頁。
35 同前、五六頁。
36 同前、五三頁。
37 早川仁朗「整理記者のモノサシ」『新聞研究』一九八五年三月、五六頁。
38 「座談会――新聞製作の近代化にともなう諸問題」『新聞研究』一九六一年一月、五七頁。
39 同前、五〇頁。
40 同前、五一頁。
41 一般にモノタイプなどと呼ばれた。モノタイプそのものは、大正期から導入されており、戦後のモノタイプは、正確には全自動モノタイプを指す。全自動モノタイプは、キャスターとも呼ばれた。また「全」の字を省略する場合も多かった。新聞整理研究会編『新聞整理の研究』日本新聞協会、一九六六年、二四〇頁。
42 「座談会――新聞製作の近代化にともなう諸問題」『新聞研究』一九六一年一月、五八頁。

43 同前、五一頁。
44 「漢テレ導入を追求——共同、機械化で本格的闘いへ」『新聞労連』一九五九年八月一五日、一面。
45 「相次ぐ不当配転をめぐって——こんなにひどい事実——みんなで考えてほしい——本質を見抜き、抵抗を」『新聞労連』一九六一年二月二五日、二面など。
46 「座談会——新聞製作の近代化にともなう諸問題」『新聞研究』一九六一年一月、五一頁。
47 「研究討論会——新聞製作における整理部の位置」『新聞研究』一九六三年五月、四三頁。
48 「第一四回新聞大会研究座談会——企業としての新聞の将来——製作部門を中心として」『新聞研究』一九六一年一一月、一二頁。千葉は、「宣伝記事」のチェック機能の低下も危惧した（一一－一二頁）。
49 「座談会——新聞製作の近代化にともなう諸問題」『新聞研究』一九六一年一月、五二頁。
50 同前。
51 「パネルディスカッション①ニュースカラーの処理と展開——デジタルカメラ時代を迎えて」『新聞技術』一九九九年、一六七号、三頁。
52 「ファクシミリ——新聞界に吹く〝機械化旋風〟——夜勤……また夜勤・追いまくる機械」『新聞労連』一九五九年二月一八日、二－三面。
53 「朝日で二人急死——かくせぬ労働強化」『新聞労連』一九五九年六月一日、一面。
54 田中菊次郎「新整理論」『新聞研究』一九六四年二月、一八頁。
55 さらに川下に制作部があった。制作部に所属するのはオペレーターであり、記者ではなかった。
56 新聞取材研究会「〈取材の研究　第一三回〉機械化と取材」『新聞研究』一九六七年四月、四七頁。
57 田中菊次郎（一九六四年）、前掲、一九頁。
58 由利和久「印刷技術面から整理部に望むこと」『新聞研究』一九六四年二月、二一頁。
59 同前、二二頁。
60 新聞整理研究会「〈新聞整理の研究　第八回〉大組み　第二回——構成と心構え」『新聞研究』一九六四年一二月、一〇一頁。
61 廃棄される紙は「損紙」と呼ばれた。損紙は、基本的には原稿のミスによらず、印刷の工程において生じた。用紙の不足、あるいは用紙代の高騰などにより、新聞業界内で損紙は長年問題となっていた。
62 山田丈夫「岐阜日日新聞社の少数精鋭主義経営」『新聞経営』一九六六年、一四号、一三頁。

63 同前、一三－一四頁。

64 中谷不二男「整理の条件と記事の周辺」『新聞研究』一九六五年一二月、四二頁。

65 「堂々と増頁拒否を敢行――道新・輝く六日間の闘争結実」『新聞労連』一九五二年一一月一日、一面など。

66 青園謙三郎「大編集局制と整理部」『新聞研究』一九六四年二月、三四頁。

67 「〈新聞整理の研究　最終回〉新聞整理研究会を顧みる」『新聞研究』一九六五年八月、六六頁。

68 金子美雄「年功序列賃金から職務給へ」『新聞経営』一九六二年、一号、三一－三五頁。「研究討議――新聞社における退職金・年金のあり方」『新聞経営』一九六五年、一一号、四七頁など。

69 「職務給は〝企業従属〟をしいる――職務給の本体とは――低賃金据置き、一層の労働強化へ」「職務給アンケート――批判論七割越す――「バラ色のイメージ」は遠い」『われら青年部号』一九六六年一月二一日、四面。「職分制に議論集中――納得ずくでやる労使慣行を破壊」『われら』一九六六年一月二一日、一九六七年一二月一日、二－三面など。

70 「職分制廃止へ――会社、公式に表明」『われら』一九七五年五月一七日、四面。

71 中谷、前掲、四一頁。

72 中谷、前掲、四一頁。

73 「特集「不況」と新聞経営の合理化」『新聞経営』一九六五年、一一号、四頁。

74 中谷、前掲、四〇頁。

75 中谷、前掲、四〇頁。

76 新聞取材研究会「〈取材の研究　第一三回〉機械化と取材」『新聞研究』一九六七年四月、五四頁。

77 「職場からの告発〈第四回〉行数ノルマで過労――〝原稿より健康〟の合言葉」『新聞労連』一九六八年九月三〇日、三面。

78 「希望奪い退職迫る――フクニチ型大量解雇」『新聞労連』一九六八年一〇月二四日、一九六八年一〇月三〇日、三面など。

79 由利和久「ムダの排除からムラ・ムリの排除へ――新聞製作合理化の方向」『新聞経営』一九六五年、一一号、二一頁。

80 新聞取材研究会「〈取材の研究　第一三回〉機械化と取材」『新聞研究』一九六七年四月、五四頁。

81 新聞研究編集部「特集　北海道三紙進出の意味するもの――未来へのかけ橋」『新聞研究』一九五九年四月、一一頁。

82 城森外夫「変動期の新聞編集の方向――新しい整理論」『新聞研究』一九七一年三月、三一頁。

83 「新しい新聞製作――編集から発送まで」『新聞研究』一九六四年三月、七〇頁。以下、他の論拠を略記する。一九六四年九月、一五頁。一九六七年六月、三四頁など。

84 「座談会――整理部をめぐる諸問題――第七七回新聞講座から」『新聞研究』一九七五年一二月、七一頁。
85 「第二八回新聞大会・研究座談会――技術を中心とした経営の革新」『新聞経営』一九七五年、五三号、一二頁。
86 大澤行夫「転換の時代における新聞経営」『新聞経営』一九七四年、四六号、一頁。
87 山口武光「収入舞台の主役は交替する――新聞経営における広告」『新聞経営』一九七五年、五〇号、一一頁。
88 大澤、前掲、五頁。
89 「座談会――CTS化を経験して――移行期における諸問題」『新聞印刷研究』一九七七年、八〇号、七頁。
90 新聞研究編集部「第三〇回新聞大会経営部門研究会座談会――変動期の新聞経営の理念」『新聞経営』一九七七年、六一号、六頁。
91 同前、五頁。
92 同前、六頁。
93 「新聞従業員　年間で二〇〇〇人の減に――強行された「合理化」」『新聞労連』一九七九年一〇月一五日、二面。他に、「道新で「人減し」提案」『新聞労連』一九七七年九月三〇日、二面。
94 新聞研究編集部「第三〇回新聞大会経営部門研究会座談会――変動期の新聞経営の理念」『新聞経営』一九七七年、六一号、一一頁。
95 「新たな残酷物語「合理化」に反対する――サンケイの仲間への連帯の声明」『新聞労連』一九七六年六月一五日、二面。
96 同前。「許すな!!　サンケイ路線――民主化闘争発展させ　新聞を国民のものに」『東京地連ニュース』一九七六年七月六日、一面、他。
97 「新聞大会研究座談会――低成長経済下の新聞経営」『新聞経営』一九七五年、五〇号、一七－一八頁。
98 斎藤敬一「CTSの軌跡――経営的観点からふり返る」『新聞経営』一九七七年、六一号、二一－二二頁。商業印刷そのものは、それ以前から請け負っていた。
99 日本新聞協会経営部「新聞経営者はこう考える――アンケート調査にみる転換期における経営見通し」『新聞経営』一九七五年、五一号、一頁。
100 同前。各社は一位から三位までを回答した。「取材紙面対策」を一位に挙げた社は一二社であり、「部数拡張」の二五社に次ぐ。「取材紙面対策」の一位から三位までの総計は三一社で、やはり「部数拡張」の三九社に次ぐ。一九七七年のアンケートでは、「取材・紙面対策」が四位に低下する一方で、「当面の設備投資対資」において、「CTS化」と「コンピューター化」が二位と三位になっている（『新聞経営』一九七七年、五八号、二頁、九頁）。

101 新聞研究編集部「第三〇回新聞大会経営部門研究会座談会――変動期の新聞経営の理念」『新聞経営』一九七七年、六一号、一六頁。

102 「新聞大会研究座談会――低成長経済下の新聞経営」『新聞経営』一九七五年、五〇号、二二頁。他に、『新聞経営』一九七七年、六一号、一六頁など。

103 「第三一回新聞大会研究座談会――新聞経営における技術の役割」『新聞経営』一九七八年、六五号、一四頁。岐阜日日新聞社・社長の杉山幹夫もほぼ同意した。

104 「座談会――技術と新聞経営」『新聞経営』一九八〇年、七一号、七頁。朝日新聞社・専務取締役の田代喜久雄も同意した。

105 「第三六回新聞製作講座　パネルディスカッション　記者ワープロ実用化の現状と問題点」『新聞印刷技術』一九八九年、一三〇号、三頁。

106 「道新　CTS要員五〇％確定　要員交渉の闘い」『新聞労連』一九七九年四月一五日、五月一五日、ともに二面。

107 早川仁朗「整理記者のモノサシ」『新聞研究』一九八五年三月、五六頁。

108 「特集――CTSフルページネーション」『新聞印刷技術』一九八三年、一〇五号、一頁。

109 堤燁夫「電算編集時代の整理記者とは」『新聞研究』一九八九年三月、三一頁。

110 Computerizedを用いた表記は、少なくとも一九六六年に見られる（『新聞経営』一九六六年、一四号、五八頁）。その場合、Computerizedは「自動」と訳された。共同通信社・常務理事の今井至郎は、「コールドタイプ・システムというものは、今やコンピューターライズド・タイプセッティング・システムというふうに呼んでいる」と述べている（「第三一回新聞大会研究座談会――新聞経営における技術の役割」『新聞経営』一九七八年、六五号、一一頁）。

111 藤川岩雄「新聞編集システムへの一提言」『新聞研究』一九七二年五月、一六頁。技術的にいえば、それぞれ紙型をとる方法を指し、「コールドプレス法」と「熱プレス（ホットプレス）」に分けられた（加藤武二「技術面からみた輪転印刷について――多色刷を含む」『新聞研究』一九五七年二月、臨時増刊、四四頁）。

112 船井正躬「『新聞印刷技術』から『新聞技術』へ」『新聞技術』一九八八年、一二三号、一頁。

113 上野英房「新時代の記者たちへ――編集部門にハイテクの波」『新聞研究』一九九〇年三月、五二頁。

114 「第三六回新聞製作講座――キーレスオフセット輪転機の現状と問題点、今後の展望」『新聞技術』一九八九年、一三〇号、一五頁。

115 「特集――見直される編集・制作の垣根――確かな方向　整理記者の組み版」『新聞技術』一九九一年、一三八号、五頁。整理記者とともに組版を行った制作のオペレーターもプライドが高かったという（「製作人にきく〈第一八回〉整理記者は「自己完結型」で――逆猿三態で、見て、聞いて、もの申せ」『新聞技術』一九九二年、一四〇号、四八頁）。

116 正確には、電子的ではなく、磁気的な記憶が多かった。

117 上野英房、前掲、五三頁。

118 竹下俊郎・小池保夫「記者用ワープロの利用実態――新聞記者アンケート調査結果より」『新聞研究』一九九〇年八月、六六頁。

119 「座談会――動き始めた記者ワープロ入力」『新聞技術』一九八八年、一二五号、一〇頁。「デスククラスの年代」は、ワープロに対して「アレルギー」があったようだ（「第三六回新聞製作講座――パネルディスカッション　記者ワープロ実用化の現状と問題点」『新聞技術』一九八九年、一三〇号、六頁）。

120 「第百回新聞講座〈パネルディスカッション〉今、整理記者に求められるもの」『新聞研究』一九九二年一月、七一頁。

121 「ワープロ編集の現状を探る――後手に回る対応策――紙面、健康に影響広がる」『新聞労連』一九九二年五月三〇日、四面。

122 「第百回新聞講座〈パネルディスカッション〉今、整理記者に求められるもの」『新聞研究』一九九二年一月、七一頁。

123 「明日の新聞経営を考える――座談会――厳しさ増す経営環境その対応を探る」『新聞経営』一九九二年、一二〇号、二三頁。

124 「特集――ワープロ新時代へ――座談会――ワープロ化～現状／課題／未来」『新聞技術』一九九二年、一四一号、七頁。

125 同前。

126 「座談会――動き始めた記者ワープロ入力」『新聞技術』一九八八年、一二五号、一一頁。

127 「特集――ワープロ新時代へ――座談会――ワープロ化～現状／課題／未来」『新聞技術』一九九二年、一四一号、一三頁。

128 「第百回新聞講座〈パネルディスカッション〉今、整理記者に求められるもの」『新聞研究』一九九二年一月、七一頁。

129 オペレーター抜きの組版は「整理者大組み」などと呼ばれた（山口健一「横展開による異動記事紙面」『新聞技術』一九九三年、一四六号、四一頁）。地方局などにおいては「ワンマン組み版」などとも呼ばれたようだ（菊地俊朗・栗林樹雄「ニュー・コスモスの構築」『新聞技術』一九九二年、一四〇号、二〇頁）。

130 「特集　第四二回新聞製作講座――パネルディスカッション　整理記者および出稿者組み版の動向」『新聞技術』一九九六年、

131 一五五号、七頁。静岡新聞社・制作局長の小柳津隆弘によれば、同社は八七年一〇月時点で、部長やデスクを含めた編集局内のほぼ全員が、ワープロを「私物」として所有していたという（「第三六回新聞製作講座　パネルディスカッション　記者ワープロ実用化の現状と問題点」『新聞印刷技術』一九八九年、一三〇号、四頁）。「過半数に迫るオフセット化――CTSのグレードアップ進む」『新聞技術』一九八八年、一二四号、一二〇頁。オフセット輪転機が普及した背景のひとつに、「分散印刷工場をはじめとする新工場の建設」があった。鉛版を使った印刷においては、「鉛中毒」も問題となっていた（例えば「鉛中毒に不当な裁定――数値万能論で三六人却下――行訴含めた追求へ」『新聞労連』一九七六年一〇月一五日、三面）。

132 「現場レポート――オートマ化と〝やりがい〟の溝――輪転機メーカーを視察――新聞とは「運命共同体」」『新聞労連』一九九九年二月一五日、二面。

133 中日新聞社印刷局「トータルカラーシステムの実用化――カラー画像とCTSとの接続」『新聞技術』一九八八年、一二四号、五頁。

134 「現代整理記者論〈第一〇回〉ビジュアルマインドとは」『新聞研究』一九九三年一月、三八頁。

135 同前、四二頁。

136 読売新聞社・役員待遇編集局長の阿部義正によれば、一九九一年七月、「THE DAILY YOMIURI ではマッキントッシュを使ったフルページネーション・システムを構築、編集者自身による大組みを実現」させたという（「製作人にきく〈第二一回〉着々と整う将来体制――長期的な視野で新聞製作を見据えて」『新聞技術』一九九三年、一四三号、三七頁）。

137 「現代整理記者論〈第一一回〉整理部デスク座談会――紙面づくりのキーマンの横顔」『新聞研究』一九九三年二月、三九－四〇頁。

138 同前、四三－四四頁。

139 同前、三九頁。

140 同前、四九頁。

141 同前、四〇頁。

142 同前、四七頁。

143 妹尾克彦「先輩記者から――迷い、議論通じて自分の紙面を」『新聞研究』一九九八年三月、五三頁。

144 「特集　見直される編集・制作の垣根――確かな方向　整理記者の組み版」『新聞技術』一九九一年、一三八号、七－八頁。

145 「特集　第四二回新聞製作講座――パネルディスカッション　整理者および出稿者組み版の動向」『新聞技術』一九九六年、一五五号、二頁。
146 「特集　見直される編集・制作の垣根――確かな方向　整理記者の組み版」『新聞技術』一九九一年、一三八号、六－七頁。
147 朝日新聞百年史編集委員会『朝日新聞社史――昭和戦後編』朝日新聞社、一九九四年、六七一頁。
148 中條宗彦「新聞社における紙面の自動編集システム」『テレビジョン学会誌』三五巻一〇号、一九八一年、八〇二頁。
149 「現代整理記者論〈第一一回〉整理部デスク座談会――紙面づくりのキーマンの横顔」『新聞研究』一九九三年二月、五五頁。
150 「特集　見直される編集・制作の垣根――確かな方向　整理記者の組み版」『新聞技術』一九九一年、一三八号、四頁。
151 橋本直「五年後の新聞産業像――新聞経営の課題と見通しに関するアンケート」『新聞経営』一九九三年、一二四号、九頁。
152 「これからの製作技術に望む――編集・広告部門から」『新聞技術』一九八八年、一二三号、三頁。
153 「現代整理記者論〈第一二回〉ＣＴＳの新展開」『新聞研究』一九九三年三月、一三〇頁。
154 同前、一三二頁。
155 富永久雄「変わる紙面づくりの現場――「記者編集」のもたらすもの」『新聞研究』一九九五年一一月、三二頁。
156 同前。
157 「特集　第四二回新聞製作講座――パネルディスカッション　整理者および出稿者組み版の動向」『新聞技術』一九九六年、一五五号、六頁。
158 同前、五頁。
159 「第三六回新聞製作講座――パネルディスカッション　記者ワープロ実用化の現状と問題点」『新聞技術』一九八九年、一三〇号、一五頁。
160 鎌田壮介・石原克成「記者編集実験システム」『新聞技術』一九九五年、一五四号、六八頁。
161 「現代整理記者論〈第一二回〉ＣＴＳの新展開」『新聞研究』一九九三年三月、一三二頁など。
162 富永、前掲、三二頁。
163 富永、前掲、三三頁。
164 木暮美奈夫「変わる紙面づくりの現場――「出稿部大組み」導入から半年」『新聞研究』一九九五年一一月、三五頁。
165 同前、三五頁。
166 同前、三七頁。

167 森川純「取材の一線から——記事の鮮度・味を見分け生かす——整理記者は「腕利きの板前」になれ」『新聞研究』一九九六年三月、七二頁。
168 同前、七一頁。
169 池田研一郎「基本重視の姿勢をより強く——読者の視点に応える紙面づくり」『新聞研究』二〇〇三年九月、五〇頁。
170 石川秀樹「静岡新聞社の大組み支援システム」『新聞技術』一九九九年、一七〇号、六四頁。
171 「「制作部」廃止の波紋——充実した紙面とは矛盾」「過密労働の記者組版——要員の〝玉切れ〟も懸念」『新聞労連』一九九九年四月三〇日、四面。
172 池田研一郎、前掲、五〇頁。
173 「「制作部」廃止の波紋——充実した紙面とは矛盾」「過密労働の記者組版——要員の〝玉切れ〟も懸念」『新聞労連』一九九九年四月三〇日、四面。
174 「合理化アンケート報告——劣る編集の労働環境」『新聞労連』一九九九年六月三〇日、二面。
175 具志堅学「紙面づくりを担う仕事に誇り」『新聞研究』二〇一〇年三月、五八頁。
176 「特集——見直される編集・制作の垣根——確かな方向　整理記者の組み版」『新聞技術』一九九一年一二月、一三八号、一二一－一四頁。「組み屋」的な姿勢は、「パターン組」の場合に多く見られた。

第六章　デスクと遊軍——苦悩し疲弊するベテラン記者

1 今村武雄「新聞記事月評——企画性の不足」『新聞研究』一九五五年一二月、三〇－三一頁。
2 東京新聞社社会部編『新聞とその見方作り方——社会科教育』文治書院、一九四九年、五九頁。
3 同前、六〇頁。
4 締め切り間際など、例外的に整理デスクや整理記者が直接、取材記者に対して内容の確認を行う場合があった。それによって追加取材が発生した場合は、整理記者が取材を指示したといえるかもしれない。
5 東京新聞社社会部、前掲書、六三頁。
6 「座談会——政治面の作り方」日本新聞協會集部編『新聞講座　編集編Ⅱ』日本新聞協會、一九四九年、二二四頁。
7 X・Y・Z「洋服をきた親分衆——第一線のメモ帖から」三一書房編集部編『新聞記者の告白——捏造された記事』三一書房、

一九五〇年、二五頁。

8 永島寛一『新聞の話(文芸読本　第三　二〇)』成城国文学会、一九四八年、八二頁。

9 渡辺文太郎「編集デスク会議」『新聞研究』一九六五年二月、三六頁。読売新聞社の内部では、編集会議を「土俵入り」と称していた。

10 渡辺文太郎、前掲、三七頁。

11 渡辺文太郎、前掲、三六頁。

12 渡辺文太郎、前掲、三七頁。

13 渡辺文太郎、前掲、三八頁。

14 「座談会――編集部門の人事管理」『新聞経営』一九六四年、第六号、九頁。

15 渡辺文太郎、前掲、三七頁。

16 渡辺文太郎、前掲、三八頁。

17 渡辺文太郎、前掲、三八頁。

18 若林東治「総合デスク制と紙面づくり」『新聞研究』一九六五年六月、三七頁。

19 「座談会――災害報害(ママ)で注意すべきこと」『新聞研究』一九六四年一二月、五五頁。

20 若林、前掲、三七頁。

21 「取材の研究(第六・その二)デスク養成のいろいろ――新・地方新聞デスク論」『新聞研究』一九六六年九月、六四頁。

22 若林、前掲、三八頁。

23 「座談会――編集部門の人事管理」『新聞経営』一九六四年、六号、九頁。

24 若林、前掲、三八頁。

25 「研究討論会――変わりつつある整理部の役割り」『新聞研究』一九六五年八月、四九頁。

26 新聞取材研究会「取材の研究(第六回・その一)デスク」『新聞研究』一九六六年九月、五九頁。

27 同前、五六頁。

28 同前、五八頁。

29 同前、五八頁。

30 同前、五八頁。

31 多くの場合、デスクを経て専門記者となった。編集委員や専門委員などと呼称された。
32 新聞取材研究会「取材の研究(第六回・その二)デスク」『新聞研究』一九六六年九月、五九頁。
33 赤沼三郎『新聞太平記――昭和・大正の争覇戦』雄鶏社、一九五〇年、一七〇頁。
34 内外社編『綜合ヂャーナリズム講座Ⅶ』内外社、一九三一年、三一九頁。
35 日本経済新聞社社史編纂室編『日本経済新聞八十年史』日本経済新聞社、一九五六年、一〇二頁。
36 同前。他に「販売主義」もあった。
37 「座談会――政治記事の方向――特に選挙報道の苦心に就て」『新聞研究』一九五五年五月、一八頁。
38 中谷不二男「CTS化とデスク機能の変容」『新聞研究』一九七一年一一月、二四‐二五頁。
39 「座談会――デスク〝デスク〟を語る」『新聞研究』一九七一年一一月、三二頁。
40 同前、三四頁。
41 同前、三六頁。
42 同前、三六頁。
43 同前、三八頁。
44 同前、三九頁。
45 「座談会――取材現場の諸問題」『新聞研究』一九六三年一二月、七二頁。
46 同前。
47 同前。
48 高木四郎「遊軍の新しい使命」『新聞研究』一九七〇年二月、三〇‐三一頁。
49 小松錬平「変動期の取材のあり方――体験的取材論」『新聞研究』一九七一年三月、二二頁。
50 「座談会――変容する社会部を語る」『新聞研究』一九七二年一〇月、二七頁。
51 同前。
52 『新聞「座談会――変容する社会部を語る」研究』一九七二年一〇月、三二頁。
53 入江徳郎「社会部のひと　いまむかし」『新聞研究』一九七二年一〇月、三七頁。
54 「座談会――編集部門の人事管理」『新聞経営』一九六四年、六号、一〇頁。
55 同前。

56 「座談会――政治報道の再検討」『新聞研究』一九七五年二月、一五頁。
57 同前。
58 愛波健「遊軍記者の任務とニュース感覚」『新聞研究』一九七二年一〇月、五七頁。
59 同前、五三頁。
60 関一雄『新聞ニュースの研究』厚生閣、一九三三年、一八八頁。
61 愛波、前掲、五七頁。
62 松任谷彦四郎「編集各部は社会部をどうみるか――整理部 〝人間的な紙面〟へのスクラム」『新聞研究』一九七二年一〇月、四六‐四七頁。
63 新村正史『デスクmemo 2(1971)』現代ジャーナリズム出版会、一九七二年、三二頁。
64 鹿島茂男「外信部――三割打者からの注文」『新聞研究』一九七二年一〇月、五一頁。
65 同前。
66 「第二四回新聞大会 研究座談会(編集部門)新聞への信頼を高めるために」『新聞研究』一九七一年一二月、八頁。
67 加藤順一「「ゆるやかなシステム」の中で考える――デスクと記者の信頼関係と「職業的対決」」『新聞研究』一九九〇年二月、一七‐一八頁。
68 同前、二〇頁。
69 「第二五回新聞大会研究座談会(編集部門)新しい時代の記者活動」『新聞研究』一九七二年一一月、一二頁。
70 「座談会――現代新聞の解説機能」『新聞研究』一九七五年七月、一九頁。
71 青木彰「サンケイ新聞社の取材組織改革――「取材群キャップ制」の目ざすもの」『新聞研究』一九七五年八月、一二頁。
72 同前、一三頁。
73 同前、一四頁。
74 「座談会――専門記者の世界」『新聞研究』一九七八年一〇月、一一頁。
75 同前。
76 「水戸デスク座談会――支局とその周辺」『新聞研究』一九七九年九月、二〇頁。
77 同前。
78 鈴木益民「「地方の時代」のなかの地方ニュース取材」『新聞研究』一九八二年九月、二四頁。

79 同前、二七頁。
80 斉藤富夫「取材・報道の現状と課題―枠を超えて、外へ」『新聞研究』一九八七年三月、四二頁。
81 「座談会――遊軍記者の現在」『新聞研究』一九九四年八月、一一頁。
82 同前、一〇頁。
83 加藤順一、前掲、一八頁。
84 加藤順一、前掲、一九頁。
85 「現代デスク考――座談会――変容するデスク業務――新聞作りのキーマンに求められるもの」『新聞研究』一九九一年五月、一一頁。
86 原稿の執筆の一部は、システムの端末で行われた。
87 「座談会――遊軍記者の現在」『新聞研究』一九九四年八月、一六頁。
88 「現代デスク考――座談会――変容するデスク業務――新聞作りのキーマンに求められるもの」『新聞研究』一九九一年五月、一八頁。
89 同前、二二頁。
90 松友宏吉「現代デスク考――デスクがすべきことは」『新聞研究』一九九一年五月、二七頁。
91 「現代デスク考――座談会――変容するデスク業務――新聞作りのキーマンに求められるもの」『新聞研究』一九九一年五月、二〇頁。
92 「座談会――遊軍記者の現在」『新聞研究』一九九四年八月、二〇―二二頁。
93 同前、二二頁。

第七章　社会部記者と遊軍――社会の複雑化に翻弄される記者たち

1 日本新聞協会「特集――用紙問題――わが国用紙の核心」『新聞研究』一九五一年八月、一―四頁。用紙不足は、世界規模で生じた。
2 コバヤシ・ヒデオ「記事文章の特質」『新聞研究』一九五〇年二月、二四頁。
3 浦上五六「編集のおきて――水害写真の扱いから」『新聞研究』一九五四年六月、二頁。

4 コバヤシ・ヒデオ、前掲、二四頁。

5 浦上、前掲、二頁。

6 大日本新聞学会編『新聞学全書　中』大日本新聞学会、一九一九年、外交術三〇頁。

7 楚人冠杉村広太郎『最近新聞紙学』慶応義塾出版局、一九一五年、紙の三頁。

8 坂田二郎「社会部記者の道」『新聞研究』一九五〇年二月、一二頁。

9 同前。

10 原田三朗「取材記者論・社会部――〝社会部的〟から踏み出す」『新聞研究』一九七六年三月、三二－三三頁。原田は、日本の社会部と米国のシティの違いに言及している。原田によれば、東京以外の新聞社の社会部は米国のシティに近いが、東京の社会部だけは異なるという。大きな違いは、記者クラブ（ビート）のカバーの仕方にあるとした。

11 坂田、前掲、一二頁。

12 新聞取材研究会「取材の研究〈第一四回〉取材と社内機構」『新聞研究』一九六七年六月、六六頁。

13 進藤次郎「取材活動の基本問題」『新聞研究』一九四八年六月、二七頁。

14 町ダネとも。

15 坂田、前掲、一三頁。

16 坂田、前掲、一三頁。

17 宮本英夫「新聞講座〈社会部編六〉〝若さが肝要〟社会部記者」『新聞研究』一九五四年六月、三五頁。

18 同前。

19 新聞取材研究会「取材の研究〈第一回・その一〉事件記者――警察と新聞記者」『新聞研究』一九六六年四月、四八頁。

20 「座談会――社会面の十年」『新聞研究』一九五五年九月、三一頁。

21 新聞取材研究会「〈取材の研究　第一三回〉機械化と取材」『新聞研究』一九六七年四月、四八頁。

22 本部が作られるような大規模な事件は例外であった。軽量のノートPCが普及すると、屋外での使用は一般的となる。

23 宮本、前掲、三六頁。

24 コバヤシ・ヒデオ、前掲、二四頁。

25 同様の議論が、それ以前になかったわけではない。

26 坂田、前掲、一四頁。

27 「座談会――社会面の十年」『新聞研究』一九五五年九月、三二頁。
28 塚本壽一「新聞記事月評――企画時代に入った紙面」『新聞研究』一九五六年三月、三三頁。
29 「座談会――社会部の悩み――四部長大いに語る」『新聞研究』一九五五年三月、一四頁。
30 辻本芳雄「新聞講座〈社会部篇三〉〝いわゆるサツ回り〟」『新聞研究』一九五四年三月、二六頁。
31 西橋愼太郎「寫眞部のデスク」『新聞研究』一九五五年三月、三八頁。
32 「座談会――社会部の悩み――四部長大いに語る」『新聞研究』一九五五年三月、一三頁。
33 「座談会――記者としての心構え」『新聞研究』一九五七年二月、一五頁。
34 「座談会――社会部の悩み――四部長大いに語る」『新聞研究』一九五五年三月、一四頁。
35 新聞取材研究会「取材の研究〈第一回・その一〉事件記者――警察と新聞記者」『新聞研究』一九六六年四月、五六－五七頁。
36 嘱託の通信員などもいた。
37 松岡良明「地方紙からみた全国紙地方版」『新聞研究』一九六七年六月、二三頁。
38 橋本徳太郎「地方版の編集と整理――その現状と問題点」『新聞研究』一九六七年六月、三一頁。
39 同前、三三頁。
40 「座談会――変容する社会部を語る」『新聞研究』一九七二年一〇月、二七頁。
41 松本得三「地方版編集の諸問題（一）内政部の誕生――地ならしから助走まで」『新聞研究』一九六七年二月、一七頁。
42 「新聞日誌」『新聞研究』一九六九年二月、八二頁。
43 新聞取材研究会「取材の研究〈第一回・その一〉事件記者――警察と新聞記者」『新聞研究』一九六六年四月、五七頁。
44 奥田教久「新聞記者の未来像」『新聞研究』一九六九年一二月、六五頁。
45 後に編集センターなどと呼ばれ、現在に至る。
46 これらを区分けする「取材記者」という呼称もある。
47 坂田、前掲、一六頁。
48 進藤、前掲、二九頁。
49 「取材の研究〈第一回・その二〉座談会――事件記者の発言」『新聞研究』一九六六年四月、六三頁。
50 新聞取材研究会「取材の研究〈第三回・その一〉夜討ち朝駆け」『新聞研究』一九六六年六月、六二頁。
51 同前、六三頁。

52 坂本武久「現代社会に「命」を報ずる——日本社会を照射するエイズと報道」『新聞研究』一九九二年九月、二二頁。
53 新聞取材研究会「取材の研究〈第三回・その二〉対談——夜討ち朝駆けをされる立ち場・する立ち場」『新聞研究』一九六六年六月、六七頁。
54 同前、六九頁。
55 同前、六八頁。
56 同前、七〇頁。
57 同前、五六頁。
58 同前、五六頁。
59 新聞取材研究会「取材の研究〈第一回・その一〉事件記者——警察と新聞記者」『新聞研究』一九六六年四月、五三頁。
60 同前。
61 同前。
62 「取材の研究〈第一回・その二〉座談会——事件記者の発言」『新聞研究』一九六六年四月、六一頁。
63 同前。
64 『毎日新聞百年史——一八七二－一九七二』毎日新聞社、一九七二年、六一七頁。
65 「座談会——編集部門の人事管理」『新聞経営』一九六四年、第六号、一〇頁。
66 堀田一郎「編集局の組織と専門記者制度——大社会部主義を中心に」『新聞研究』一九七二年一〇月、二二頁。
67 同前、二二頁。
68 同前、二三頁。
69 「座談会——現代世相を描く社会部記者」『新聞研究』一九八一年一二月、一三頁。
70 「座談会——変容する社会部を語る」『新聞研究』一九七二年一〇月、二九頁。
71 同前、二九頁。
72 同前、二七頁。
73 同前、三三頁。
74 同前、三三頁。
75 新聞取材研究会「〈取材の研究　第一三回〉機械化と取材」『新聞研究』一九六七年四月、五四頁。

76 堀田、前掲、二二頁。
77 堀田、前掲、二三頁。
78 堀田、前掲、二二頁。
79 斉藤富夫「取材・報道の現状と課題――枠を超えて、外へ」『新聞研究』一九八七年三月、四三頁。
80 小林英司「新しい街ダネを求めて」『新聞研究』一九七〇年一〇月、九頁。
81 同前、七頁。
82 同前、九頁。
83 同前、九頁。
84 「座談会――編集部門の人事管理」『新聞経営』一九六四年、第六号、一〇頁。
85 同前。
86 「鼎談――新聞・街・人間――街ダネの復権のために」『新聞研究』一九七〇年一〇月、一二頁。
87 同前、二一頁。
88 「『街ダネ』物語――その一 〝虫瞰記者〟への脱皮」『新聞研究』一九七〇年一〇月、三〇頁。
89 梶浦幹生「〝ツバメ〟はよみがえる」『新聞研究』一九七〇年一〇月、四〇頁。
90 同様に、他紙が朝刊で伝えたことを前日の夕刊で伝えればスクープとなる。一般には、スクープは朝刊に掲載されることが多かった。
91 「また、共同岩沢さんが急死――四五歳、超勤七〇時間――春闘でいのち守る闘いへ」『新聞労連』一九七七年二月一五日、三面。
92 この時期、在職中の急死者は、少なくなかったようだ。例えば、「夜勤中また急死者――日経(三六歳)とサンケイ(四五歳)で」『新聞労連』一九七七年四月一五日、三面。「日経(校閲)でまた急死者――限界こえる労働実態――職場に高まる不安と憤り」『新聞労連』一九七六年四月三〇日、三面。
93 近藤汎「社会部デスクの目――いつも歩けばネタにあたる」『新聞研究』一九八一年三月、一六頁。
94 同前、一七‐一八頁。
95 石原俊洋「現場主義を貫く」『新聞研究』一九八六年三月、六七頁。
96 同前、六八頁。

97 古川洋「特集――新聞記者の現在位置――面白さを追いかけてはきたものの」『新聞研究』一九八七年二月、二四頁。
98 斉藤富夫「取材・報道の現状と課題――枠を超えて、外へ」『新聞研究』一九八七年三月、四三頁。
99 中島健一郎「ジャーナリズムの課題と記者活動――国際化の波は事件記者にも」『新聞研究』一九八八年三月、二一頁。
100 長坂誠「取材の一線から――「常識」や「相場」を問い直されて――司法記者の持ち場は〝終末処理場〟」『新聞研究』一九九六年三月、五五頁。
101 「取材の研究(第一回・その二)座談会――事件記者の発言」『新聞研究』一九六六年四月、六五頁。
102 近藤汎、前掲、一五頁。
103 古川、前掲、二四頁。
104 「座談会――変容する社会部を語る」『新聞研究』一九七二年一〇月、二八頁。
105 「座談会――現代世相を描く社会部記者」『新聞研究』一九八一年一二月、一二―一三頁。
106 「対談――「シンドイけど、おもろいで」社会部記者、社会面づくり」『新聞研究』一九八二年六月、一四頁。
107 「座談会――現代世相を描く社会部記者」『新聞研究』一九八一年一二月、二二頁。
108 「対談――「シンドイけど、おもろいで」社会部記者、社会面づくり」『新聞研究』一九八二年六月、一四頁。
109 同前、一四頁。
110 同前、一二頁。
111 一般的に「書かせ屋」という語は、雑誌などの編集者を指す隠語である。
112 牧太郎「次代をデッサンする「覚悟」――新人クン、新聞記者って、結構、大変なんだ」『新聞研究』二〇〇二年三月、二〇頁。
113 「対談――「シンドイけど、おもろいで」社会部記者、社会面づくり」『新聞研究』一九八二年六月、一二頁。
114 「座談会―新聞記者はいま――取材の第一線で考えること」『新聞研究』一九八四年一一月、二四頁。
115 「座談会――遊軍記者の現在」『新聞研究』一九九四年八月、一五頁。
116 当時の所属は日本工業新聞社・経済産業部であった。
117 長嶋雅子「スクープは紙一重の勝負」『新聞研究』二〇〇四年三月、三九頁。
118 同前。
119 同前。
120 秦正流「新聞のジャーナリズム機能――記者に志操と識見を」『新聞研究』一九八五年一月、一一頁。

121 竹内誠「取材で得たものは読者のもの——警察取材十一年間で学んだこと」『新聞研究』二〇〇五年三月、二五頁。
122 同前、二六頁。
123 同前、二五頁。竹内は最終的に記事を出稿し、一面トップで大きく報じられたという（二六頁）。
124 山岡正史「「なぜ」と「人」にはきりがない——僕の体験的原則論」『新聞研究』二〇一〇年三月、一五頁。

終章　相互比較——歴史・ルーチン・要因と文脈

1 ウェーバー、マックス・戸田武雄訳『社会科学と価値判断の諸問題（経済学名著翻訳叢書——第一）』有斐閣、一九三七年、一四〇頁。
2 ニュースソースの側が掲載を期待したのは、必ずしも利己的な動機からだけではなかった。
3 ウェーバーの価値合理と目的合理の議論ともいえる。
4 電話などを使って、現場から即興で原稿を送る場合もあった。「勧進帳」と呼ばれた。
5 あくまで本書の分析という水準である。おそらく文芸記者は、書かなくなった記者のひとつの事例である。

補論——ゲートキーパー研究とニュースルーム研究の系譜

1 Lewin, K. (1947) Frontiers in group dynamics: II channels of group life; social planning and action research. *Human Relations*, 1, p.145.
2 White, D. M. (1950) The "Gate Keeper": A Case Study in the Selection of News. *Journalism Quarterly*, 27, p.383.
3 Ibid., p.384.
4 Snider, P. B. (1967) "Mr. Gates" revisited: A 1966 version of the 1949 case study. *Journalism Quarterly*, 44(3), p.426-427.
5 Lewin, K. (1947), p.143.
6 Bass, A. Z. (1969) Refining the "Gatekeeper" Concept: A UN Radio Case Study. *Journalism Quarterly*, 46(1), p.71.
7 Whiteの分析対象は一個人である。
8 Bass, A. Z. (1969), p.72.

9 Gans, H. (1979) *Deciding What's News: A Study of CBS Evening News, NBC Nightly News, Newsweek, And Time.* New York: Pantheon Books. Gansはその他、政治的、社会的プロセスなどに言及している。

10 Ibid., p.281.

11 Ibid., p.288-289.

12 Tuchman, G. (1978) *Making News: A Study in the Construction of Reality,* New York: Free Press.

13 Tuchmanは、これらについて必ずしも明示的に述べていない。

14 Shoemaker, P. and Reese, S. (2013) *Mediating the Message in the 21st Century: A Media Sociology Perspective.* Routledge.

15 Ibid., p.164.

16 Ibid., p.204.

17 Wahl-Jorgensen, K. (2007) *Journalists and the public: Newsroom culture, letters to the editor and democracy.* Creskill, NJ: Hampton Press.

18 Ibid., p7.

19 Ibid., p2.

20 別府三奈子「米国ジャーナリズム研究・教育のスタンダード——「ブライヤー・アプローチ」の史的考察」『マス・コミュニケーション研究』五六巻、二〇〇〇年、一九三頁。

21 研究の蓄積は、英国においてもなされている。英国のジャーナリズム教育学会（Association for Journalism Education）の研究潮流については、以下を参照されたい。木下浩一「英ジャーナリズム教育学会の研究動向」『帝京社会学』三五号、二〇二二年三月、一一七－一四三頁。

22 Usher, N. (2014) *Making News at The New York Times.* University of Michigan Press.

23 The New York Times is winning at digital. *CIO.* Jun 08, 2017. 〈https://www.cio.com/article/230145/the-new-york-times-is-winning-at-digital.html〉（最終アクセス日二〇二三年一二月一一日）。「米ニューヨーク・タイムズ、契約者一千万人超え　デジタル契約が伸長」『朝日新聞DIGITAL』二〇二三年一一月八日、〈https://www.asahi.com/articles/ASRC87FHQRC8ULFA022.html〉（最終アクセス日二〇二三年一二月一一日）。

24 Usher, N. (2014), p.35. いわゆるmetered paywall（従量制ペイウォール）に移行した。

25 福武直・日高六郎・高橋徹編『社会学辞典』有斐閣、一九五八年、七九三－七九四頁。

26 大石裕・岩田温・藤田真文「地方紙のニュース制作過程――茨城新聞を事例として」『メディア・コミュニケーション』五〇号、二〇〇〇年、六五－八六頁。

27 桶田敦「福島第一原発事故　原子力災害報道の諸問題――被災県の放送局におけるニュース生産過程のエスノグラフィーとアンケート調査より」『社会情報学』三巻三号、二〇一五年、一五－三八頁。

28 辻和洋・中原淳「調査報道のニュース生産過程に関する事例研究――地方紙における「高知県庁闇融資問題報道」での編集権に関わる編集者と記者の組織行動に着目して」『社会情報学』七巻一号、二〇一八年、三七－五四頁。

29 Mari, *The American Newsroom*, xvii.

30 Mari, *The American Newsroom*, p.10.

31 Hallin,D.=Mancini,P. (2004) *Comparing Media System*. Cambridge University Press.

あとがき――日本の新聞記者はジャーナリストか

本書の結論は、すでに終章で述べた。以下、書き終えた感想を若干述べたい。

日本の新聞記者に関する言説を渉猟していると、本書の論拠として用いなかったものの、強く興味を惹かれる言表に出くわす。ひとつは、新聞記者が、自らを「ジャーナリスト」と称するのを忌避することである。多くの記者は、ジャーナリストを自らの信念に基づいて自律的に行動する取材者と考えており、自らは該当しないと認識していた。

日本の新聞社に属する限り、個人の理念を貫徹することは難しい。そこには企業の論理が見え隠れする。日本のジャーナリズムを批判するとき、「企業ジャーナリズム」という言葉が用いられることがあるが、日本の新聞社に属する記者の多くは、自らを少なからずサラリーマンと捉えているようだ。日本で忌憚《きたん》なく「ジャーナリスト」を名乗ることができるのは、おそらくフリーランスのジャーナリストだけである。

安定を求めることは悪くはない。個人の自由である。日本のジャーナリズムに身を置きつつ安定を求めようとすれば、少なくとも日本においては企業に属するしかない。企業に属さない真のジャーナリストの道は、日本においては茨の道である。よほどの能力と信念と我慢強さ、さらには運がなければ難しい。企業に属する限り、企業の論理に従うべきだと言うのであれば、日本において「企業ジャーナリズム」は不可避である。

企業ジャーナリズムの改善が不可能ならば、企業に背を向けるしかない。しかし、その道がほとんどの人にとって踏破できない道であるならば、日本に住まう私たちは、ごく少数のフリー・ジャーナリストしか手に入れることはできない。

日本における、ジャーナリズムの担い手に対する社会的なメッセージは、以下の三つに集約されよう。

①「ジャーナリズムに従事し、なおかつ安定した生活を望むのであれば、メディア企業に属するしかないだろう。メディア企業に対して、我々市民は厳しく批判させてもらう。企業ジャーナリズムも同様に批判の対象だ。ジャーナリズムの改善は、内部の人間が自律的に行え」

②「メディア企業に属することなしにジャーナリズムに従事したいのであれば、フリーランスしかない。フリーランスは経済的に不安定だが、それは自らが選んだ道である。我々は感知しない」

③「ジャーナリズムに従事したいがメディア企業に属すことができない、あるいはフリーランスとしてやっていく自信がないのであれば、ジャーナリズムに従事するのは諦めよ」

以上の三つは極めて論理的であり、一定の妥当性がある。我々が生きる社会は程度の差こそあれ、誰にとってもそのような社会に違いない。①から③のジャーナリストを、アイドルやアーティストに置き換えても、似たようなものだろう。「はじめに」でジャーナリズム教育、つまりジャーナリストの養成に言及したが、現在の日本では到底、ジャーナリズムの世界は若者に勧められない。

しかし、である。本当に、それでいいのだろうか。本人の自己実現だけの話に矮小《わいしょう》化していいのだろうか。まったくもって、我々に外在する話なのか。欧米の少なくない国々は、なぜ日本よりも質の高いジャーナリズムを有しているのだろう。すべての問題は、日本のジャーナリズムやジャーナリストだけの問題なのか。

そうではないだろう。ジャーナリストを送り手とすれば、コミュニケーションにおいて受け手は必須である。現在のコミュニケーション状況は、両者による長年のコミュニケーションの結果である。おそらく我々は、日本のジャーナリズムやジャーナリストを支えるマインドを有していない。少なくとも、足りない。

ジャーナリストという送り手は、受け手に比べれば極めて少数である。その少数を、多数である受け手が支えることができるのか。ジャーナリストも生活者である。「支える」には、経済的な支援が欠かせない。経済的な支援がなければ、ジャーナリストやジャーナリズムの実践は存続しえない。ビジネスモデルやマネタイズの問題ともいえるが、やはりそこに、ジャーナリズムが民主主義社会の基盤であり不可欠な存在であるとの認識に基づいた、サポーティブな受け手の実践が不可欠である。

世界に目を移せば、メディア企業の勝ち組は例外なく、プラットフォームを手に入れている。Winner takes all. すなわち一人勝ちの世界である。グローバルな競争において、日本のメディア企業の存在感は極めて薄い。Amazon の創業者であるジェフ・ベゾスが、個人としてワシントン・ポストを買収し、同紙は劇的な復活を果たした。「一人勝ち」を果たした個人に依拠するしかないのだろうか。そのような人物が日本にも出てくるのだろうか。

新聞におけるニューヨーク・タイムズ、テレビにおけるＢＢＣ、いずれも日本からみれば羨ましい存在だ。このままいけば、ニューヨーク・タイムズ日本語版とＢＢＣジャパンがあれば十分なのかもしれない。日本のジャーナリズムの現状は、送り手と受け手の双方に対して、大きな課題を突きつけている。

本書の端緒となる報告は、メディア史研究会で行った。学ぶところは多大であったが、なかでも有山輝雄・元東京経済大学教授から多くをご教示いただいた。東海大学・文化社会学部の飯塚浩一教授、ならびに筑波大学・人文社会系の加島卓教授からも多くのアドバイスを頂戴した。ここに感謝申し上げる。

構想にあたっては、帝京大学・文学部の筒井清忠教授との議論に多くの示唆を受けた。また、日本メディア学会におけるワークショップにおいて、大阪芸術大学短期大学部の松尾理也教授ならびに千葉商科大学の磯山友幸教授から多くのインスピレーションを受けた。朝日放送の先輩である長沢彰彦・元大阪国際大学教授にも様々な示唆を頂いた。ともに感謝申し上げる。

出版にあたっては、我が師である京都大学大学院・教育学研究科の佐藤卓己教授に助言を頂いた。大学院時代からの学恩は感謝に堪えない。ここに感謝申し上げる。

スマートニュースメディア研究所の山脇岳志研究主幹（帝京大学経済学部客員教授を兼務）、弁護士ドットコムニュースの新志有裕編集長からも多くの示唆を受けた。筆者の本務校である帝京大学の学生との議論も示唆的であった。それらなしに、本書を書き上げることはできなかった。ここに感謝申し上げる。

本書の幾つかの章は、既刊の論文を基に、大幅に書き足したものである。掲載誌は、以下の通りである。

第一章……書き下ろし

第二章……「ニュースルームの社会史——戦後日本の政治記者を事例に」『帝京社会学』三六号、二〇二三年三月、九五－一一二頁

第三章……「ニュースルームの社会史の試み——戦後日本の経済記者を対象に」『京都メディア史研究年報』九号、二〇二三年四月、一一－三六頁

第四章……「『新聞研究』誌にみる「写真記者」の歴史的変化——日本におけるニュースルームの社会史に向けて」『メディア研究』一〇三号、二〇二三年九月、一七三－一九二頁

第五章……「戦後日本のニュースルームにおける整理記者のルーチンの歴史的変化と文脈——日本新聞協会発行の業界誌を手がかりに」『社会情報学』(二〇二四年二月に修正原稿を提出)

第六章……書き下ろし

第七章……書き下ろし

終章……書き下ろし

本書の刊行にあたっては、公益財団法人新聞通信調査会の補助を受けた。学術研究、なかでも人

文系の研究は極めて厳しい状況にある。感謝に堪えない。同会、ならびに有山先生をはじめとした委員の方々と西澤豊理事長に厚く御礼申し上げる。

編集をご担当いただいた、新聞通信調査会の倉沢章夫編集委員、同会・一ノ瀬英喜編集長、時事通信出版局の舟川修一編集委員と編集者の桑原奈穂子さんには大変お世話になった。ここに感謝申し上げる。

また、毎日新聞社ならびに日本新聞労働組合連合、日本ジャーナリスト会議（ＪＣＪ）には、資料の閲覧を許可いただいた。資料の保存と公開がなければ、学術研究は難しい。感謝申し上げる。

元朝日新聞社の岩垂弘氏には、写真の使用をお許しいただいた（二九七頁の図７－１）。当時の事件記者の雰囲気と緊張感が伝わる貴重な写真である。ここに感謝申し上げる。

そして、本書で参照したあらゆる記者に感謝したい。多くの方は鬼籍に入っておられる。時代は違えども、多くの記者や経営者は、あらゆる条件と闘いつつ、時に妥協しながら――個人的には必ずしも悪いことではないと考える――数多くの問題を報道し、解決や改善に貢献しようとした。

本書は価値中立的に論じたが、読み方によっては、記者や経営者を批判しているように読めるだろう。しかしながら、もし私が当時、同じ立場にあったとすれば――それは学術的な分析とは、まったく関係ないが――おそらく同じことをするか、もしくは早々に退出しただろう。したがって個人の問題ではなく、あくまでルーチンをはじめとしたシステムの問題であると思う。

記者に感謝しなければならない理由は、もうひとつある。それは彼ら彼女らの「観察」や言表がなければ、本書は成立しなかった。本書では歴史的アプローチを用いた。歴史的アプローチでは、引用が膨大になる。しかも過去に遡るため、研究者自らが直接的に観察することは不可能である。地理的にも分散している。そのような条件下において観察を可能にしてくれるのが、記者という観察者である。しかも、ただ観察するだけでなく言表、つまり何らかの形で書き残されていなければ、後に研究することはできない。本書は、それらに負って初めて可能となった。深く御礼申し上げる。
最後に、家族にお礼をいいたい。この本は二冊目の単著である。前著ほどではないものの、それでも家族との時間は削りに削った。妻と息子の支えには、いつも感謝している。ありがとう。

追記　本書の校正中に、実父が亡くなった。高校教員を長く務めた父は、新聞好きであった。刷り上がった本書を渡せなかったのは大変残念だ。すでに他界した母と父がいなければ、今の私は存在しない。長い間、ありがとうございました。
実父が亡くなった一週間後に、義父が亡くなった。義父も新聞好きであった。元証券マンの義父は経済紙を好み、株式面を丹念に読んでいた。すでに亡くなったお義母さん共々、大変お世話になりました。ありがとうございました。

二〇二四年三月

木下浩一

引用・参考文献

＊『新聞研究』『新聞労連』『新聞経営』『新聞技術』からの引用については省略した。四誌の論文名などについては、註を参照されたい。

あ

饗庭篁村『いへ物語（春陽文庫　第一〇編）』春陽堂、一八九八年

青木武雄『報知新聞小史――創刊六十五年』報知新聞社、一九三六年

赤谷達『新聞と新聞記者』養徳社、一九五一年

赤沼三郎『新聞太平記――昭和・大正の争覇戦』雄鶏社、一九五〇年

『朝日新聞』

朝日新聞社大阪本社社史編集室編『朝日新聞グラビア小史――出版印刷部四〇年の記録』朝日新聞社、一九六二年

朝日新聞社編『五十年の回顧――大阪朝日新聞創刊五十周年記念』朝日新聞社、一九二九年

朝日新聞社編『新聞語辞典一九五一年版』朝日新聞社、一九五一年

朝日新聞社編『地方記者　続』朝日新聞社、一九六二年

朝日新聞社社会部編『新聞記者の手帳』光書房、一九五九年

朝日新聞社社史編集室『朝日新聞の九〇年』朝日新聞社、一九六九年

朝日新聞社通信部編『地方記者』朝日新聞社、一九六一年

朝日新聞百年史編集委員会『朝日新聞社史――昭和戦後編』朝日新聞社、一九九四年

朝日新聞社編修室編『上野理一伝』朝日新聞社、一九五九年

荒垣秀雄編『朝日新聞の自画像』鱒書房、一九五五年

有馬秀雄『新聞記者の裏おもて』三宝閣、一九二五年

有山輝雄『近代日本ジャーナリズムの構造――大阪朝日新聞白虹事件前後』東京出版、一九九五年

い

石原守明・戸台俊一『編集の知識』日本機関紙協会、一九四八年

井関十二郎『廣告の仕方』實務叢書發行所、一九一五年

泉広『新聞（ポプラ社の写真図鑑　二三）』ポプラ社、一九六四年
伊藤愼一・高須正郎・友澤秀爾・三樹誠吉・山田年榮『新聞の事典』同文館、一九五五年
伊藤恒夫『真実と新聞』関書院、一九五五年　＊記者クラブ
伊藤正徳『新聞生活二十年』中央公論社、一九三三年
伊藤正徳『新聞五十年史』鱒書房、一九四三年
伊藤彌次郎譯『孛仏交兵記　享』横浜活版社、一八七五年
稲岡奴之助『新聞記者』駸々堂、一九〇一年
稲野治兵衛『取材入門』現代ジャーナリズム出版会、一九六八年
巌谷小波『新華族』駸々堂、一八九六年

う

上田万年・松井簡治編『大日本国語辞典』富山房・金港堂書籍、一九一七年
上西半三郎『日本新聞紙の研究』大阪毎日新聞社ほか、一九三三年
ウェーバー、マックス・戸田武雄訳『社会科学と価値判断の諸問題（経済学名著翻訳叢書　第一）』有斐閣、一九三七年
魚川関太郎『新聞紙になるまで――高等読本　再版』快進社出版部、一九一七年
植原路郎『新聞たちばなし』虎書房、一九五七年
臼井吉見編『現代教養全集　第五（マス・コミの世界）』筑摩書房、一九五九年
宇野隆保『新聞のことば』宝文館、一九五七年
梅原寛重『農事期節便覧』三浦定吉、一八八九年
浦上五六『新聞の知識　再版（学生シリーズ　第一）』天地書房、一九四八年

え

江見水蔭『水の声』春陽堂、一八九六年
遠藤美佐雄『大人になれない事件記者』森脇文庫、一九五九年

お

大石裕・岩田温・藤田真文「地方紙のニュース制作過程——茨城新聞を事例として」『メディア・コミュニケーション』五〇号、二〇〇〇年、六五－八六頁
大蔵省印刷局編『官報』
大阪今日新聞社編『新聞の新聞』大阪今日新聞社、一九一四年
『大阪朝日新聞』
大阪毎日新聞社編『大阪毎日新聞社事業概要』大阪毎日新聞社、一九二九年
大島泰平『新聞の話（中学生全集　三四）』筑摩書房、一九五一年
太田正孝『新聞そのをりをり』日本評論社、一九二六年
大東元『カメラに生きる』玄光社、一九五二年
岡本敏雄『新聞広告』ダヴィッド社、一九六一年
奥村柾『花日和』駸々堂、一八八九年
桶田敦「福島第一原発事故　原子力災害報道の諸問題——被災県の放送局におけるニュース生産過程のエスノグラフィーとアンケート調査より」『社会情報学』三巻三号、二〇一五年、一五－三八頁
小川定明『新聞記者腕競べ——一名・応用頓智学』須原啓興社、一九一七年
小野秀雄『日本新聞発達史』大阪毎日新聞社・東京日日新聞社、一九二二年
小野秀雄『大阪毎日新聞社史』大阪毎日新聞社、一九二五年
小野秀雄『新聞の話（社会科全書）』岩崎書店、一九五三年
小田部啓次郎・権藤猛『新聞の話（少国民文化読本　一二）』西日本新聞社、一九四八年

か

加藤甫『東北各社新聞記者銘々伝　初篇』章栄堂、一八八一年
門田勲、他『新聞記者——エンピツの嘆きと喜びと』同文館、一九五六年
門田勲『新聞記者（グリーンベルト・シリーズ）』筑摩書房、一九六三年
金久保通雄『ある社会部長の独白』雪華社、一九五八年

金沢喜雄『報道写真の研究』双芸社、一九五一年
金戸嘉七『新聞編集の理論と実際』関書院新社、一九六二年
蒲田黎子『もしもしハロー——私は第一線婦人記者』七曜社、一九六一年
上司小剣『U新聞年代記』中央公論社、一九三四年
川崎紫山(三郎)『西南戦史　増訂』博文館、一八九三年
河崎吉紀『制度化される新聞記者——その学歴・採用・資格』岩波書店、二〇〇六年
河崎吉紀『ジャーナリストの誕生』岩波書店、二〇一八年
『学生タイムス(八)』学生タイムス社、一九〇六年一二月

き

菊村到『こちら社会部』毎日新聞社、一九六四年
喜多川林之丞編『国家主権論纂』岡島真七、一八八二年
木下健二編『記者読本——ニュースのうらおもて』共同通信社開発局、一九六四年
木下浩一『テレビから学んだ時代——商業教育局のクイズ・洋画・ニュースショー』世界思想社、二〇二一年
木下浩一「ジャーナリズム教育とジャーナリスト教育の課題」『京都メディア史研究年報』七号、二〇二一年四月、一二五-一五四頁
木下浩一「英ジャーナリズム教育学会の研究動向」『帝京社会学』三五号、二〇二二年三月、一一七-一四三頁
木下宗一『新聞の基礎知識(智慧の実教室　第九)』磯部書房、一九五一年
教育週報社編『教育週報(三五)』教育週報社、一八八九年一二月
『教育報知(三八八)』東京教育社、一八九三年九月
共同通信社編『ニュースマンズ・ハンドブック』板垣書店、一九四九年

く

倉富砂邱『飛行機ロォマンス』平和出版社、一九一五年
『暮らしに生きる新聞広告——昭和四二年「新聞広告の日」論説・記事・論文・意見集』日本新聞協会、一九六八年

け
警察講習所学友会編『時局講演集　上』警察講習所学友会、一九一九年

こ
公正取引委員会「新聞の流通・取引慣行の現状」二〇〇八年六月一九日
郡山幸男『記者と成るまで――文化職業』操觚通信学校出版部、一九一二年
国保達曹編『東都全盛芸娼妓評判記』苦楽堂、一八九四年
国民図書刊行会『私たちの生活と科学――できるまで』国民図書刊行会、一九四九年
児玉九峯、藤田桜鉄『濃飛名誉人物評　上』濃飛名誉会、一八九四年
小林啓善『新聞千一夜（東京選書）』東京ライフ社、一九五七年
小山栄三『新聞社会学（社会学選書）』有斐閣、一九五一年
小山文太郎『男女学生の向ふべき職業と学校の選定』培風館、一九二三年
是石慶次郎『門司市教育史』門司教育支会、一九二八年
近藤春雄『新聞と放送（新百科　一二）』偕成社、一九五五年
後藤武男『新聞紙講話』同文館、一九二六年
後藤武男『新聞企業時代』改造社、一九三〇年
後藤三巴楼主人『新聞及新聞記者』二松堂書店、一九一五年

さ
斎木烏村『新聞記者の表裏』中京通信社、一九一四年
酒井寅吉『ジャーナリスト――新聞に生きる人びと（人間の記録双書）』平凡社、一九五六年
酒井寅吉『戦後ジャーナリズム――未来への活路をどう求めるか（大和選書）』大和書房、一九六八年
坂井弁『角力新話：体育研究』集成館［ほか］、一九〇二年
佐々木悠亮「メディアのゲートキーピング研究――現状と課題」『マス・コミュニケーシ研究』八二号、二〇一三年、一九三―二一〇頁

佐田白茅編『樺太評論』忠芬義芳楼、一八七五年
佐藤喜一郎『最後の記者馬鹿』中央公論社、一九六一年
佐藤信『朝日新聞の内幕』実業之世界社、一九六六年
沢田久男・鈴木清『マスコミをとらえるCTS戦略——パブリシティの技術』近代セールス社、一九六四年
三一書房編集部編『新聞記者の告白——捏造された記事』三一書房、一九五〇年
財政経済時報社編『新聞の読方　上　政治外交の巻　改訂(財政経済時報通俗叢書　第一編)』財政経済時報社、一九二四年

し

『CCワシントン総会議題解説資料——国際商業会議所総会第一七回　第二回　一般会議』国際商業会議所日本国内委員会、一九五九年
茂木政『新聞——社会科文庫』三省堂出版、一九四九年
渋川環樹『新聞理解の常識』冬芽書房、一九五〇年
島川七石『後の偉丈夫——小説』磯部甲陽堂、一九一二年
島屋政一編『大阪毎日新聞社大観』大阪出版社、一九一四年
清水書院編集部編『大学受験と将来の職業』清水書院、一九五〇年
下村宏『新聞常識』日本評論社、一九二九年
『写真月報』写真月報社
市立大阪高等商業学校校友会編『課外講演集』市立大阪高等商業学校校友会、一九〇七年
新光社編輯部編『最新写真科学大系　第二七』新光社、一九三五年
新声社同人『三十棒』新声社、一九〇一年
『新聞の話(日経文庫)』日本経済新聞社、一九五七年
新聞研究所編『日本新聞年鑑』新聞研究所
新聞研究所編『新聞学研究講座速記録』新聞研究所、一九二三年
新聞研究同人会編『新聞ハンドブック』ダヴィッド社、一九五八年
新聞取材研究会編『新聞の取材　上』日本新聞協会、一九六八年

新聞取材研究会編『新聞の取材　下』日本新聞協会、一九六八年
『新聞情報』新聞情報社
新聞整理研究会編『新聞整理の研究』日本新聞協会、一九六六年

す

鈴木経勲『平壌大激戦実見録』博文社、一八九四年
鈴木文史朗『新聞雑誌記者を志す人のために』現人社、一九三三年
住谷成一『新聞雑誌の作方と読方』日本評論社、一九二四年
住本利男『毎日新聞の二四時間』鱒書房、一九五五年

せ

『精神（一三）』精神社、一八九二年一〇月
関一雄『新聞ニュースの研究』厚生閣、一九三三年
『戦國寫真画報（一〇）』春陽堂、一八九五年三月

そ

『創造文芸（七月創刊號）』創造文芸社
楚人冠杉村広太郎『最近新聞紙学』慶応義塾出版局、一九一五年
園田剛民『政治記者の眼——永田町二〇年の目撃者』徳間書店、一九六六年
園田安賢ら『第三泰西見聞誌——伯林府警察庁事務報告』警視庁

た

竹森一男『社会部記者No.1』光風社、一九五八年
高木健夫『新聞記者一代』講談社、一九六二年
田勢康弘『政治ジャーナリズムの罪と罰』新潮社、一九九四年

『大日本　一(四)』大日本社、一八九七年一月
大日本新聞学会編『新聞学全書　上』大日本新聞学会、一九一九年
大日本新聞学会編『新聞学全書　中』大日本新聞学会、一九一九年
大日本編輯局『日米通商　大日本』一九〇〇年三月

ち

千葉亀雄『新聞講座』金星堂、一九二五年
千葉龜雄「新聞小説研究」『日本文学講座　第十巻』一九二七年

つ

塚原渋柿園『嶋左近(春陽文庫　第三編)』春陽堂、一八九七年
辻和洋・中原淳「調査報道のニュース生産過程に関する事例研究――地方紙における「高知県庁闇融資問題報道」での編集権に関わる編集者と記者の組織行動に着目して」『社会情報学』七巻一号、二〇一八年、三七-五四頁
――「新聞社の調査報道制作過程におけるデスクの役割に関する研究――「北海道警裏金問題」報道を事例に」『社会情報学』一〇巻一号、二〇二一年、一-一六頁
津田亮一『中学生のための新聞教室』宝文館、一九五二年
土屋礼子『大衆紙の源流――明治期小新聞の研究』世界思想社、二〇〇二年

て

と

東京新聞社社会部編『新聞とその見方作り方――社会科教育』文治書院、一九四九年
東京朝日新聞整理部編『新聞の見方』朝日新聞社、一九三一年
東京新聞社社会部編『新聞とその見方』文治書院、一九四九年
戸川幸夫『かけだし記者』和同出版社、一九五八年

友沢秀爾『日本の新聞（新聞の知識シリーズ）』同文館、一九五五年
ドレヤー［他］『最新実際新聞学』植竹書院、一九一五年
読書新聞社編輯部『新聞雑誌記者志願者必携　最近受験問題集』読書新聞社、一九三五年

な

内外社編『綜合ヂャーナリズム講座　Ⅰ』内外社、一九三〇年
内外社編『綜合ヂャーナリズム講座　Ⅱ』内外社、一九三〇年
内外社編『綜合ヂャーナリズム講座　Ⅲ』内外社、一九三〇年
内外社編『綜合ヂャーナリズム講座　Ⅳ』内外社、一九三一年
内外社編『綜合ヂャーナリズム講座　Ⅴ』内外社、一九三一年
内外社編『綜合ヂャーナリズム講座　Ⅵ』内外社、一九三一年
内外社編『綜合ヂャーナリズム講座　Ⅶ』内外社、一九三一年
中川静『広告と宣伝』宝文館、一九二四年
中條宗彦「新聞社における紙面の自動編集システム」『テレビジョン学会誌』三五巻一〇号、一九八一年
中村謙三編『三十七・八年役大阪毎日新聞戦時事業誌』大阪毎日新聞社、一九〇八年
中村直義「最近のケーブルテレビと地上デジタル放送」『映像情報メディア学会誌』五六巻二号、二〇〇二年
永井竜男『明日はどっちだ』毎日新聞社、一九五二年
永島寛一『新聞の話　再版（文芸読本　第三　二〇）』成城国文学会、一九四九年
長島又男『政治記者の手帖から』河出書房、一九五三年
長島又男『新聞革命（三一新書）』三一書房、一九五七年
長島又男『現代の新聞――その支配をめぐって（三一新書）』三一書房、一九五九年
中山善三郎『写真記者物語』東方社、一九六二年

に

新潟日報社編『新聞の出来るまで』新潟日報社、一九四八年

新延修三『ぐらふ記者』有紀書房、一九五九年
新村正史『デスクmemo一（一九七一）』現代ジャーナリズム出版会、一九七一年
新村正史『デスクmemo二（一九七二）』現代ジャーナリズム出版会、一九七二年
新村正史『デスクmemo三（一九七二）』現代ジャーナリズム出版会、一九七三年
新村正史『デスクmemo四（一九七三）』現代ジャーナリズム出版会、一九七四年
新村正史『デスクmemo五（一九七四）』現代ジャーナリズム出版会、一九七五年
二水庵萍洲『地方新聞外交記者』永見留雄、一九一〇年
日本関税協会『貿易と関税』
日本経済新聞社社史編纂室編『日本経済新聞八十年史』日本経済新聞社、一九五六年
日本新聞協会『新聞社の組織――その組織規程調査結果』、一九五九年
『日本新聞協会十年史』日本新聞協会、一九五六年
『日本新聞協会二十年史』日本新聞協会、一九六六年
日本新聞協会編『別冊新聞研究――聴きとりでつづる新聞史（二）』日本新聞協会、一九七六年四月
日本新聞協会編『別冊新聞研究――聴きとりでつづる新聞史（三）』日本新聞協会、一九七六年一〇月
日本新聞協会編『別冊新聞研究――聴きとりでつづる新聞史（五）』日本新聞協会、一九七七年一〇月
日本新聞協会編集部編『新聞講座　編集編』日本新聞協会、一九四八年
日本新聞協会編集部編『新聞講座　工務編』日本新聞協会、一九四八年
日本新聞協会編集部編『新聞講座――編集編II』日本新聞協会、一九四九年
日本新聞協会編集部編『世界の新聞　第二篇』日本新聞協会、一九五一年
日本新聞協会編集部編『世界の新聞　第五篇』日本新聞協会、一九五一年
日本新聞協会労務委員会編『新聞労務資料　第四集』日本新聞協会、一九五五年
日本新聞協会労務委員会編「編集関係の職場別従業員数」『新聞労務資料　第一一集』日本新聞協会、一九六二年
日本ジャーナリスト連盟編『ジャーナリズム入門』銀杏書房、一九四八年
日本電報通信社編『新聞総覧』日本電報通信社、一九二三年
日本放送協会編『二〇世紀放送史　上』日本放送協会、二〇〇一年

ニューヨーク・タイムス編著『現代の新聞——製作と意義』トッパン、一九四八年
丹羽保次郎［他］『通信報道の図鑑（小学館の学習図鑑シリーズ　一六）』小学館、一九五八年

ぬ

ね

の

野尻鷹雄『うつしある記——カメラマン物語』中央社、一九四七年

は

長谷川如是閑『新聞』朝日新聞社、一九五四年
羽中田誠『足——新聞は足でつくる』朋文社、一九五七年
花園女史、竹栢園女史、すみれ女史、藍江女史、椰園女史、秋月女史『閨秀六家撰』金港堂、一八九一年
『反省会雑誌（一二）』反省会本部、一八八八年
バスティアン、ケース共著・日本新聞協会訳『新聞編集の実際』時事通信社、一九五〇年
林謙一『日曜カメラマン』池田書店、一九六二年
原四郎編『読売新聞風雲録』鱒書房、一九五五年
伴俊彦『新聞の写真（新聞の知識シリーズ）』同文館、一九五五年

ひ

樋口美智子「日本の「記者クラブ制度」について」『東洋法学』三七巻一号、一九九三年九月、二一九－二四九頁
ヒューム、ダビッド（土居言太郎譯）『政治哲学論集』日本出版、一八八五年
平野岑一『新聞の知識』大阪毎日新聞社、一九三〇年

ふ

福武直・日高六郎・高橋徹編『社会学辞典』有斐閣、一九五八年
福地桜痴『懐往事談――附・新聞紙実歴』民友社、一八九四年
藤音得忍編『社会事業研究所講義録』大日本仏教慈善会財団、一九二三年
藤川幸吉『新聞づくり――真実を書く技術』理論社、一九五九年
藤田結子「グローバリゼーションをいかに記述するのか――ニュース制作とオーディエンスのエスノグラフィーを中心に」『マス・コミュニケーション研究』九三号、二〇一八年、五-一六頁
古田尚輝「教育テレビ放送の五〇年」日本放送出版協会編『NHK放送文化研究所二〇〇九』第五三集、一七五-二一〇頁
古谷糸子『ジャーナリスト――新聞記者の眼（現代教養文庫）』社会思想社、一九六三年
古谷綱正、他『ニュースを追って（少年少女基本学校図書全集 一〇）』東西文明社、一九五六年
古谷綱正『新聞作法――ジャーナリスト的ものの考え方（カッパ・ブックス）』光文社、一九五七年
『文藝春秋』文藝春秋
『文戦』文芸戦線社

へ

『米国新聞事業現勢』新聞及新聞記者社、一九一三年
『兵事新報（改良一三）』兵事新報社、一八九一年二月
別府三奈子「米国ジャーナリズム研究・教育のスタンダード――「プライヤー・アプローチ」の史的考察」『マス・コミュニケーション研究』五六巻、二〇〇〇年、一九〇-二〇二頁

ほ

報知社編『報知叢話 一』報知社、一八八〇年
『報知新聞小史――創刊六十五年』報知新聞社、一九三六年
報知新聞社編集局編『今日の新聞』報知新聞社出版部、一九二五年
北国毎日新聞社編『新聞のはなし（北毎パンフレット 五）』北国毎日新聞社、一九四八年

フレイザー・ボンド〔他〕『ジャーナリズム入門』時事通信社、一九五七年
本郷直彦『新聞記者生活』神戸新聞通信社、一九一九年

ま

『毎日新聞百年史──一八七二－一九七二』毎日新聞社、一九七二年
正岡猶一『新聞社之裏面』新声社、一九〇一年
『マス・コミュニケーション講座　第三』河出書房、一九五四年
松崎天民（市郎）『新聞記者修行』有楽社、一九一〇年
増島得男『新聞写真の研究（朝日新聞調査研究室報告社内用　第三四）』朝日新聞社、一九五二年
増田隆昭「「サービス経済化」と広告動向」『広告科学』第二九集、一九九四年七月、一二五－一三三頁
松井広吉『冷語熱語』松村三松堂、一九〇四年
松本君平『新聞学──欧米新聞事業』博文館、一八九九年
松本幸輝久『新聞学概論』国民教育社、一九四九年
『團團珍聞（八三）』珍聞館、一八七八年一〇月
マレッケ、G『マス・コミュニケーション心理学』日本放送出版協会、一九六五年

み

三浦薫雄「大阪冬の陣始末」原四郎編『読売新聞風雲録』鱒書房、一九五五年
三樹精吉『新聞の編集──「整理」と呼ぶ活字の造型術』同文館、一九五五年
三樹精吉『新聞の編集と整理』現代ジャーナリズム出版会、一九六六年
宮内重蔵『新聞写真入門』ダヴィッド社、一九六八年
宮川大介「「放送記者」誕生──戦後一〇年間のラジオニュース」『放送研究と調査』二〇一五年一〇月、三八－五一頁
ミル（林董閲、鈴木重孝譯）『経済論初篇（巻之六下）』英蘭堂、一八八二年

む

棟尾松治『米国新聞業の研究』巌松堂書店、一九二五年
棟尾松治『新聞学概論』巌松堂書店、一九三〇年
無名氏『新聞記者――警世之木鐸』文声社、一九〇二年

め

も

茂木政『新聞・新聞社・新聞記者(三省堂百科シリーズ)』三省堂、一九五七年
モット、F・L他『アメリカの新聞』時事通信社、一九五五年
森本巌夫『新聞雑誌記者となるには?』新潮社、一九一八年

や

山口仁「地方紙のニュース生産過程――熊本日日新聞記者アンケートを中心に」『慶應義塾大学メディア・コミュニケーション研究所紀要』五六号、二〇〇六年、二一一 - 二二三頁
山田一郎『新聞と通信社――世界の通信網(新聞の知識シリーズ)』同文館、一九五五年
山田久作『記事論文小説種本――新聞投書　飜刻』薄井忠吉、一八八五年
山田年栄『新聞の取材(新聞の知識シリーズ)』同文館、一九五五年
山田本生『テレタイプテレックス読本』実業之日本社、一九六三年
山田本生『テレタイプ・テレックス文章診断』一二三書房、一九六六年
山本武利『新聞記者の誕生――日本のメディアを作った人々』新曜社、一九九〇年
山本文雄『新聞編集論』東明社、一九六四年

ゆ

『悠紀斎田記録』愛知県、一九一六年

由利和久『新聞の出来るまで（新聞の知識シリーズ）』同文館、一九五五年

よ

吉田雅夫［他］『新聞のはなし（保育社の小学生全集　三八）』保育社、一九五四年
吉野作造編『新聞　（現代叢書）』民友社、一九一六年八月
吉村卓也「米国フォトジャーナリズムの実相」日本新聞協会編『現代新聞写真論：撮ることの意味を考える』、一九九七年、二六－三五頁
『読売新聞西部二〇年のあゆみ』読売新聞西部本社、一九八四年
読売新聞社社史編纂室編『読売新聞八十年史』読売新聞社、一九五五年

ら

り

陸軍文庫編『蘇拉戦事報告』陸軍文庫、一八八〇年

る

ルフェーブル、アンリ『空間の生産』青木書店、二〇〇〇年

れ

ろ

わ

若月一歩『新聞を造る人・記者になる人・読む人の学』至誠堂、一九一九年

鷲崎芳雄『新聞研究概論』広島県立広島商業学校、一九三九年
『私たちの将来・私たちの職業　九』三十書房、一九五八年
和田伊都夫『新聞の常識』柏書房、一九五〇年
『われら』毎日新聞労働組合

【英語論文】

Agarwal, S. and Barthel, M. (2013) The friendly barbarians: Professional norms and work routines of online journalists in the United States. Journalism, 16 (3), 376-391.
Bass, A. Z. (1969). Refining the “Gatekeeper” Concept: A UN Radio Case Study. Journalism Quarterly, 46(1), 69–72.
Burns, L. & Matthews, B. (2018) Understanding Journalism (3rd ed). SAGE Publications.
Cottle, S. (2007) Ethnography and News Production: New(s) Developments in the Field, Sociology Compass, 1(1), 1-16.
Dooley, P.L. (2007) The Technology of Journalism: Cultural Agents, Cultural Icons. Northwestern University Press.
Fishman, M. (1980). Manufacturing the News. University of Texas Press Austin.
Gans, H. (1979) Deciding What's News: A Study of CBS Evening News, NBC Nightly News, Newsweek, And Time. New York:
Pantheon Books.
Hallin,D.=Mancini,P. (2004) Comparing Media System. Cambridge University Press.
Harcup, T. ed. (2014) A Dictionary of Journalism. Oxford University Press.
Hardt, H. (1995) Newsworkers: Toward a History of the Rank and File. University of Minnesota Press.
Lewin, K. (1947) Frontiers in group dynamics: II channels of group life; social planning and action research. Human Relations, 1, 143-153.
McCombs, Maxwell E., and Donald L. Shaw (1972). The agenda-setting function of mass media. Public Opinion Quarterly, 36: 176-187.
Mari, W. (2016) The American Newsroom: A Social History, 1920 to 1960. University of Missouri Press.

———. (2017). Technology in the Newsroom: Adoption of the telephone and the radio car from c. 1920 to 1960. Journalism Studies, 19(9), 1366-1389.

——— (2018). Unionization in the American Newsroom, 1930 to 1960. Journal of Historical Sociology, 31(3), 265-281.

——— (2019). A Short History of Disruptive Journalism Technologies1960-1990. Routledge.

——— (2021). Materiality in Media History Historiography in Mass Communication. Historiography in Mass Communication, 7(1), 53-61.

——— (2022). Newsrooms and the Disruption of the Internet: A Short History of Disruptive Technologies, 1990–2010. Routledge.

Moriera, S. (2018) Journalists in Newsrooms: Professional Roles, Influences, and Changes to Journalism. Brazilian Journalism Research, 14(2), 304-317.

Nerone, J. and Barnhurst, K. (2003) US Newspaper Types, the Newsroom, and the Division of Labor, 1750–2000, Journalism Studies, 4(4), 435–449.

North, L. (2009). 'Blokey' Newsroom Culture. Media International Australia, 132 (1), 5-15.

Ryfe, D. (2009) Structure, agency, and change in an American newsroom. Journalism, 10(5), 665-683.

——— (2009) Broader and deeper: A study of newsroom culture in a time of change. Journalism, 10 (2), 197-216.

Shoemaker, P. and Reese, S. (2013) Mediating the Message in the 21st Century: A Media Sociology Perspective. Routledge.

Sigal, L. (1973) Reporters and Officials: The Organization and Politics of Newsmaking. D. C. Heath.

Snider, P. B. (1967) "Mr. Gates" revisited: A 1966 version of the 1949 case study. Journalism Quarterly, 44(3), 419-427.

Steensen, S. (2018) What's the Matter with Newsroom Culture?: A Sociomaterial Analysis of Professional Knowledge Creation in the Newsroom. Journalism, 19(4), 464–480.

Stonbely, S. (2013) The Social and Intellectual Contexts of the U.S. "Newsroom Studies," and the Media Sociology of Today. Journalism Studies, 16(2), 259–274.

Taylor, H and Scher, J. (1951) Copy Reading and News Editing. Prentice-hall.

Tuchman, G. (1978) Making News: A Study in the Construction of Reality, New York: Free Press. (=1991鶴木眞ほか訳『ニュース社会学』三嶺書房).

Usher, N. (2014) Making News at The New York Times. University of Michigan Press.

——— (2015) Newsroom moves and the newspaper crisis evaluated: space, place, and cultural meaning. Media, Culture & Society, 37(7), 1005-1021.

——— (2019) “Funnel Time” in the Heartland: Shifting Temporalities and Changing Materialities at the Omaha World-Herald. International Journal of Communication, 13, 2939–2959.

——— (2019) Putting “Place” in the Center of Journalism Research: A Way Forward to Understand Challenges to Trust and Knowledge in News. Journalism and Communication Monographs, 21(2):84-146.

Vos, T and Heinderyckx, H, ed. (2017) Gatekeeping in Trantision. Routledge.

Wahl-Jorgensen, K. (2007) Journalists and the public: Newsroom culture, letters to the editor and democracy. Creskill, NJ: Hampton Press.

——————— (2009) News production, ethnography, and power: on the challenges of newsroom-centricity. Susan Bird, ed, The Anthropology of News & Journalism. Bloomington, IN: Indiana University Press, 21–34.

Wahl-Jorgensen, K., and Hanitzsch, T, ed. (2009) Handbook of journalism studies. New York and London: Routledge (International Communication Association Handbook Series).

Ward, H. (1985) Professional Newswriting. San Diego: Harcourt Brace Jovanovich.

White, D. M. (1950) The "Gate Keeper": A Case Study in the Selection of News. Journalism Quarterly, 27, 383-39.

人名索引

＊新聞記者・経営者については、本文で引用した際の所属を（　）内に示した。合併後の東京・大阪の別と、元職は基本的に除いた。
例）大阪朝日→（大阪朝日）　朝日新聞・大阪本社→（朝日）

項目索引

＊記者名と部署名については一部、割愛した。
＊出現回数が30を超えるものは割愛した。
＊書名については、参考図書に記した。

【著者紹介】

木下 浩一（きのした・こういち）

1967年、兵庫県生まれ。京都大学大学院教育学研究科博士後期課程修了。京都大学博士（教育学）。現在、帝京大学文学部社会学科講師。専門は、メディア史、歴史社会学、ジャーナリズム論。1990～2012年、朝日放送（株）番組プロデューサー、ディレクター、映像エンジニア。2012～2020年、桃山学院大学、大阪成蹊大学、放送芸術学院専門学校で非常勤講師。就活関連指導、多数。単著『テレビから学んだ時代――商業教育局のクイズ・洋画・ニュースショー』世界思想社、2021年。

新聞記者《しんぶんきしゃ》とニュースルーム
一五〇年《ひゃくごじゅうねん》の闘《たたか》いと、妥協《だきょう》

発行日　2024年5月31日
著　者　木下　浩一
発行者　西沢　　豊
発行所　公益財団法人新聞通信調査会

〒100-0011 東京都千代田区内幸町 2-2-1
日本プレスセンタービル1階
電話 03-3593-1081（代表）
URL: https://www.chosakai.gr.jp/
ISBN978-4-907087-22-7　C0000
落丁・乱丁はお取り替えいたします。定価はカバーに表示してあります。

公益財団法人新聞通信調査会　2023年度出版補助対象書籍

編集：公益財団法人新聞通信調査会　倉沢章夫
編集協力：時事通信出版局　舟川修一・桑原奈穂子
装幀・本文デザイン：キトミズデザイン
印刷・製本：太平印刷社

■ 新聞通信調査会の出版補助事業――これまでの選定作品 ■

満洲国における宣撫活動のメディア史
――満鉄・関東軍による農村部多民族支配のための文化的工作
王　楽　著　◆四六判　三三五頁　二二〇〇円（税込）
従来の活字メディアによる宣撫宣伝研究の枠組みを超えた実証的研究

文化交流は人に始まり、人に終わる――私の国際文化会館物語
加藤幹雄　著　◆四六判　二七七頁　一九八〇円（税込）
日本の国際文化交流を長年にわたって支えた裏方としての苦労と喜び

実物大の朝鮮報道50年――異形の韓国、歪む日韓
前川惠司　著　◆四六判　四九七頁　二二〇〇円（税込）
国交正常化50余年、反日の情念で悶える異形の国への警鐘!?

松方三郎とその時代
田邊　純　著　◆四六判　四四五頁　二七五〇円（税込）
明治の元勲の子で、共同通信社で専務理事を務めた松方三郎氏の人物像とその時代を活写

NPOメディアが切り開くジャーナリズム――「パナマ文書」報道の真相
立岩陽一郎　著　◆四六判変形　二八九頁　一三二〇円（税込）
世界を変えたNPOメディアは日本の社会を変える力になるかもしれない

コレクティヴ・ジャーナリズム――中国に見るネットメディアの新たな可能性
章　蓉　著　◆A5判　二九一頁　一九八〇円（税込）
急増するネット社会事件、集合知（コレクティヴ・インテリジェンス）が働く新たなジャーナリズムを提起